THE FORCES OF TRANSFORMATION

BUSINESS MODEL INNOVATION

转型的力量

——商业模式创新

郭毅夫 / 著

中国财经出版传媒集团

经济科学出版社

Economic Science Press

图书在版编目（CIP）数据

转型的力量：商业模式创新/郭毅夫著.
—北京：经济科学出版社，2017.11
ISBN 978 - 7 - 5141 - 8540 - 9

Ⅰ.①转…　Ⅱ.①郭…　Ⅲ.①商业模式 - 研究
Ⅳ.①F71

中国版本图书馆 CIP 数据核字（2017）第 251788 号

责任编辑：张　蕾　周国强
责任校对：王苗苗
责任印制：邱　天

转型的力量
——商业模式创新

郭毅夫　著

经济科学出版社出版、发行　新华书店经销
社址：北京市海淀区阜成路甲 28 号　邮编：100142
总编部电话：010 - 88191217　发行部电话：010 - 88191522
网址：www. esp. com. cn
电子邮件：esp@ esp. com. cn
天猫网店：经济科学出版社旗舰店
网址：http：//jjkxcbs. tmall. com
固安华明印业有限公司印装
710 × 1000　16 开　15 印张　260000 字
2017 年 11 月第 1 版　2017 年 11 月第 1 次印刷
ISBN 978 - 7 - 5141 - 8540 - 9　定价：58.00 元
（图书出现印装问题，本社负责调换。电话：010 - 88191510）
（版权所有　侵权必究　举报电话：010 - 88191586
电子邮箱：dbts@ esp. com. cn）

感谢 2016 年湖南省社科基金项目：技术—商业模式双螺旋驱动下的平台型企业发展研究（项目编号：16YBA298）资助。感谢常德市科技局规划项目和常德开发区十三五项目的资助。

|第 1 章|
绪　　论

1.1　研究背景

1.1.1　实践背景

正如英国哲学家赖尔在《心的概念》中指出的，从历史的观点看，实践先于理论；并且即便是在今天，也有很多没有理论体系指导的理智的实践。商业模式也是如此。

最古老也是最基本的商业模式就是"店铺模式"。随着时代的进步，商业模式也变得越来越精巧。"刀架与刀片"模式或是"搭售"模式——出现在 20 世纪早期。在这种模式里，基本产品的出售价格极低，通常处于亏损状态；而与之相关的消耗品或是服务的价格则十分昂贵。在 20 世纪 50 年代，麦当劳和丰田汽车创造了新的典型商业模式；60 年代的典型创新者则是沃尔玛的混合式超市（hypermarkets，指超市和仓储式销售合二为一的超级商场）；到了 70 年代，新的典型商业模式则出现在联邦快递等公司的经营里。

20 世纪 80 年代，商业模式的概念开始出现在反映 IT 行业动态的文献中，而直到 20 世纪 90 年代中期互联网的重要性日益突出并成为企业的电子商务平台之后，商业模式才作为企业界的时髦术语开始流行并逐步引起理论界的关注。一批基于它的新型企业应运而生。新涌现的一些企业如Yahoo、Amazon 及 eBay 等，在短短几年时间就取得巨大发展并成功上市，许多人也随即成为百万甚至亿万富翁，产生了强力的示范效应。它们的赚钱方式明显有别于传统企业。这些基于互联网的新型企业的出现，对许多传统企业也产生了深远的冲击与影响。1998 年后，美国政府也因此甚至对一些创新型商业模式授予专利，以给予积极的鼓励与保护。无论对准备创业的还是已有企业的人，这些都激励他们在这个经济变革时期，从根本上重新思考企业赚钱的方式，思考自己企业的商业模式，商业模式创新也同时开始受到重视。

　　20 世纪末互联网泡沫的破裂使得人们认识到，没有合适的商业模式显然是行不通的，不进行商业模式创新很容易让他们辛辛苦苦建立起来的企业帝国瞬间崩塌。也是在这段时间，商业模式被扩展到了其他产业领域。不仅企业家、技术人员、律师和风险投资家们等商业界人士经常使用它，学术界研究人员等非商业界人士也开始研究并应用它。许多基于互联网的企业可能有很好的技术，但又由于缺乏良好的商业模式而破产倒闭。而另一些尽管它们的技术最初可能不是最好的，但由于好的商业模式，依然保持很好的发展。于是商业模式的重要性得到了更充分的认识。人们认识到在全球化浪潮冲击、技术变革加快及商业环境变得更加不确定的时代，决定企业成败首要的因素，可能不是技术，而是它的商业模式。2003 年前后，创新并设计出好的商业模式，成了实业界关注的新焦点，商业模式创新开始引起人们普遍重视，商业模式创新被认为能带来战略性的竞争优势，是新时期企业应该具备的关键能力。IBM 公司发表《2006 全球 CEO 调查》（*The Global CEO Study* 2006）结果，经与全球 765 位 CEO 访谈后，获得三项关于"创新"的最新观点，其中一项就是商业模式创新是新的决胜关键，并且近三成（28%）的 CEO 表示将专注于商业模式创新，商业模式创新将有助于降低成本及增加企业弹性，对200 位受访者所属组织的财务报表分析发现，重视商业模式创新的企业比专注于其他创新形态的企业利润更高，证明了商业模式创新将是企业新的决胜关键。每个创业者都希望自己的初创公司能颠覆传统行业，为用户提供独一无二的服务体验。Uber、苹果和亚马逊更是业界最令人嫉妒的创业公司，他们的商业模式不仅极具颠覆性，更引领着其他创业者不断创新、优化自己的业务。

1. 工业经济到服务经济的转型

与传统的商业环境相比，现在企业面临的外部环境发生了颠覆性变化。客户的要求越来越高，需求不稳定且难以预测；技术变化快，IT 和通信技术的迅猛发展与其他环境（如金融、产业周期）一起合力作用下形成不断变化和扰动的市场；全球化趋势使跨国企业市场互相渗透；竞争越来越激烈，市场上产品的饱和程度高，大量替代品的出现，国内国际市场向所有竞争者开放。

工业经济时代商业模式的特点是标准化、流水线、大规模、低成本。但是后工业化时代的商业模式会发生很大的变化，最大的转换是通过互联网以及它所依赖的平台更便宜更快速的生产出多品种、小批量的产品，形成一种建立在信息技术基础上的全新的商业模式。信息时代的商业模式将是一个以个性化营销为基础的定制生产，这将是未来产业最主要的趋势。真正做到以用户为导向，通过用户驱动满足其需要，这将对产品的生产和流通产生巨大的影响。

服务经济，如果从经济体系演进和产业链延展的视角来看，其本质在于产业链的延展所表现出来的分工的细化，同时也是市场发育深化的具体表现。也就是说，体现为企业生产经营活动过程内容的流程化、标准化，以至于可以将某些业务或节点功能分拆外化或外包，交给另一个专业性企业去完成。原企业则专司自身核心专长；与此相关联的就是服务能力的产品化、商品化现象和市场对这一商品的定价能力，由此构成一种本来属于企业内的业务配合转变为企业外部或企业之间的市场交易关系；彼此之间通过分工交易得到效率改进，实现新的利益平衡，最终表现为全社会劳动生产率的不断提高。进一步说，现代服务业的发展实际上也是企业经营能力提升和市场经济中的商业模式创新问题。纵观世界经济发展的历史，伴随着科学技术的进步和经济活动手段的现代化、活动内容的多样化，不断地派生出新型的商业模式和业务形态，可以说现代服务业的发展与商业模式创新是密切相关的。

而服务业企业竞争力的提高离不开敏锐感觉市场需求，准确把握市场机遇和及时为顾客提供价值的能力和服务。服务需求有不同于产品需求的特点。因为服务需求，尤其是新兴的服务需求或高端的服务需求，大多是潜在需求。也就是说，消费者和生产者的产品需求有着比较明确的指向性，对应已知其内容的需求，供给只要根据订单就可以提供了；而他们对服务的需求是潜在需求，需要通过创业者和企业家的挖掘才能够被发现，当达到满足商业模式的生产规模时，方可持续提供服务。总之在服务经济条件下，商业模式的重要性愈加凸显，已成为一个企业创造价值的核心逻辑。成功的商业模式不仅可以增强企业的核心竞争力成就企业本身，而且可以带动整个行业的发展，提升整个行业的地位。

2. 从传统行业现代化到高新技术产业化

传统行业是指已经经历了相当长时期的发展，且在未来缺乏增长潜力并出现规则性衰退的行业。传统行业一般具有以下特征：

（1）产品趋向同质化。传统行业提供的产品一般处于生命周期中的标准化阶段，在技术扩散的效应下，业内厂商生产的产品在性能、规格和款式上逐渐趋于相同。

（2）价格成为业内竞争的主要武器。当产品高度同质化时，价格会对消费者的购买决策起决定性作用，因此，传统行业中普遍存在着低价竞争的现象。

（3）供给过剩。价格竞争带来成本压力。在传统行业中，通过大规模生产降低成本已经成为企业的生存之道。但是伴随着市场需求日益接近饱和状态，大规模生产也给传统行业带来了供给过剩的问题。

在以上3个因素的共同作用下，传统行业通常只能维持较低的利润。企业作为市场经济的主体，有其天然的逐利性。面对残酷的竞争和日益稀薄的利润，企业必须重新思考赚钱的途径和方式才能生存，因此，新商业模式的变革和演绎在传统行业显得更为重要也更具有挑战性。对商业模式创新的要求与以往相比，企业必须在创新理念上与过去有所转变，在创新的领域上比过去有所突破，在创新方法上与过去有所不同，才是企业在未来市场竞争中取胜的创新之路。

现在很多企业还在过去的经营思路上苦苦挣扎，而另一些取得非凡成功和超常规发展的企业，却靠商业模式的创新在竞争中取胜。

苹果公司通过重新定义顾客价值，成功开发 iPod 产品并使企业重新焕发活力；宝洁公司创造性的改变产品服务的路径，把薇姿护肤品放到药店销售取得成功；五粮液通过与金六福的品牌联盟进行市场运作，则是改变了其收入的模式。过去的创新主要集中体现在技术创新和产品创新领域。而在今天，商业模式的创新可能比技术创新更重要，商业模式之争已成为企业在市场竞争中取胜的关键。

传统行业的价值链在不断细分和拆解，也在不断进行要素的重构和融合，在商业模式的各个环节和要素中，对任何一个环节或要素的创新都有可能产生新的商业模式，催生新的商业传奇，这是传统商业模式所不可比拟的。传统行业演绎新商业模式，还必须善于对自己的一切创新资源进行整合。企业以往的创新活动主要是在技术平台上，对新产品、新技术、新工艺的开发和应用，现在除了运用技术平台之外，更重要的是学会在信息平台、网络平台、市场平台、服务平台、观念和概念平台上进行商业模式的创新。PPG "服务器营销模式" 是把营销从市场渠道平台移植到网络平台上创新，苹果公司 iPod 产品开发是从技术平台转向概念平台进行顾客价值整合。

在中国，不断涌现许多传统行业通过商业模式创新获得成功的例子：携程、E 龙网通过整合全国各地酒店信息，为商务及家庭旅行者提供异地旅行便利，同时在纳斯达克成功上市；分众传媒，中国最大的楼宇广告、电梯广告投放商，通过创立创新的广告投放渠道为其创建者——江南春带来了巨大的个人财富积累；如家、锦江之星等经济型连锁酒店的出现，为普通旅行者提供便捷、经济的住宿服务。这些创新商业模式的设计和应用，不仅为普通百姓带来便利的生活享受，同时也为创业者和投资者带来了巨大的回报。

和传统行业同样需要进行商业模式创新的是高新技术产业。柳传志曾说过，"高新技术产业化的一个难题，就是如何把技术变成钱"。如何把技术变成钱，对这个问题中关村的创业者和企业家给出了很多种解决方案，其中核心的是商业模式创新。

互联网中的搜索公司，在比尔·格罗斯（Bill Gross）以 Goto 开辟搜索新的商业模式之前，搜索正面临绝境，没有谁会认为单独搜索会有巨大的商业价值。但当我们今天看到 Google、百度通过商业模式创新赚的盆满钵盈之后，才体会到商业模式的神奇魔力。几乎同样的技术，但优秀企业通过商业模式创新迅速发展壮大。如新浪、搜狐、TOM 的门户网站模式；当当、卓越的 B2C 电子商务模式；联众、金山、软星、目标、游龙在线的网络游戏模式；五奥环的在线商业管理系统模式；超星、中文在线的在线图书和网上出版模式。

因此，说一种新兴技术并不是在其羽翼丰满的时候才出现在经济领域，相反，在进入经济领域时它往往是不成熟的，其发展演变在许多方面必须依据在应用中所产生的抑制和刺激。唯有与商业模式创新动态联合，才能真正构成科技型企业的核心竞争力。企业应该依据所拥有的新兴技术特点，以创新的商业模式来取得竞争优势。所以对于新兴技术市场来讲，永远不缺乏新价值，缺少的只是一种相应的商业模式来对新价值进行探索和发现。人们总是习惯用既定的商业模式来衡量和规约新兴技术及其带来的新的经营形态，对其是否具有商业价值充满怀疑与责难。在这一点上，正如前时代华纳首席技术官（CTO）迈克尔·邓恩所说，"相对于商业模式而言，高技术反倒是次要的。在经营企业的过程当中，商业模式比高技术更重要，因为前者是企业能够立足的先决条件。"

1.1.2 理论背景

1. 企业竞争优势的研究路径

对于企业竞争优势来源和企业持续竞争优势的研究，经历了从外生到内生，从静态到动态的理论演进，形成了多样化的理论体系。

第一条演变路径：从组织外部到组织内部。

在 20 世纪 30 年代以前，企业一直被视为投入产出的"黑箱"。而在这一时期，新古典经济学的不完全竞争理论诞生了，其认为行业竞争是不完全的；企业个体获得超额利润主要由其所处的市场结构决定的；产业内存在政府干预性的保护，存在退出和进入壁垒，这些和当时的社会环境是相容的。美国哈佛大学的贝恩（J. Bain）和梅森（D. Mason）在此基础上建构了产业组织理论的基本分析范式：市场结构（structure）—市场行为（conduct）—企业绩效（performance），也就是通常所说的梅森—贝恩分析范式。出身于哈佛大学的波特（Porter，2002）把"S—C—P"分析范式创造性地引进了战略管理领域，从企业所处的产业环境视角具体分析产业环境对竞争优势的作用。为此，波特（2005）创建了"五种力量模型"，并认为企业竞争优势的关键在于企业所处的行业的吸引力，并在此基础上确定其市场地位。随着人们对战略的进一步研究，人们用实证的数据检验了波特的理论，同时也发现现实中有许多现象都是他的理论无法解释的，因而其影响力慢慢下降了。20 世纪 80 年代早期，鲁梅尔特（Rumelt，1984）的实证研究发现产业内的利润差异比产业间的利润差异大得多，这一发现使人们更加怀疑和批判传统产业组织的市场结构决定企业绩效的论断。于是人们把研究的视角由企业外部转向企业的内部，以此视角探寻企业竞争优势的来源。

在这种背景下，战略资源论和核心能力论兴起并受到重视。资源能力论是 20 世纪 80 年代兴起的一种战略学说，从不同的视角对企业业绩差异进行了解释。企业资源能力论，作为从组织内部来寻找企业竞争优势的一种理论，逐步兴起并成为主流战略理论之一。1984 年，沃纳菲尔特在美国的《战略管理杂志》（*Strategic Management Journal*）上发表了"企业资源基础论"一文，标志着资源基础学派的正式到来，他在该文中认为企业是资源的集合体，企业资源对企业的绩效有重要影响，进而对企业竞争优势的获取和保持具有决定性的作用，这一观点对 20 世纪 90 年代的战略理论产生了重大影响。之后，巴尼（Barney，1991）在此基础上于 1991 年在《管理学杂志》上发表了《企业资源与保持竞争优势》一文，明确了企业资源学派的基本假设：企业是异质的；企业资源是不完全流动的。基于这一假设，他推导出企业资源的四个特性：价值性、稀缺性、不完全流动性和不完全替代性，以此为基础，巴尼分析了企业竞争优势可持续性。巴尼的这一分析基本上被大多数学者认同，在这之后出现了大量的研究企业持续竞争优势的文献，尤其以彼得拉夫（Peterafm，1993）于 1993 年在《战略管理杂志》发表的《竞争优势的基石》为代表。

如果说产业组织理论为企业竞争优势提供了"结构—行为—绩效"的分析范式，那企业资源学派则为它提供了"资源—战略—绩效"的分析范式。进而可以看出，企业资源学派打开了企业"黑箱"，为人们从企业内部视角研究企业竞争优势提供了方便，促使人们更加重视企业资源。但是企业资源学派没有进一步研究企业的"黑箱"里存在的情况，即没有对企业竞争优势的研究尤为重要的企业资源的产生和积累过程进行深入研究。且资源能力论否认了经济学中关于企业不存在差异的假设，认为企业因企业能力理论认为资源基础论忽视人的因素，其结果可能导致资源与其配置者之间相互分离。

第二条演变路径：从竞争到竞合。

无论是强调竞争优势来源于外部行业定位的竞争战略理论，还是强调竞争优势来源于组织内部的资源能力论，对竞争优势的思考都建立在对抗竞争的基础上，侧重于探讨如何通过有效的竞争来获取优势。但许多企业的竞争优势实际上并不是仅仅依靠自身的力量来获得的，而是来自于企业所处的企业群体——企业群中的其他企业既可能是该企业的合作者，也可能是该企业的竞争对手。企业经营的本质不应该是竞争，而是挖掘市场价值和创造价值（向保华，2004）。从而使企业从竞争转向竞合。

竞合是发生在企业或组织之间、涉及不同企业或组织的一种关系。一些学者开始从企业或组织间的角度来寻求企业竞争优势的来源，提出企业竞争优势来自组织间的"关系租"。并开创性地对关系租做出如下定义：如同超常报酬，从厂商彼此的交换关系中产生，单一厂商无法产生，必须通过特定联盟伙伴的共同努力才能创造（Dyer & Singh，1998）。联盟伙伴通过整合、交换或投资于特定资产、知识与资源（能力），利用有效的治理机制来降低交易成本，或有效地整合资产、知识或能力以获得租金。并又进一步指出，通过旨在组织之间建立关系的特定投资，可以以独特的方式对资源进行整合。因此，厂商之间的特殊关系是关系租与竞争优势的来源。厂商的重要资源可拓展厂商的边界，这些资源可能镶嵌于厂商间的资源与惯例之中。在过去的十几年里，企业联盟的数量剧增，成对企业或企业网络已成为日益重要的分析单位。"关系租"可能来源于关系专属资产，具有互补性的稀缺资源或能力，或来源于共同学习、知识交换或更有效的治理机制等。

第三条演变路径：从静态到动态。

20世纪90年代企业经营环境的最大特点是竞争全球化，国际竞争愈演愈烈。全球统一大市场的出现，使得国家的边界变得模糊。时间和速度已经成为新的竞争手段。而在激烈动荡的市场环境中，企业竞争呈现动态化特征，企业原有的核心能力有可能成为阻碍企业发展的一个包袱。所以提斯（Teece，1997）等人针对巴顿（Leonard-Barton）于1992年提出的核心能力存在核心刚性的问题，提出了动态能力概念。在快速变化的环境中，美国著名的战略家艾维尼（Aveni，1996）的研究也表明，在变革条件下，任何行业中企业竞争优势的来源正以逐渐加快的速度被侵蚀掉，维持优势时期的长度也在缩短。达韦尼称这种现象为超级竞争。因此，在超级竞争的战略环境下，企业洞察环境、适应环境、应变环境的能力成为企业制胜的关键。动态能力理论构造出了"动态环境—应变战略—持续优势"这样一个战略思维框架。

2. 整合分析框架：企业竞争优势来源——商业模式创新

如前所述，在激烈动荡的市场环境中，企业竞争呈现动态化特征，成功取决于对市场趋势的正确预测和对不断变化的顾客需求的快速反应。既有理论在新的环境下无法给企业提高竞争优势提供更好的路径。究其原因，上述理论无一例外都是静态地研究不断变化的问题。如行业结构理论，撇开行业结构理论提出的相关操作或分析模型的内在缺陷不谈，从该理论的基本思路来看，企业越来越难以把握基于行业结构的竞争优势来源。于是有学者沿着"外部"思路，对行业结构理论进行拓展，开始把行业结构拓展到产业（价值）链竞争、产业群竞争等领域，以探寻新的竞争优势来源。而资源基础论除了本身在可操作性（难以识别战略资源或核心能力）和片面性（忽视外部因素）方面受到批评之外，在新的经营环境下还面临着以下两方面的挑战：首先，竞争优势的来源——不可复制的特异资源，在新的动态环境下变得更加容易替代；其次，竞争优势越特异，专用性越强，资源就可能越难转移，越不易更新，越容易陷入"资源锁定"，反而可能阻碍企业的转型和变革。

越来越多的学者研究发现，成功的企业是擅长创新的企业，是不断学习的企业。于是学者们越来越关心创新与企业竞争优势的关系。在这种情况下，只能通过持续不断的创新来创造一系列的临时优势，从而保证企业总体优势的可持续性，但单一创新在企业实践中面临的短板效应使得企业步履蹒跚。商业模式创新是针对以往对单一创新的过于关注带来的负面影响而提出来的，是以客户为导向，在充分把握客户需求的基础上，充分运用各种信息技术、管理工具和手段，对企业内外部各个创新要素和创新内容进行选择、集成和优化，形成优势互补的有机体的动态创新过程。同时，要看到要通过商业模式创新来创造价值，也离不开前述三种理论所论述的竞争优势构成因素，如创新需要外部资源以及组织资源的支持，如人力资源、财务资源、前期积累的知识等，最重要的是企业创新应该是环境和市场机会导向型的，这样才能更好地识别外部行业结构环境变化所造成的风险并捕捉商机。

1.2　基本概念界定

1.2.1　商业模式

商业模式一词最早出现于 1957 年由贝尔曼（Bellman）等写作的《关于商业博弈的构建》一文中，于 1960 年出现在文章题目和摘要中（Jones，1960）。美国著名管理学家彼得·德鲁克（Drucker，1994）最早于 1994 年将其称为组织的或公司的经营理论（business theory）。加拿大著名管理学家亨利·明兹伯格把企业组织的商业模式称为"战略思想"，他指出："与战略规划截然不同，战略思想是综合性的，它包含直觉和创造精神。战略思想的成果是企业的一个整体的概貌，一个愿景目标的不太精确的阐述。"

Paul Timmers（1998）较早地对商业模式进行了界定。他将商业模式看作是由产品、服务和信息构成的有机系统。可见其是从系统角度出发做出的定义，自此以后陆续有研究者从系统角度出发对商业模式进行界定（见表 1 - 1）。

表 1 - 1 　　　　　　　　　　从系统角度定义商业模式

作者	定义	特点
Paul Timmers，1998	对商业活动的描述、对不同商业参与者潜在利益的描述、对收入来源的描述	从全局的角度来分析，关注要素之间形成的企业结构及相互之间的作用方式。
Amit & Zott，2001	为了开拓商业机会而设计的交易活动各组成部分的组合方式	
Tapscott & Ticoll，2000	一种供应商，渠道，商业服务的提供方，设备供应商，以及顾客都以网络作为主要的沟通和交易手段的独特的系统	
Dubosson，2002	企业为了进行价值创造、价值营销和价值提供所形成的企业结构及其合作伙伴网络，以产生有利可图的得以维持收益流的客户关系资本	
Bossidy et al，2002	是一种系统性的手段，表现了企业获取财富的各个组成部分与外部因素之间的相互关系，以及企业的战略和组织能力	

　　部分研究者则从财务或经济角度对商业模式进行界定。其本质内涵为企业获取利润的逻辑。与此相关的变量包括收入来源、定价方法、成本结构、最优产量等（见表 1 - 2）。

表 1 - 2 　　　　　　　　　　从财务角度定义商业模式

作者	定义	特点
Hawkins，2001	企业向市场提供的产品和服务之间的商业关系	将商业模式描述为企业的经济模式，其本质内涵为企业获取利润的逻辑。与此相关的变量包括收入来源、定价方法、成本结构、最优产量等
Elliot，2002	明确商业投资中不同的参与者之间的关系，参与者各自的利益、成本状况以及收入流	
Rappa，2003	公司通过创造收入而维持自身生存的商业方式	
Afuah，2003	是企业在给定的行业中，运用其资源执行什么样的活动，如何执行这些活动以及什么时候执行这些活动的集合	
Rappa，2004	指做生意的方法，是一个公司赖以生存的模式——一种能够为企业带来收益的模式。商业模式规定了公司在价值链中的位置，并指导其如何赚钱	

　　战略类定义（见表 1 - 3）把商业模式描述为对不同企业战略方向的总体

考察，涉及市场主张、组织行为、增长机会、竞争优势和可持续性等。与此相关的变量包括利益相关者识别、价值创造、差异化、愿景、价值、网络和联盟等。目前来看，国外对商业模式的定义大部分属于这个范畴。

表1-3　　　　　　　　　从战略角度定义商业模式

作者	定义	特点
Magretta，2002	企业对如何通过创造价值，为客户和维持企业正常运转的所有参与者服务的一系列设想	把商业模式描述为对不同企业战略方向的总体考察，涉及市场主张、组织行为、增长机会、竞争优势和可持续性等。与此相关的变量包括利益相关者识别、价值创造、差异化、愿景、价值、网络和联盟等
Thomas，2001	开办一项有利可图的业务所涉及流程、客户、供应商、渠道、资源和能力的总体构造	
Mitchell & Coles，2003	从"Who、What、When、Where、Why、How、How Much"等方面来理解经营的本质	
Chesbrough & Rosenbloom，2002	反映企业商业活动的价值创造、价值提供和价值分配等活动的一种架构	

从词汇学的角度讲，商业模式是一个合成词，它由"商业"和"模式"两个语素构成。汉语词典中，"商业"解释为"以买卖方式使商品流通的经济活动"，即商业与价值创造和从价值获得收益等活动紧密相关。"模式"解释为"某种事物的标准形式或使人可以照着做的标准样式，如模式图、模式化"。模式实质上是对现实的一种理性化的定义和展现。

在此可用种差界定法对商业模式进行界定。种差界定法是管理研究方法论中下定义的一种基本方法，其规定定义的语法结构行为为：被定义之物 = 种差 + 属名。属名相当于现代汉语中的中心词，而种差则相当于中心词的修饰词，包括定语、状语、补语。基于此对上述观点按照这种方法进行提炼，可以很明了地看出它们之间的区别和联系（见表1-4）。

表1-4　　　　　　商业模式定义的中心词与关键修饰词的比较

代表人物	中心词	关键的修饰语（定/状/补）
罗珉	集合	战略意图、结构体系、制度安排
翁君奕	有意义组合	客户界面、内部构造、伙伴界面
荆林波	战略组合	市场定位、盈利目标、目标客户主体需要

续表

代表人物	中心词	关键的修饰语（定/状/补）
拉里·博西迪和拉姆·查兰	系统性手段	获取财富的各个组成部分间的相互关系
Chesbrough & Rosenbloom	中介结构	技术领域和经济领域
Slywotsky	集合	为顾客创造价值和获取利润
Shafer	核心逻辑与战略选择	价值网络内创造价值和获取价值
Mahadevan	混合体	价值流、收益流、物流
Amit & Zott	焦点、决定性来源	创新、创造价值
Dubosson et al	企业结构、关系网络、客户关系资本	价值创造、价值营销、价值提供
Stewart & Zhao	方法集合（totality）	如何赚取并维持利润
Mayo & Brown	综合设计	系统、竞争优势
本书观点	逻辑框架、思维方法	提出价值主张、进行价值创造、价值传递以获取价值

商业模式不在于要素而在于整合，隐含有系统化、层次化、标准化以及反复检验、相互支持、逻辑上相互统一的特点，故将其在定义法中的"属名"归结为逻辑框架、思维方法，而将组合、集合、中介、手段、设计、认知等作为其外在表现。同时，我们认为"商业模式"的目的和归宿是企业资源、能力的价值实现，故将其在定义法中的"种差"归结为即企业如何在其所处的价值网络内发现价值、创造价值、获取价值和传递价值。

至此商业模式可界定为：商业模式是关于企业如何在其所处的价值网络内提出价值主张、进行价值创造、价值传递以获取价值，实现其资源、能力价值化的核心逻辑和思维方法。

对商业模式本质与定义的阐述表明：①商业模式是一个综合性概念，注重描述企业的整体性和系统性。商业模式包含价值创造、价值获取以及价值保护等内容。它并非指单纯的盈利模式，也没有抛弃价值获取的内容，而是将价值来源（即价值创造）与价值获取有机地结合起来，并与价值传递、价值保护以及所涉及的价值网络综合协调，形成价值发生和获取两种机制的平衡。②商业模式内涵正由经济、运营层次向战略层次延伸。商业模式由初期从企业自身出发关注产品、营销、利润和流程，逐渐开始转向关注顾客关系、价值提供乃至市场细分、战略目标、价值主张等。另外，商业模式对系统性的强调，也使得模式的战略性逐渐增强，成为潜在经济逻辑的战略性展开。

1.2.2 商业模式创新

作为学术术语的创新概念是经济学家约瑟夫·熊彼特（Sehumpeter，1990）首先提出来的。他在 1912 年出版的《经济发展理论》中，从工业生产的角度把创新界定为"执行新的组合"，即建立一种新的工业生产函数，将某种原先从来没有过的关于生产要素和生产条件的新组合引入生产体系。西蒙·库兹涅茨（S. Kuznets）将创新定义为"为达到一个有用的目的而采用的一种新方法"；纳尔逊（R. Nelson）和温特（Winter）把创新定义为"现在的决策规则的变化"；德鲁克（Druker，1989）认为"创新的行动就是赋予资源以创造财富的新能力"。

创新之所以要切合实际，是因为任何创新都是有条件的。创新的条件包括两个方面，一是创新活动本身是有条件的，商业模式创新也是如此，并非任何人在任何情况下都可以进行创新活动；二是创新的成果要发挥积极的实际作用是有条件的，并非任何商业模式创新成果都可以发挥积极的实际作用，要通过逻辑的、经济的、文化和法律伦理方面的检验。

现有研究者对于商业模式创新多从以下两个方面来界定：

（1）从客户价值角度出发定义商业模式创新，认为商业模式创新是营造出新的、优于现有方法的、为客户解决问题的方案。米切尔（Mitchell，2003）也指出，商业模式创新的目标是以最合适的方式提供给客户产品或服务，并剔除客户不要的东西。该过程可以发生在各个经营环节，包括客户服务、市场营销、广告或公司与客户的交互方式等。斯格蔻（Siggelkow，2002）用增大、巩固、删减来描述调整过程，当调整超过一定限度，便成为商业模式创新。玛热塔（Magretta，2002）认为对商业模式的理解应包括对参与者及其角色的识别，对价值的认识，以及对市场运作和市场关系的把握。同时将商业模式创新与价值链理论相结合，认为新的商业模式都是对现有价值链的调整，也即对价值链中的两类基本活动（一类是与制造有关的商业活动，另一类是与销售有关的商业活动）的创新。

（2）从商业模式的构成要素来定义商业模式创新。如米切尔和科斯（Mitchell & Coles，2003）则从商业模式构成的基本要素 5W2H（即 Who、What、When、Where、Why、How、How Much）等方面来理解经营的本质。在这七个要素中仅某一方面的变化使企业朝好的方向发展被称为商业模式改进，商业模式的变革则至少要求四项以上的要素发生改变，而那些指向全新的或行业内未曾应用过的商业模式的变革便是商业模式创新。林德和坎内尔（Linder & Cantrell，2000）首先辨识公司可以在哪些方面改变商业模式，然后提出转变模式来协调和引导公司商业模式的改变。根据改变公司原有运作方式的程度，转变模式可以分为 4 种类型，即实现模式、更新模式、扩张模式和旅行模式。实现模式主要进行公司现有商业模式的微小变化；更新模式对商业模式实质的改变不大；扩张模式使商业模式发生了质的改变；旅行模式将公司带入全新的商业模式。

国内对于商业模式创新的研究尚处于跟踪阶段。翁君奕（2004）在其著作《商务模式创新》中提出商业模式是由价值主张、价值支撑和价值保持构成的三维空间，商业模式创新就是在给定的平台环境下，发现客户环境、伙伴环境、内部环境以及它们关联中所存在的价值潜力，取得能够持续超越竞争对手和现有商业模式的盈利能力。

对于本研究来说，从企业角度对创新加以定义更有意义。在此总结前人的观点，对商业模式创新界定为，商业模式创新就是在以客户为中心的基础上，对企业价值分析体系要素进行发现和定义，从而对价值主张模式、价值创造模式、价值传递模式、价值网络模式等进行更新或进行新的组合，从而建立新的价值主张、价值创造或价值传递模式，或者建立新的界面规则的综合过程。

相对于这些传统的创新类型，商业模式创新有几个明显的特点：

第一，商业模式创新视角更为外向和开放，更注重从客户的角度根本上思考企业的行为，且多注重和涉及企业经济方面的因素。商业模式创新的出发点，是如何从根本上为客户创造增加的价值。因此其逻辑思考的起点是客户的需求，根据客户需求考虑如何有效满足它，这点明显不同于许多技术创新。因一种技术可能有多种用途，技术创新的视角常是从技术特性与功能出发，看它能用来干什么，再去找它潜在的市场。商业模式创新即使涉及技术，也多是和技术的经济方面因素，与技术所蕴含的经济价值及经济可行性有关，而不是纯粹的技术特性。

第二，商业模式创新表现得更为系统和根本，是一种集成创新。也即商业模式创新不仅仅是单一因素的变化，它常常涉及商业模式多个要素同时大的变化。需要企业组织的较大战略调整。商业模式创新往往伴随产品、工艺或者组织的创新，反之则未必足以构成商业模式创新。因此商业模式创新也常体现为服务创新，表现为服务内容、方式及组织形态等多方面的创新变化。

第三，从绩效表现看，商业模式创新可能开创了一个全新的可盈利领域，给企业带来更持久的盈利能力与更大的竞争优势。如果提供全新的产品或服务，可能给行业带来革命性的变化。即便提供已有的产品或服务，也能给企业带来内部效率的提高与成本降低，而且由于它更为系统和根本涉及多个要素的同时变化，因此更难以被竞争者模仿，常给企业带来战略性的竞争优势且此优势常可以持续数年。

1.2.3 竞争优势

"竞争优势"概念最早由英国经济学家张伯伦（E. Chamberlin）在1939年提出，后由霍菲和申德尔（Hofer & Schendel）把它引入战略管理领域。霍菲和申德尔认为，竞争优势是组织通过其资源的调配而获得的相对于其竞争对手的独特性市场位势。其他具有代表性的观点还有，巴尼认为，当企业能够实施某种价值创造性战略而其他任何现有和潜在的竞争者不能同时实施时，就可以说该企业拥有竞争优势。戴维·贝赞可、戴维·德雷诺和马克·尚利（Besanko，Dranove & Shanley）认为，当企业的表现超出所在产业的平均水平，就可以说它具有竞争优势。波特认为，企业竞争优势是指企业在有效的"可竞争性市场"上向消费者提供具有某种价值的产品或服务的过程中表现出来的超越或胜过其他竞争对手，并且能够在一定时期之内创造市场主导权和超额利润或高于所在产业平均水平盈利率的属性或能力。可将竞争优势概念总结成表1-5。

表 1 - 5　　　　　　　　　　　　　　竞争优势概念比较

类型	出发点	代表人物	来源
侧重企业战略的概念界定	企业战略与竞争优势的关系	Calcagno，1999 Bharadwaj，2000	战略实施的结果
侧重价值创造的概念界定	价值创造顾客	Porter	为顾客创造的价值中产生
侧重经济租金的概念界定	经济租金	Mahoney & Pandian，1991	垄断租金；李嘉图租金；熊彼特租金
侧重持续性的概念界定	时间上的持续性	Barney，1991 Hoffman，2000	其他企业无法模仿与复制的特性

从以上定义可以看出，企业竞争优势来自于超正常水平的租金（垄断租金、李嘉图租金、熊彼特租金），该租金是由特定企业基于占有与配置异质性稀缺资源而实施的独特价值创造战略而获取，并将由于当前或预期的竞争对手无法同时实施相同的价值创造战略，也无法或没有资源和能力来模仿与复制而持久为该企业所占有。

1.3　研究的目的和意义

本研究选择商业模式创新作为研究对象，着重研究其影响因素及对企业竞争优势的影响机制，其目的为：

第一，通过对商业模式创新的分析，探讨商业模式创新的理论基础和动力机制。

第二，通过对商业模式创新影响因素进行挖掘与评价，构建其结构方程模型，明了影响商业模式创新的机理。

第三，通过实证分析，明了企业商业模式创新影响竞争优势的内在机理，并分析出环境变量对两者关系的影响程度。

第四，在创业型社会背景下，对商业模式转型动向进行分析，以找到企业的应对策略。

目前商业模式概念的混乱和理论的零散导致目前商业模式创新处于实践

先于理论的状态，而理论发展的不足将使商业模式创新的实践受到制约。因此基于实证的基础上对商业模式创新进行研究有着特别突出的意义。具体而言，其研究意义和价值可以在如下几个方面得到体现：

一是深化了企业战略理论。亨利·明茨伯格把企业战略定义为5P，亦即计划（plan）、计谋（ploy）、模式（pattern）、定位（position）、视角（perspective）。但目前从模式方面研究企业战略的文章很少。目前的公司战略理论也难以解释企业何以能通过商业模式的竞争来获得胜利。

过去公司战略制定的起点，经历了从关注企业外部环境到关注企业的内部资源和能力，直到寻求外部环境和内部资源能力的有效结合的三个阶段。在关注企业外部环境阶段，曾经认为选择一个好的行业或者定位就能成功，直到发现选择同样行业或定位的企业却有极为悬殊的绩效表现；于是我们开始关注内部资源和能力，认为一个企业所掌握的资源和能力是保持竞争优势以及获取超额利润的决定性因素，直到发现过于关心企业内部导致企业内外部分析失衡；于是最终认为应该强调核心能力的构建、维护与产业环境分析相结合。今天我们又面临新问题，即面临同样的行业外部环境和拥有类似的资源和能力，企业的表现为何仍然可以不同。其实其根源主要在于商业模式的不同。正是商业模式的不同，导致企业经营效率的差异，导致企业核心能力的不同。在这个意义上可以发现企业的核心能力变成了一种结果，而不是原因。所以，本书对商业模式的研究可以从全新的视角构建公司竞争战略的分析框架，有助于企业更准确地把握新的经济环境和竞争条件下企业竞争的发展趋势，深化了企业战略理论。

二是为商业模式集成创新提供了新的路径。从管理学的角度来说，集成是一种创造性的融合过程，即在各要素的结合过程中，注入创造性思维，当要素经过主动的优化选择搭配，相互之间以最合理的结构形式结合在一起，形成一个由适宜要素组成的相互优势互补并匹配的有机体。从系统论角度看集成，集成是指相对于各自独立的组成部分进行汇总或组合而形成一个整体，以由此产生规模效应、群聚效应。也就是说集成就是将两个或两个以上的单元集合成一个有机整体的过程或行为的结果，这种集合不是要素之间的简单叠加，而是要素之间的有机结合，即按照某一或某些集成规则进行组合和构造，旨在提高有机系统的整体功能。集成的概念除了含有聚合之意，更值得重视的是其演进和创新的含义。集成强调人的主动行为和集成后的功能倍增性与适应进化性，这无疑是构造系统的一种理念，同时也是解决复杂系统问题和提高系统整体功能的方法。集成理论的发展为集成创新概念的出现奠定了理论前提。

自从经济学家熊彼特提出创新理论以来，许多学者沿着熊彼特思路重构经济理论，使创新研究内容更加丰富。20 世纪 70 年代，美国学者纳尔逊（R. Nelson）和温特（S. Winter）在生物进化理论的启示和借鉴下，通过对创新过程的机理的深入研究，创立了创新进化论这一独特新颖的理论分支，它推动了技术创新和制度创新的融合，使得人们对于创新理论的研究又开始向熊彼特的初始定义回归，即认为创新是一个系统总体的概念，它包括生产、经营、管理、组织等方面的内容。此后许多学者在更广的范围开展了技术、组织、制度、管理、文化的综合性创新研究，从而促使创新管理的集成化趋势越来越明显，集成的思想和原理逐渐在科技创新管理实践中得到推广和应用。

三是对商业模式创新的理论研究为我国企业增强全球竞争力提供了理论支持。商业模式以机会为中心，包含价值创造与获取的内在经济逻辑，是对企业系统的整体描述。企业进行商业模式创新，意味着构建特有的资源组合形式，它难以被其他企业复制，但却有可能改变整个产业的经济性，具有巨大的经济潜力，从而有可能为企业快速成长打下基础。另外，由于商业模式关注企业系统平衡，因而能较好地减轻或避免企业快速成长引发的问题和不对称现象，从而能实现企业快速成长过程的平稳发展。

传统商业模式在全球经济一体化时代开始受到挑战，企业商业模式的创新已经取代了产品创新，成为提升竞争力的主要手段。对于已经形成固有商业模式的国际性企业，其商业模式的变革可能付出巨大的代价；而中国企业在商业模式创新方面将显示更强的灵活性和可操作性。另外，中国潜力巨大的市场以及中国独有的文化与消费行为给予了中国企业实现商业模式创新变革的环境，在本土所形成的创新模式还将渗透应用到整个世界。同时信息技术的发展进步为企业实现商业模式创新提供了最佳手段。

中国企业的盈利能力和国外企业相比有较大的差距，除了制度、技术和人文等因素外，商业模式水平的差距是最根本和最直接的原因。在全面信息化、国际化背景之下，中国企业运用单一的价格、成本等比较优势参与全球竞争，将不再是平坦世界里的利器。中国企业必须通过世界级管理的运营实践和创新去释放和创造后发优势，在企业战略、商业模式等各方面全面提升中国企业在全球产业链中的位置，才能全面提升国际竞争力、实现自主创新的全新发展时期。

　　总之，商业模式的实际意义远不止这样几个方面，它对企业战略构建、企业变革、虚拟组织等研究领域均能提供有益的借鉴。实践中，国内一些耳熟能详的企业，如中国神华、格力以及苏宁电器、阿里巴巴等，正以各自不同的方式构建起富有特色的商业模式。通过对它们的商业实践的总结，可以向培育良好的创业文化，让更多的人理解创业，掌握创业的知识和技能。

| 第 2 章 |
相关研究综述及理论基础

2.1　商业模式研究综述及文献内容分析

2.1.1　商业模式研究综述

国内学者对企业商业模式的研究，综合现有文献可以将其分为两类，一类是针对企业个案进行的案例分析。典型的如赖国伟（2004）运用案例分析方法，研究了 PC 产业中英特尔公司、微软公司和戴尔公司三家主导企业的商业模式。用商业模式理论框架和价值分析体系对它们的运营管理进行了解构；从模块化创新的角度研究了三家公司的商业模式形成及其创新演化，并且比较分析了三家公司与其主要竞争对手的商业模式差异。证明了英特尔公司、微软公司和戴尔公司独特的商业模式设计和演化促进了它们的成功，创造了它们竞争对手所缺乏的竞争优势。此外还有周星（2004）对戴尔商业模式的评析；田芳（2006）分析了迪士尼商业模式及其对文化企业的启示；靳东滨、鄂永林、姚群峰（2006）对海南电信商业模式的创新实践进行了总结。

另一类是以罗珉、翁君奕等为代表对企业商业模式的内涵及理论解释进行较为深入的研究。罗珉等（2005）认为，企业商业模式是一个组织在明确的外部假设条件、内部资源和能力的前提下，用于整合组织自身、顾客、价值链伙伴、员工、股东或利益相关者来获取超额利润的一种战略创新意图和可实现的结构体系及制度安排的集合。他们通过企业经济租金分析，从经济学理论视角解释了企业商业模式创新行为的内外驱动力。翁君奕（2004）通过对企业内外经营环境及平台界面的细分，将商业模式界定为一个类似"魔方"的三维空间，由价值主张、价值支撑和价值保持构成的价值分析体系提供了商业模式构思和决策的一种思维方法。原磊（2007）认为商业模式是企业价值创造的逻辑，并提出了商业模式的"3—4—8"的构成体系。张家瑞（2007）则认为商业模式是在企业特定竞争战略的基础上为了实现为顾客创造和增加价值的目标的企业所有资源的动态集合。王波、彭亚利（2002）认为，对商业模式可以有两种理解：一是经营性商业模式，即企业的运营机制；二是战略性商业模式，指一个企业在动态的环境中怎样改变自身以达到持续赢利的目的。

通过对企业商业模式研究现状的分析可以发现，尽管在理论研究领域取得了较多成果并开辟了多个维度的研究途径，但就其研究方法而言，对企业商业模式个案的研究很难形成一个系统的、普遍适用的理论分析框架。尤其是对企业商业模式创新的研究，系统的理论成果还相对较少。现有的关于企业商业模式内涵、构成要素、创新动机和形成机制的研究只是提供了一个很好的研究思路，理论深度还远远不够，而且往往是一种比较静态分析，对于企业商业模式创新的研究还比较缺少，因而，难以全面、系统、直观、清晰地诠释企业商业模式创新的实现方式与演进机理。此外，大多数学者的理论研究重点仍集中于企业商业模式的主要构成要素，而企业商业模式创新的评价体系尚未得到理论界的高度重视，因此在评价体系方面的研究成果还很少，还没有形成一套全面、科学、客观的企业商业模式创新的评价体系。

2.1.2 商业模式研究的内容分析

在此采用内容分析法，对商业模式文献做客观系统的定量分析，以弄清或测验文献中本质性的事实和趋势，揭示文献所含有的隐性内容，对事物发

展作预测。选取的数据来源是清华大学开发的《中国期刊网全文数据库》
(1996 ~ 2006)。这数据库具有覆盖面广，收录期刊全，检索途径多等特点。
此外，辅以《全国报刊索引》（社科版）进行手工检索。检索的关键词为
"商业模式"（business model），考虑到翻译方法的不同，将"商务模式"也
进行检索。

1. 论文发表的时间分布

以篇名为检索项，分别检索"商业模式"和"商务模式"，得到含"商
业模式"篇名的文章347篇，含"商务模式"篇名的文章302篇。同样以主
题为检索项，得到含"商业模式"篇名的文章3621篇，含"商务模式"篇
名的文章2256篇。其年份分布情况如表2-1所示。

表 2 – 1 商业模式论文篇数的时间分布

年份	1996	1997	1998	1999	2000	2001	2002	2003	2004	2005	2006
篇数 1	0	1	6	12	66	72	71	85	79	116	140
篇数 2	8	14	28	166	996	804	557	609	601	980	2094

注：篇数 1 是以篇名为检索项、篇数 2 是以主题为检索项得到的数据。

从发展过程上看，国内对商业模式的关注慢于国外。20 世纪 80 年代，
商业模式的概念在国外开始出现在反映 IT 行业动态的文献中。而直到互联网
在 20 世纪 90 年代中期形成并成为企业的电子商务平台之后，商业模式才作
为企业界的时髦术语开始流行并逐步引起理论界的关注。

从文章的数据可以看出其发展的拐点就在 2000 年，经过前几年的酝
酿，2000 年与 1999 年相比无论以商业模式或商务模式为篇名还是为主题
的文章都增长 5 ~ 6 倍以上。这主要得益于 2000 年互联网商业模式热潮，
这也是商业模式纷飞的一年，B2C、B2B、ASP、IDC、P2P 等此起彼伏，
联想、中国移动、亚信、UTStarCom、新浪、网易、搜狐、TOM 等公司上市
是全国关注的焦点，留学回国的创业者与本地人才由两大阵营的正面竞争
转化为互补与融合，并开始注重商业模式的创新。2000 年后互联网泡沫破
灭，关于商业模式的文章也略微下降或横盘整理。直至 2005 年开始恢复，
在 2006 出现爆发性增长，主要是因为网络股沉寂多时，市场开始回暖，以

互联网为代表的新经济高歌猛进、创业型社会的出现，同时商业模式的内涵已经悄然发生了变化，即从信息管理领域扩展到了企业管理领域的更广阔的空间。

2. 发表论文的杂志分析

以 1996~2006 年在核心期刊上的有关商业模式的文章，以"商业模式"为检索词以篇名为检索项进行检索，共查到文章83篇，同样以"商务模式"为篇名进行检索共查到文章106篇，以189篇文章为对象进行分析（见表2-2）。

表2-2 1996~2006年在核心期刊上发表的商业模式文章情况

期刊名	2000年	2001年	2002年	2003年	2004年	2005年	2006年
商场现代化	3	0	0	1	1	1	10
商业研究	1	0	2	1	2	2	2
商业时代	0	0	0	1	3	5	4
企业经济	0	0	1	0	1	1	2
商业经济与管理	3	1	0	0	0	0	0
情报科学	0	1	0	1	0	1	1
情报杂志	0	0	3	0	3	2	0
中国工业经济	0	0	0	0	0	1	1
总计	7	2	6	4	10	13	20

从189篇文章中抽取出现频率较多的期刊，对于出现频率相同的期刊则随机抽取组成上表，发现2000年对商业模式的研究出现一个小高峰，随后步入低谷，并在2004年出现发弹并一直保持增长趋势。应该说商业模式的研究已经引起主流期刊的注意，如CSSCI来源期刊的经济研究（1篇）、中国工业经济（2篇）、外国经济与管理（1篇）、中国软科学（2篇）、科学学研究（1篇）、科学学与科学技术管理（1篇）。同时已经成为一些较重要刊物的研究专栏。

3. 研究方法的分析

采用与商业模式杂志分析同样的检索方法，以189篇文章为对象分析其研究方法。1996～1997 年的核心期刊上还没有出现有关商业模式的文章，所以在表中没有列出。随后对其采用的研究方法进行研究，根据马庆国的观点，国际上通用的管理学研究方法主要有三种：实验方法、问卷调查与数理统计处理方法、长期跟踪调查方法，在此也主要统计这三种方法的采用情况，结果组成见表 2－3。

表 2－3　　　　　　　　　　有关商业模式文章的研究方法情况

研究方法	1998 年	1999 年	2000 年	2001 年	2002 年	2003 年	2004 年	2005 年	2006 年
实验方法	0	0	0	0	0	0	0	1	1
数量	0	0	0	0	1	0	0	1	1
跟踪调查	0	0	0	0	0	0	0	0	0
定性	2	2	12	14	21	18	28	31	55

从表 2－3 可以看出，对商业模式的研究采用国际通用的方法的文章是很少的，比例很低，基本上都是定性的分析，可见商业模式的研究方法论仍没有走出"贫困"。这也暴露了当前管理科学研究方法上面的问题。浙江大学马庆国（2002）教授认为，管理科学研究方法上面的最大误区就是认为与人有关的管理研究只能用定性的、思辨性的、总结性的方法进行研究，使得目前我国管理科学研究论文与国际上的通用的、规范的研究方法相去甚远。这点在商业模式的研究上表现更甚。其原因一是量化研究是一种规范化的研究，对研究程序、资料的可靠性和统计方法的条件等方面都有严格的要求，引起了实际运作的艰难性；其二则可能是量化研究需要大样本的数据，但在实际的社会研究中，真正随机的大样本并不容易获得，某些研究对象本身就是少数的、边缘的群体，这些研究无法获得足够的样本。另外，对商业模式的研究还处于初级阶段所以研究更多的是偏向概念的辨析、理论体系研究、案例方面的分析。

4. 商业模式研究热点分析

同样以 1996～2006 年在核心期刊上的有关商业模式的文章为研究对象，共查到文章 347 篇。然后在 347 篇文章中按主题进行检索，得到篇数情况如下（见表 2－4）。

从以上可以看出，对商业模式的研究的热点，一是商业模式自身，如商业模式创新、价值链、合作、演化等；二是外围关系，如商业模式在新经济背景下的转型、对企业竞争力的影响、与战略的关系、商业模式所涉及的人力资源的调整。另外，发现热点就是商业模式与创业，包括创业者、风险投资等。而商业模式与资本市场也是开始引起关注，如商业模式与资本市场，以及股价、投资者、上市等。国外对于商业模式创新的研究已开始转向商业模式与创业、资本市场等。就商业模式研究的行业而言，目前主要集中在互联网，其他领域也开始注重，如电器行业、零售行业、房地产领域等。

表 2-4 有关商业模式研究热点分析

主题	创新	竞争力	价值链	战略	合作	风险
篇数	65	35	35	29	26	14
主题	新经济	创业	风险投资	资本市场	路径	上市
篇数	9	8	8	5	5	5
主题	可持续	股价	创业者	演化	投资者	人力资源
篇数	4	3	3	2	2	2
行业 *	互联网	电器	零售	房地产	软件	汽车
篇数 *	159	24	21	19	8	8

注：＊关于行业的篇数是以全文为检索项得出的。

2.2 商业模式的组成要素研究综述

由于学者对商业模式的定义有所不同，因而商业模式的组成要素及结构也表现出多样性，进而由组成要素差异导致学者们对相关理论的运用也存在明显的差别。莱纳（Rainer Alt，2000）指出，使命（mission）、结构（structure）、过程（processes）、收入（revenue）、法律事务（legal issues）和技术（technology）是商业模式的 6 个要素（见图 2-1）。

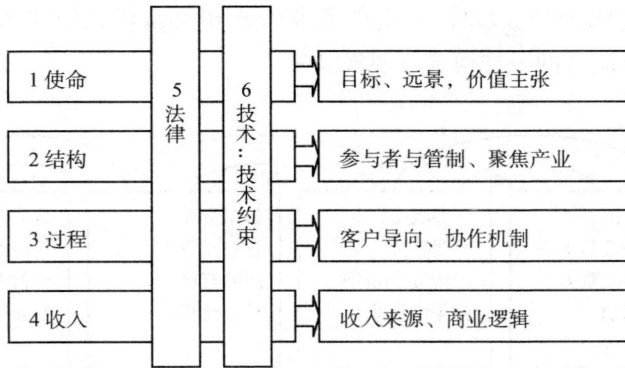

图 2 - 1 雷勒的商业模式 6 个要素

商业模式六要素中他们认为使命是商业模式最为关键的因素，结构决定了行业、客户和产品的重点；过程提供了商业模式的使命和结构的更详细的观点，表明了价值创造过程的因素；收入是商业模式的底线，收入来源和所需投资必须从短期和中期做仔细的分析；法律问题是商业模式必须考虑的因素；技术既是驱动力也是约束。同时他们指出，商业模式是由多个维度组成的，不存在单一的商业模式，这 6 个因素是建立商业模式的一种框架。

奥斯特瓦德（Osterwalder & Pigneur，2005）对商业模式组成要素的理解（如图 2 - 2），认为商业模式由服务理念（包括价值主张、目标客户）、技术结构（包括服务提供、系统）、组织安排（包括网络策略、角色分配）以及财务安排（即收入来源）4 个要素组成，他们紧密联系组成一个有机的整体，共同为客户和业务提供者创造价值。

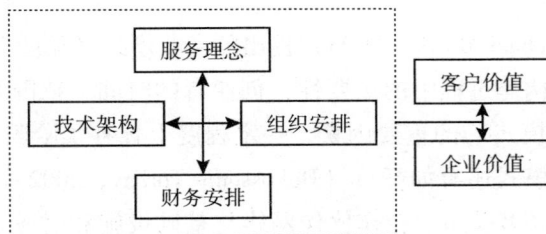

图 2 - 2 奥斯特瓦德提出的商业模式要素

哈默尔（Hamel，2002）提出的商业模式相对来说比较完善和成熟，也是近年来比较流行的一种模式（见图2-3）。

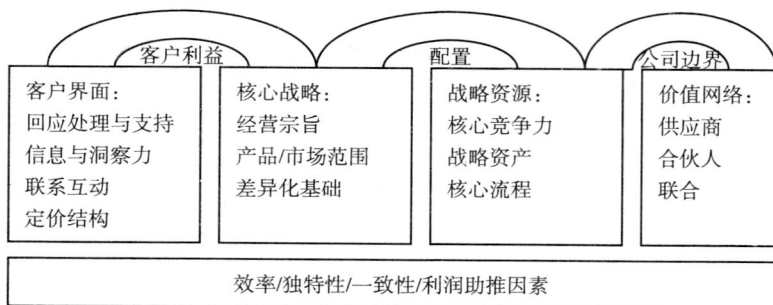

图2-3 哈默尔的企业商业模式要素组合

图2-3中商业模式包括客户界面、核心战略、战略资源、价值网络四大要素。四个要素两两之间都形成三个界面，分别是客户利益、配置和公司边界，这样四个要素紧密地连成一个协调运作的整体。此外，模式还要达到效率、独特性、一致性，并在利润助推因素的作用下才能充分发挥效力。

这个模式几乎包括了企业战略的所有方面，是一个全面认识企业整体状况的很好框架，在企业咨询实践中也收到了良好的效果。但是内容如此广泛的模式无法指明企业凭借什么获得优于其他企业的绩效和优势，也没能更好地说明细分要素之间的因果关系。尽管利润助推因素很重要，但却没有被包括在模式的基本要素中。这些原因导致该模式还存在相对的局限性。

莫里斯（Michael Morris，2003）提出的商业模式（见图2-4）显然注意到了个人在模式构建过程中的重要性，创业者的时间、范围和规模意图成为决定企业"投资模式"的重要因素，一定程度上弥补了哈默尔（Hamel）模式的缺陷。其他模式还有如托贝（Dubosson - Torbay，2002）等提出的模式。该模式将产品、顾客关系、合作伙伴网络与基础设施和财务要素等四个要素分为两个层次，其中财务要素是前三个要素的基础。

规则层	供给品相关要素	市场要素	内部能力要素
	竞争战略要素	经济要素	个人/投资者要素
特有层	供给品相关要素	市场要素	内部能力要素
	竞争战略要素	经济要素	个人/投资者要素
基础层	供给品相关要素	市场要素	内部能力要素
	竞争战略要素	经济要素	个人/投资者要素

图 2 - 4　莫里斯提出的商业模式

　　相对而言，网状模式更注重要素间的内在因果关系，明确了各要素在企业中的作用和先后次序，能更好地解释企业要素的独特组合方式，并阐明企业竞争优势的来源。尽管网状模式还未充分说明要素联系的特点以及企业如何使模式差别化，但这是迈向正确方向的坚实一步。

　　以上是关于商业模式组成要素的一些主要观点，尽管侧重点不同，但都在不同程度上体现了对客户价值、市场定位、收入、能力等关键要素的重视，较好地诠释了商业活动的规律和诉求。研究角度的不同相应地使关于商业模式组成要素的研究因此也相对丰富起来，但对关键组成要素仍没有形成一致意见。表 2 - 5 描述了有关模式组成要素研究的概况。

表 2 - 5　　　　　　　　　　　商业模式组成要素

商业模式组成本体	Stahler，2001	Weill & Vitale，2001	Kittl et al	Gordi jn，2002	Afuah & Tucci，2003
价值主张	价值主张	价值主张战略目标	价值模式	价值提供	顾客价值
目标顾客		顾客细分		市场细分	范围
分销渠道		渠道	顾客关系		
顾客关系			顾客关系		
价值模式	模式		生产模式	E3 - value	
能力		核心能力	资源模式		能力

续表

商业模式 组成本体	Stahler，2001	Weill & Vitale，2001	Kittl et al	Gordi jn，2002	Afuah & Tucci，2003
伙伴关系		电子商务		参与者	成员战略
成本结构					
利润模式	利润模式	利润来源	利润模式	价值交换	定价、利润来源
商业模式 组成本体	Linder & Cantroll，2000	Hamel，2000	Mahadevan，2000	Chesbrough，& Rosenbloom，2000	Magretta，2002
价值主张	价值主张	产品范围	价值流	价值主张	什么是顾客价值
目标顾客		市场范围		市场细分	谁是顾客
分销渠道	渠道模式	支撑体系			怎样传递价值
顾客关系	商业关系	关系动态			
价值建构	商业过程模式	核心流程	物流	价值链结构	
能力		核心能力 战略资产			
伙伴关系		供应商合伙人 联盟		价值链定位	
成本结构				成本结构	有何成本
利润模式	利润模式	价格结构	利润流		怎样赚钱
商业模式 组成本体	Ticoll et al， 2000	Amit & Zott， 2001	Applegate & Collura，2001	Maitland & Van de Kar，2002	
价值主张		交易元素	提供的产品或 服务	市场细分	
目标顾客			市场机遇		
分销渠道			营销模式		
顾客关系			品牌和知名度		
价值模式	B－webs		运营模式		
能力			组织和文化 管理模式		
伙伴关系	B－webs		伙伴	创造价值群体	
成本结构					
利润模式			对公司和股东的 利益	利润模式	

　　这些模式要素并非是杂乱无章的组合。其中一些项目被多次提到，如价

值主张 13 次、利润模式 11 次、合作伙伴 10 次、价值建构 9 次、目标顾客 8
次，另有能力、顾客关系、成本结构等。一般来说，要素的组成结构有两种
基本类型：一是横向列举式，即要素间是横向列举关系，彼此重要性相似，
每个要素表示企业的某个独立方面，但它们必须共同发挥作用；二是网状式，
即模式的基本要素从纵向层次或另一视角综合考虑，要素间联系密切，形成
层级或网格，作为一个系统在企业中发挥作用。不论哪种组合形式，要素间
都需具有较强的逻辑关系，体现出商业模式的系统性和整体性。

国内对商业模式构成要素的研究主要有李东和翁君弈等人。李东
（2006）应用 Meta 方法对这种基础要素进行分析归纳，得出了商业模式的
Meta 要素，最终把商业模式创新表达为三类基本类型创新的组合：①顾客价
值转换；②成本结构转换；③利润保护方式转换。在此基础上探讨了基于路
径特征的模式创新类型和相应的策略体系，并且指出一个企业的商业模式似
乎沿着顾客价值转换—成本结构转换—利润保护方式转换的顺序进行，企业
的成长阶段是这种偏好的主要解释变量。翁君弈（2004）在其文章《介观商
务模式：管理领域的"纳米"研究》中，将商业模式的环境分为平台环境、
客户环境、伙伴环境、顶板环境即竞争环境、内部环境 5 个子环境，构建了
一个由价值主张、价值支撑和价值保持等概念组成的价值分析体系，它既可
以用来指导商业模式的创意构思以及可行性论证前的方案完善工作，也可以
用于对特定企业进行商业模式角度的价值评估。

以各自对商业模式的定义为出发点，研究者们采用了不同的方法来界定
商业模式的构成要素。虽然研究方法和角度不同，但是在所有研究者的研究
中几乎都包括如下的一些基本要素：市场结构（参与者、角色、目标），价
值理念（包括顾客以及合作者两个方面），范围（市场细分、产品界定），业
务流程，核心能力（能力、资产），定价策略和收入来源，战略（整合竞争
在价值链和价值网络中的定位），协调机制，技术等。企业要进行商业模式
创新，就应当优化构成商业模式的一个或多个或全部构成要素。

2.3　商业模式创新的研究综述

从研究顺序来看，商业模式创新是商业模式研究的根本目的，而概念本

质研究、体系构成研究等均是为商业模式创新研究提供理论依据、分析工具和研究思路的。

2.3.1 基于商业模式创新路径的研究综述

对商业模式创新的路径分析将使商业模式创新由"直觉推动型"过程转向创造性与理性有机结合的可控过程，这就要求掌握商业模式基础策略的信息，目前商业模式创新路径基本上都是从这个角度出发的。

对商业模式创新的路径分析基本上散见于许多学者的观点之中，没有形成体系。如澳大利亚教授克利斯（Chris，2004）等人认为，企业商业模式创新要从客户的不满、厌倦和感受中寻找灵感；要对公认的假设进行挑战，而不是采纳和其他对手差不多的策略。大前研一（Ohmae）认为，日本在商业竞争中取得成功的原因是其商业模式创新以增强竞争地位为依据，在创新时考虑公司、顾客和竞争。这三个因素中每一项都是一个有独立利益和目标的实体。目前提出的影响比较大的路径分析的方法有：

1. 基于价值链理论的商业模式创新路径

高闯（2006）从价值链创新角度来分析商业模式创新，认为在明确的外部假设条件、内部资源和能力前提下，企业商业模式是其价值链的一个函数，并可以将其看作是一种基于价值链创新的企业价值活动及对其所涉及的全体利益方进行优化整合以实现企业超额利润的制度安排的集合。所以，基于价值链创新理论提出商业模式的五种基本类型也是创新方法：价值链延展型、价值链分拆型、价值创新型、价值链延展与分拆结合型、混合创新型。其他研究者提出的重新定义顾客，提供特别的产品和服务；改变提供产品/服务的路径；改变收入模式；改变顾客的支持体系；发展独特的价值网络等商业模式创新路径实际上也是基于价值链思想提出的。

提美斯（Timmers，1998）所提出的分类体系基于交互模式和价值链整合。商业模式构建的系统化方法包括价值链分解和价值链重构。典型的商业模式构建和实施一般需要识别价值链要素（如采购物流、生产、销售物流、营销、研发、采购、人力资源管理等）、交互模式以及技术的最新发展。利用此方法可以构建许多不同的商业模式，不过其中只有一些在现实中是可行的。此分类体系提供了商业模式创新的一般思路。如可尝试矩阵中的空白处，挖掘新的商业模式。注意到其中的有些商业模式是传统模式在因特网上的翻版，有些则通过创新方法增值（如价值链整合）。

2. 基于商业模式构成元素或分类体系的商业模式创新路径

这种创新的路径是先提炼商业模式的构成元素或总结现有商业模式的合理分类，开展基于构成元素或分类的商业模式创新方法研究，以此为商业模式设计提供方法论指导，从而有助于企业制定切合实际的商业模式创新战略。

原磊（2007）提出商业模式的"3—4—8"的构成体系，其中"3"代表联系界面，包括顾客价值、伙伴价值、企业价值；"4"代表构成单元，包括价值主张、价值网络、价值维护、价值实现；"8"代表组成因素，包括目标顾客、价值内容、网络形态、业务定位、伙伴关系、隔绝机制、收入模式、成本管理。从而提炼出基于价值模块的商业模式变革路径、基于界面规则的商业模式变革路径、基于二者混合的商业模式变革路径。

王刊良（2003）等将商业模式的基本框架界定为5P4F。其中5P是指产品、价格、渠道、促销和公共关系。4F是指信息流、资金流、物流和商务流。而因特网和 Web 技术的网络经济为企业改变5P4F的每一个环节和流程关系提供了极大的便利和可能。

3. 基于多学科视野的商业模式创新方法研究

从战略管理的角度来说，商业模式对于企业有着和战略相类似的功能，因此商业模式创新的过程也可采用类似战略规划的方法，包含四个步骤：一是环境分析，即分析外部因素的变化趋势以及它们之间的关系；二是组织现状分析，确定企业的核心能力；三是价值提升，即进行商业模式设计，描述组织角色；四是实施变革，即从旧的商业模式转变为新的商业模式。这种研究视角的优点在于简单明了，较容易被企业接受使用。但是在许多行业中，企业面临的是一个不连续变化的外部环境，如果采取这种方法进行商业模式变革，那么就会影响商业模式变革的动态性和适应性。

从知识管理的角度来看，商业模式创新过程也是企业实施知识管理的过程。商业模式的功能就是帮助企业显现、确定、分析、储存和传播关于价值创造逻辑方面的知识。因此奥斯特瓦德（Osterwalder，2004）认为，企业商业模式创新可以分三步走：一是对商业模式进行显化，并对商业模式的不同部分进行描述，即将隐性知识转化为显性知识；二是对商业模式进行深入分析，形成新的商业创意，即将显性知识转化为隐性知识；三是对商业创意进行整合，形成新的商业模式，即将隐性知识再转化为显性知识。从这点来看，商业模式创新与改变管理者心智模式的能力有关，因此有必要将双环学习引入心智模式，通过整体、广泛、长期和动态的观察来重新设计商业模式。这种研究视角的优点在于充分强调了商业模式变革中人的因素和企业家精神的作用，使商业模式变革研究与创业理论更好地结合在一起；而缺点在于其与企业战略变革和其他管理活动混为一谈，因此对企业实践活动的指导性不强。

　　总体来看，国内外已经有不少学者对商业模式创新进行了探索性研究，并取得了很多成果，但客观地讲，这些研究都还很不成熟，并且尚未形成一种能够得到普遍认可的理论。另外需要强调的是，不同视角研究之间有着相互交叉或各有侧重。商业模式的创新是一个系统工程，而不是仅仅就某一个环节进行改良的企业改革。在创新商业模式的过程中，应该更多地基于系统的观点，对商业模式关键环节做出成功创新后，还要对整体商业模式进行审视，并以系统功效最大的原则做出相应的调整和创新。

2.3.2　商业模式创新与绩效研究综述

　　目前，对商业模式创新产生的竞争优势主要是从其产生的绩效入手。商业模式既然是创造价值的核心逻辑，判断其优劣的标准就是创造价值的效率。具备优秀商业模式的企业占用（消耗）一定资源可以为社会提供更有价值的产品和服务或为社会提供一定的产品和服务会占用（消耗）较少的资源。

　　企业创新行为的真正意义在于其对商业模式创新绩效的影响，过去有研究表明了创新行为是创新绩效的一个重要决定因素。在其中，衡量一家企业商业模式的绩效通常由以下指标来度量，包括财务和非财务方面的，例如销售额、利润、市场份额、专利数量创新性、客户满意度、创新成本等。李蔓尝试建立商业模式的平衡计分卡评价指标体系，认为评价商业模式财务价值的子指标体系可由以下子指标组成：一是资本收益率指标，用于评估企业商业模式创新现期获利能力；二是现金周转速度指标，用于评估企业资金运营效率；三是存货周转率指标，用于评估供应链运营的经济价值创造能力；四是股票市场价格指标，用于评估企业商业模式创新的预期获利能力；五是新产品开发投资回收期指标，用于评估企业技术研发与产品创新的获利能力及其投资风险的大小。

国外一些学者通过不同的方法对商业模式创新对绩效的影响进行了研究。艾米特（Amit，2005）把商业模式分以效率为中心的商业模式和以创新为中心的商业模式，以 190 家美国和欧洲创业型企业的上市公司为研究对象，结果发现即使在环境变化的情况下以创新为中心的商业模式确实对创业企业的绩效有影响，并且呈正相关，同时发现创业者试图将两种商业模式结合在一起的努力可能是徒劳无功的。

维尔（Weill，2005）等人对资产的权力和转换程度的两个维度将商业模式分出四种原型：创造者模式、流通者模式、房主模式和经纪模式。从所设计的四种资产，即财务资产、有形资产、无形资产和人出发，两者组合演绎出 16 种商业模式类型。用利润率和市场价值来衡量财务绩效，对美国 1000 家最大公司进行研究发现，一些商业模式确实比另一些表现要好，卖资产使用权的商业模式比卖资产所有权的商业模式有着更好的利润和市场价值。同时发现基于非实物资产的商业模式比基于实物资产的商业模式有更好的利润。

案例研究发现，迄今为止的大部分商业模式创新均是由于环境变化或企业所处的"弱势"地位而迫使企业做出的"应激式反应"，国内企业尤为体现这一特征。但是企业所面临的市场环境日益复杂，如果仅仅满足于遇到问题时再进行被动的商业模式创新，企业将无法获取竞争优势而逐渐落后。

最成功的企业往往每 2~4 年就会进行商业模式变革，他们总结出这些善于变革的企业所经历的过程（见图 2-5），这些企业往往偶然从现有模式的改进中获得一定成功；进而强化这种改进并将其推广，获得更大的成功；从成功中受益致使他们认识到商业模式改进的必要性，并把这种活动固化下来；在领先的商业模式基础上获得了相当的竞争优势，转而探索更好的商业模式；以至打破原有的经营边界，进一步扩大领先优势，从而形成了持续商业模式创新能力。

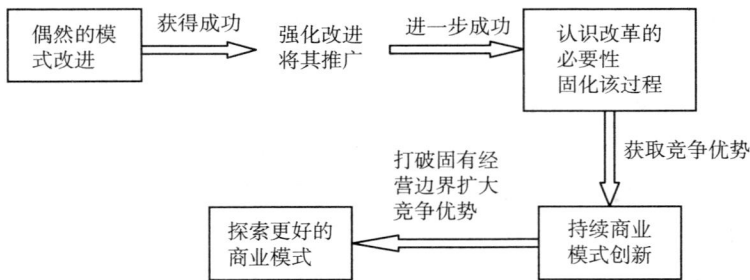

图 2 - 5   善于商业模式创新的企业所经历的过程

2.4   商业模式创新的理论基础研究

商业模式创新来自企业界的实践，其理论基础仍是一个有待开发的研究领域。商业模式创新涉及对企业整体系统的基本认识，其包含的要素内容涵盖极其广泛。鉴于此，学者们一致采取了综合的观点，用战略、创业、经济学、社会学等理论进行融会使用来解释商业模式创新。艾米特（Amit，2001）则从价值创造的角度来看商业模式创新，尽管如此也是用多种理论来进行综合解释。"没有单一的理论能够充分解释企业的价值创造潜力"。

商业模式要描述企业创造价值和获取价值的诸多方面，要阐明企业各部分间的独特组合，其本身就是一个综合的充满复杂性的概念，因而导致相关理论基础也比较多，所以商业模式创新的理论基础常根据自身组成要素而定。偏重于企业内部结构和关系的商业模式创新更重视价值链分析、资源观、系统论等理论，而涉及企业与外部利益相关者关系的商业模式创新则可从价值网络、定位以及商业生态系统理论来解释。在此试着用不同理论来分析企业商业模式创新及其演进动力，以便更好地指导我国本土企业有效地进行企业商业模式创新。

2.4.1   价值链理论

价值链理论是哈佛大学商学院教授迈克尔·波特于 1985 年提出的。波特认为，每一个企业都是在设计、生产、销售、发送和辅助其产品的过程中进行种种活动的集合体，且所有这些活动可以用一个价值链来表明。企业的价值创造是通过一系列活动构成的，这些活动可分为基本活动和辅助活动两类，基本活动包括内部后勤、生产作业、外部后勤、市场和销售、服务等；而辅助活动则包括采购、技术开发、人力资源管理和企业基础设施等。这些互不相同但又相互关联的生产经营活动，构成了一个创造价值的动态过程，即价值链。

价值链在经济活动中是无处不在的，上下游关联的企业与企业之间存在行业价值链，企业内部各业务单元的联系构成了企业的价值链，企业内部各业务单元之间也存在着价值链联结。价值链上的每一项价值活动都会对企业最终能够实现多大的价值造成影响。

在价值链分析中，基本价值链可以用来表明如何为一个特别的企业建立一个反映它所从事的各种具体活动的价值链。企业从原材料采购到产品售出，每一个过程都有与之对应的价值链。企业竞争优势的获得不仅有赖于单个价值链的运作，更取决于企业整个价值系统的运作。在同一行业中，不同企业的价值链各不相同。一个企业的价值链以及价值链中所涉及的单个活动的方式反映了该企业的历史以及企业战略的制定与实施。实际上企业进行新商业、新技术、新供应源、新渠道、新营销和组织结构的创新，这正是价值链创新的一部分内容，也可以说是企业商业模式创新的部分内容。

通过对价值链的分析可以得到商业模式创新的途径：延长自身基础价值链（如前向一体化和后向一体化）；价值链分拆；价值链延展与分拆相结合；或者不延长或缩短企业价值链，而是只针对基础价值链上的价值活动进行创新。此外，企业可以通过前三种方式中的一种与对价值活动进行创新相结合来实现企业商业模式的创新。

从价值链的理论视角对企业商业模式创新进行界定，即在明确的外部假设条件、内部资源和能力（企业被界定在某一产业内）前提下，可以将企业商业模式创新视为企业价值链的一个函数，并可以将其看作是一种基于价值链创新的企业价值活动及对这些价值活动所涉及的全体利益方进行优化整合以实现企业超额利润的有效的制度安排的集合。实质上，企业商业模式创新是对企业全部价值活动的有效整合。

2.4.2 资源基础论

资源基础论的内容在此不再赘述。商业模式创新所需的资源有：

1. 企业家把握机会的能力

奥地利学派企业家理论的代表学者柯兹纳（Kirzner，1982）对于企业家精神的论述也深刻地说明了商业模式创新租金的形成。在柯兹纳看来，企业家精神是一种个人品质——"机敏"的化身，他们注意到其他人没有注意到的利润机会，并且通过对利润机会的敏感，重新界定了整个经济中的手段与目标的框架。在企业环境中，信息的不对称创造了机会，而企业家就是在机会出现的瞬间就抓住它。企业家对机会的分辨能力，也反映了企业家对于不确定的容忍程度和风险偏好，它往往是商业模式创新成功的第一步。

2. 企业的学习能力

商业模式创新能力增长是一个企业能力各要素（人员、组织、设备和信息）持续性积累和整体能力间断性跃迁相结合的过程。商业模式创新能力间断性跃迁是企业能力性知识连续性积累的结果。企业一旦形成了丰富的积累，将在创新中处于有利地位；积累的知识要转化为商业模式创新行为，需要将内部存量知识盘活，将知识物化为现实的商业模式，这取决于组织学习的水平，企业学习过程的目的是其调动企业知识存量，组织员工进行高效创新和生产的过程。

组织商业模式创新能力的本质是知识和知识的运用，组织要提高自身的商业模式创新能力，其实质在于提高组织知识存量的同时，要加强对企业内部知识的激活，最终转化为商业模式创新。企业随着市场环境、行业知识的变化或自身战略定位的改变等，通过从外部引进知识或企业内部的知识创造，不断地调整和更新原有的知识学习模式、增强知识学习的能力，从而使得企业能够源源不断地为企业发展提供所需的知识。应该注意的是，学习是一个过程，而不是一个行为。以提高商业模式创新能力为目的的学习过程，则需要同时从两个方面着手：一是知识积累过程；二是知识应用过程，这与道格森（Dodgson，1991）等的观点是相印证的。

3. 企业配置资源的能力

资源是企业的专用性资产，包括专利、商标、品牌、声誉、顾客基数以及员工。以资源为基础的观点认为，企业不仅仅是一个管理单元，而且是一个有管理觉得决定的生产性资源的集合体。维纳菲尔特（Wernerfelt）提出以资源为基础的企业发展模式，认为企业能否获得高于平均水平的投资收益很大程度上取决于企业的内部特点，强调要素市场而不是产品市场形成了决定企业是否成功的环境。

商业模式创新的着眼点在竞争对手忽视或难于模仿的资源或能力上，而不是把制定战略的重点放在外部环境的分析和行业选择上，正是基于资源论观点的体现。商业模式的创新使企业获得配置资源能力的异质性，由此决定了其获得高额经济回报率的可能。这是由企业或企业家在有缺陷的或不完全的要素市场中的开发战略性资产的能力决定的，戴尔的直销模式的典型的证明。

创新的方式整合资源也是商业模式创新中的一种类型。对于资源以创新的方式整合能获得更低的成本或更好的差异化，而且资源的新组合涉及组织内部大量积累性知识，这些知识往往都具有公司专属的特征（如隐性知识）。通过资源的新组合，把输入的同质性资源转化为异质性输出，从而使公司获得竞争优势。

从资源理论的角度，由商业模式创新创造的租金要持久，还必须具有限制事后竞争的机制，即公司在建立起领先地位之后，随之要做的就是强制限制竞争，这样才能使得上述异质性的条件可能得以持久。资源理论对限制事后竞争的机制的研究主要聚焦在。导致公司商业模式创新成功的资源和能力具有社会复杂性的特点，信息的不对称，资产内部相关性以及商业模式创新的先动优势等特征使得商业模式创新所配套的资源和能力"难以模仿"。另外，商业模式创新中的资源和能力的专有性和嵌入性特征，并且难以交易也使得商业模式创新中的资源由于以下原因具有不完全要素流动的特征。

综上所述，第一，商业模式创新过程的异质性特征（企业家对机会的把握能力、创造性的认知模式、创新地获取和整合资源、组织的学习能力）可以帮助公司获得超额回报；第二，商业模式创新活动由于存在对手的模仿障碍，即创新租金不会被竞争耗散掉；第三，商业模式创新所需要的资源和能力具有专有性和嵌入性特征并且是难以交易的；第四，竞争的事前限制，公司商业模式创新的先动性往往构成对竞争的事前限制，使创新租金不会被成本抵消。所以，从资源基础论来看由公司商业模式创新带来的竞争优势是可以持续的。

2.4.3　系统理论

从系统论的角度研究商业模式创新可以分为两个方面。

（1）对单个企业商业模式创新要从系统的角度出发，因为商业模式本身可以看作由产品流、服务流和信息流构成的一个系统流程。正如袁新龙和吴清烈（2005）提出，商业模式是一个系统，由不同部分组成，各部分之间相互关联组成一个互动的机制。具体表现在，企业既为客户提供价值，同时企业和其他参与者又分享利益；既包括产品及服务、信息和资金流，又包括对不同参与者的角色描述及利益分配。

商业模式作为一种描述和反映企业运营的工具，具有系统性。商业模式关注企业运营的各个方面，包括对企业自身及其产品和服务的定位、选择客户、获取和利用各种必要资源、进入市场等。而且构成企业运营的各方面、各层次存在着相互联系、相互依赖的逻辑关系。因此，商业模式的创新是一个系统工程，而不是仅仅就某一环节进行改良的企业改革。在创新商业模式的过程中，应该更多地基于系统的观点，对商业模式的关键环节做出成功创新后，还要对整体商业模式进行审视，并以系统功效最大的原则做出相应的调整和创新。

（2）从系统论的另外一个角度来看商业模式创新则是从企业与企业之间、企业与企业利益相关者之间乃至企业与环境之间都用系统的思想来分析。最典型的是商业生态系统理论。商业生态系统是美国战略专家詹姆斯·弗·穆尔（James F. Moore，1993）于1993年在《哈佛商业评论》上发表"捕食者与被捕食者：竞争的新生态学"一文中首次提出的新观念，他指出："商业生态系统是以组织和个人（商业中的有机体）的相互作用为基础的经济联合体"，是供应商、生产商、销售商、消费者、投资商、政府等以生产商品和提供服务为中心组成的群体。

穆尔于 1996 年出版了《竞争的消亡》一书，利用生态学原理初步建立了商业生态系统的理论框架、通过对高科技案例公司成长过程的描述，向人们展示了处于同一商业系统中的相互依存的"商业物种"的共同进化现象，以及整个商业生态系统的进化过程，阐明了新时代商业竞争的竞合法则，描述了商业生成系统的生命周期阶段及其领导策略。

商业生态系统认为，现代公司在快速多变的复杂环境中生存，其长期发展已经不是单个公司所能够左右与控制的事情，越来越多的事实表明，现代公司的发展壮大是与其相关公司、供应商、顾客、社会组织、公众以及自然环境等共同成长的。在过去，公司主要精力花在与直接竞争者有关的市场竞争中，近年来，公司则强调加强与客户和供应商的关系以及对社会责任的关注，很多情况下直接与竞争者共同形成战略联盟，共同研制大型复杂产品、共同开发新市场、互相利用对方核心资源等。

穆尔站在企业生态系统均衡演化的层面上，把商业活动分为开拓、扩展、领导和更新四个阶段。商业生态系统在作者理论中的组成部分是非常丰富的，他建议高层经理人员经常从顾客、市场、产品、过程、组织、风险承担者、政府与社会七个方面来考虑商业生态系统和自身所处的位置；系统内的公司通过竞争可以将毫不相关的贡献者联系起来，创造一种崭新的商业模式。

经济全球化与科技进步使得商业环境变得越来越开放与复杂。在这个环境中，一个公司不能仅仅从自身角度考虑问题，它必须建立具有分享功能的商业模式，并由此产生一种具有特殊成长力和机动性的健康商业系统、新的技术和新的商业模式以类似于生物物种进化的方式影响着整个传统商业，对商业的持续稳定发展产生了巨大影响，而商业系统的发展又反过来促进了新技术和新商业模式的产生与社会进步。

2.4.4 创新理论

商业模式创新的概念可以追溯到奥地利裔美国著名经济学家约瑟夫·熊彼特。熊彼特早在 1939 年就指出，价格和产出的竞争并不重要，重要的是来自新商业、新技术、新供应源和新的公司商业模式的竞争。熊彼特认为，企业家能够执行新的组合，也就是说，企业家具有创新精神。创新与发明的代理者是企业家。正是这样的企业家成为促进市场经济增长的中坚力量。当存在许多企业家时，市场经济将兴旺发达。企业的经营行为就是不断实施创造性破坏——在打破旧有市场格局中建立新的市场格局，而且绝不把新的市场格局作为目标，而是立即把已形成的新格局当作旧格局来打破，从而开始下一轮的"创造性破坏"。

随着新经济的出现，似乎市场与厂商都需要以新的商业模式来更新和取代旧的商业模式，这一过程被熊彼特称为"创造性破坏"。创造性破坏是新经济的核心，因为这种思想潮流的基础是，生产力的改善是经常性的，而不是暂时性的，因此企业面临的革新压力也是经常性的。加里哈默尔和C. K. 普拉哈拉德在谈到施乐公司的经营状况时曾经这样写道："股东们向死气沉沉的公司下达诸如精简公司结构、充分利用资产、回归基本业务等命令一点也不奇怪。"这实际上这是股东已经向管理当局提出了改变商业模式的要求。

奥地利经济学家柯兹纳则从市场过程的角度对商业模式进行了研究。柯兹纳认为企业家实质上是一种经纪人，他们不但能够感觉到机会而且能够捕捉住机会并创造利润。由于信息的分散、零碎而导致的市场交换主体的互相无知，使得市场协调成为一个问题。新奥地利经济学最重要的代表人物弗里德里希·哈耶克论证到，没有人（包括政府在内）是全知的，他只拥有与自身紧密相关的人或事物的不完全的知识。但由于市场中存在一批十分敏锐的企业家使这一问题得到解决。这里的"企业家"是一个广义的概念，他不仅是指从事商业活动寻求利润的企业家，而且指一切在经济或社会活动中善于寻觅机会，通过冒险、预期或投机行为使自身利益最大化的所有的个人。

熊彼特的创造性破坏观点和柯兹纳的市场过程理论说明，作为新经济的基础的呈非连续性、突发性增长的知识决定了新经济条件下公司商业模式的下一步只能是未知数，决定了我们唯一符合时宜的行动方式是大胆的尝试。而这种非理性状态，即无论是表现为非理性的繁荣还是非理性的衰退，就是时代成功的商业领袖唯一始终恪守的原则。

2.4.5 理论比较与评价

目前，理论界对于商业模式创新的研究还只是处于起步阶段，并没有系统的理论和指导方法对其进行深入的探求和评价。国内外的许多学者虽然从各个方面就商业模式创新这一命题展开讨论，例如，商业模式创新的途径、商业模式创新与技术创新的协同等，但仍然没有形成一个科学的、系统的理论体系。在实践中，虽然许多企业运用商业模式创新获得了一定的商业成功，但由于缺乏对商业模式创新的理论分析和认识，使得企业在运用这种新型管理模式的过程中出现许多短期行为和偏激行为，导致商业模式创新的隐性风险逐渐显性化，成为阻碍企业获得持续性发展的绊脚石。同时也存在相当一部分的管理者，在缺乏对企业能力和真实需求清楚认识的情况下，盲目实施商业模式创新，最终导致企业资源的浪费和竞争力的减弱。面对新经济的发展，商业模式创新将为企业在复杂环境中培养自身的核心能力、降低成本、获得持续竞争力提供强有力的支持。但是理论研究欠缺和实践经验的不足，使得企业在商业模式创新的过程中经常容易走入误区，风险系数大。

在此运用价值链理论、资源基础理论、系统理论和部分创新理论对商业模式创新的理论基础进行了探讨。分析角度多样，价值链理论更多地体现在商业模式创新的路径上，而资源基础论则从商业模式创新所需的资源出发分析商业模式创新所带来的企业竞争优势。而创新理论和系统理论则是从全局角度对商业模式创新进行探讨。由于商业模式创新的复杂性，任何一种理论都难以有效全面地解释企业的商业模式创新，因此需要运用多种理论从多个角度才能对商业模式创新进行有效的诠释。如罗珉和曾涛等从经济学角度运用租金理论对商业模式创新进行了分析，认为企业商业模式创新追逐的是熊彼特租金，在他看来，商业模式创新实质上是一种基于信息不对称的机会主义行为，它可以使每一个市场参与者都能够有机会来打破现有优势企业的竞争优势，获取和创造出一种新的经济租金。因此，企业组织的环境越是处于变化中，市场信息就越不对称，也就越有可能产生熊彼特租金或企业家租金。

2.5　商业模式创新合理性检验

创新需要思想和知识因素的参与，但在本质上创新属于实践活动，创新的结果和效果都要以对象化的形式，在现实世界中体现出来。所以从这个方面来说，实践是检验创新的最重要的标准。但创新实践产生的效果，是大是小，是利是弊，就不能仅仅在自身范围内做出检验。创新要在与其发生关系的外部活动中得到验证，在更大尺度的参照系统中给予评价。运用不同的时空尺度、不同角度检验创新，就可以防止人在创新活动中的狭隘眼界。在此提出从逻辑、经济、文化、法律和伦理的角度对商业模式创新进行检验。

2.5.1　逻辑检验

从直觉的角度考虑故事的逻辑性，隐含的各种假设是否符合实际。如果商业模式创新所讲的故事没有意义，则企业运营中必备的参与方不会按照假设行动。逻辑检验可以从下面两个标准来检验，一是能否为客户提供独特的价值和利益相关者实现共赢。商业模式创新过程就是从客户角度出发，发挥想象力来看怎样让事情变得更好的过程，其关键在于营造出一种新的优于现存方法的为客户解决问题的方案。因而能否为客户创造更多的价值应是其创新成功与否的标准。所以商业模式创新的目标是以最合适的方式提供给客户产品或服务，并剔除客户不要的东西。另外长期而言，为了保证企业商业模式创新的成功，企业需要不断地改善与其利益相关者之间的关系，依法履行社会义务，而且承担起相应的社会责任，实现与利益相关者之间的共赢。二是商业模式是否难以模仿。一个好的商业模式应该要能明显呈现竞争优势，而优势将呈现在差异化，专注于利己市场，以及具有以低成本创造高价值的能力。也就是说，一个成功的商业模式能将波特提出的三种创造竞争优势策略：成本、差异、专注，加以充分地融合运用。总之，商业模式需要显示企业能在利己市场有效率（低成本）地提供差异化产品，创造价值满足顾客需求。

如 ITAT 服装连锁案。ITAT 于 2004 年在深圳创立第一家连锁会员店，其掌门人欧通国创立了所谓的"铁三角"模式，将"服装生产商—ITAT 集团—商业地产商"三者有机地捆绑在一起，三者以销售分成的模式组成一个利益共同体，被认为是对服装业传统模式的最大创新，销售分成比例大概为"服装生产商：ITAT 集团：商业地产商 = 60：25：15"。试图将传统的服装业搭上 IT、地产和供应商等，借此产生新的商业聚变而使 ITAT 集团的业务模式"飞翔"。按欧通国的思路，生产商承担生产领域风险，主要是库存；ITAI 集团负责销售运营的管理，主要承担推广费用及人员工资等；而商业地产商则承担机会成本。

实际上，这种业态相对于现代百货并无明显的竞争优势。以服装、皮鞋、化妆品为核心内容的现代百货还将在相当长时期内依然有生命力。这样 ITAT 在一线城市面临大型购物中心和现代百货的压制（大型购物中心不太可能按照 ITAT 模式与其合作），而在二、三线城市将同品牌专卖店形成竞争。所以曾经成为投资圈的金矿的 ITAT 神话在瞬间破灭。

2.5.2 经济检验

创新追求的是资源投入的更高价值与效益。创新的实践效果自然包括经济效果。在生产领域，利润标准和生产率标准更是成为创新检验的主要标准。这就需要对市场的规模和盈利率、消费者的消费行为和心理、竞争者的战略和行动进行分析和假设，从而估计出关于成本、收入和利润的量化数据以评价经济上的可行性。当测算出的损益达不到要求时，则商业模式创新不能通过经济检验。

商业模式既然是企业价值创造的核心逻辑，判断其优劣的重要标准应是创造价值的效率。优秀的商业模式占用（消耗）一定资源可以为社会提供更有价值的产品和服务；或者，具备优秀商业模式的企业为社会提供一定的产品和服务会占用（消耗）较少的资源。当决定企业的成本结构与收益模式时，也决定企业能拥有多少价值，而这也是商业模式是否可以存续的最关键因子。当然为顾客创造价值不代表公司就能够获利，利润要与供应商、顾客、竞争者、替代品、互补品之间相互拔河才能决定其归属。而决定公司的利润还需要考虑以下几项因素，例如：专用性资源、资源稀少性、资源替代性、资源可模仿性、能力不可捉摸性、网络外部性、时间困难性、运用战略对抗模仿、整合关联资源等。在考虑利润的时候同时需要注意成本，利润是指收益与成本之间的差额，能降低成本即表示利润可进一步提升。

在企业实践中经常可以发现，企业家和工程师着迷的技术并不是顾客的需求，创业者或企业所提供的产品或服务并不是顾客的真正需要。摩托罗拉几乎就是手机行业缔造者的代名词，这家以技术领先著称的公司曾经为全球的通信技术带来了一场又一场的革命。但是，对技术的过度偏执恰恰也成为摩托罗拉的梦魇：1999年铱星计划惨败，证实了一味追求技术领先而忽略消费市场有效匹配的沉重后果，摩托罗拉先后投资的数十亿美元化为乌有。

2.5.3 文化检验

不同行业和不同性质的企业生存和发展的环境不同，意味着没有哪两个企业会有着完全一样的商业模式，一个企业的商业模式应当仅仅适用于自己的企业，不可能被其他企业原封不动地照搬；要分析其运作的流程，结合自身的资源、能力，打造出自己的独特的商业模式。人文资源把文化价值、审美价值、生态伦理价值等要素，融入商品的开发设计和市场推广中，促其优化升级，实现质变，通过提供创新的深层动力和智力保证，使新的产业形态得以构筑。新经济时代的经济产品将同时也是文化产品，经济性和文化性兼容并蓄。文化中折射出经济的要素——商品的属性。文化差异主要是指企业在开展全球化经营的过程中，对商业模式创新需要考虑文化上的差异，将创新与当地文化契合。

2.5.4 法律与伦理检验

当前人们一直把创造利润的多少作为商业模式成功与否的直接而唯一的判断标准，这是不完整的。一个好的商业模式当然应关注利润，但同时应兼顾整个所涉及的用户能否带来更大价值，能否给社会带来好处。在当今时代，如果企业只追求利润而不考虑企业伦理，则企业的经营活动已越来越为社会所不容，必定会被时代所淘汰。也就是说，如果在企业经营活动中没有必要的法律意识和伦理观指导，经营本身也就不能成功。如最近争议很大的百度公司，其主要的盈利模式是竞价排名。搜索引擎本应该是一个第三方的中立平台，它必须有一个公正的信息甄选机制，这是搜索引擎赖以存在的根本。而搜索功利化的强化使得竞价排名抛弃搜索引擎应有的道德准则，从而发生了过多地人工干涉搜索结果，引发垃圾信息，涉及恶意屏蔽，并引发了公众对其信息公平性与商业道德的质疑。

西方国家有个理论：政府只能做法律限定的行为，而公民可以做法律没有禁止的事。于是在经济腾飞时期就会有各种各样的冒险家，为了追求利润而孤注一掷甚至铤而走险，或者不断地行走在政策的边缘打擦边球。在进行商业模式创新时，类似举动应该是值得注意的。进行商业模式创新者应深谙法律精神，而不仅仅是遵守法律条款，符合社会伦理要求，深深植入了社会责任，才能创造一个真正长期有效的、能被整个社会所接受的商业模式。总之，商业模式创新仅仅是一种工具或途径，支撑它不断向前的却是那些长期以来被人们忽视的伟大力量，例如梦想、家庭和爱。

| 第 3 章 |
商业模式创新内在机理的研究及假设

　　机理，《汉典》的解释为"事物变化的道理"。并举例晋代葛洪《抱朴子·广譬》："聪者料兴亡于遗音之绝响，明者观机理于玄微之未形。"与此相似的词如玄机。根据标题可知，本章对机理的探索应分为两个部分，一是商业模式创新的内在机理；二是商业模式创新作用于企业竞争优势的内在机理。而要明白商业模式创新的内在机理，则先从商业模式创新的影响因素入手。

3.1　商业模式创新影响因素分析

　　创新理论的研究表明，创新是不同主体与许多其他因素间复杂作用的结果，创新作为一种发展方式，作为人或企业对自然、社会的改造过程，其内部由众多的因素与阶段构成。这些因素和阶段相互联系、相互作用，构成一个有机整体，并演绎出不同的路径。

　　复杂性理论认为组织是由外部输入的能量来维持的（Anderson，1999）。变化中的动态环境，诸如在消费者、供应商和竞争者、主管部门和机构以及市场和技术开发方面的全球性的和国内的变革，推动了组织内部的创新（Christine，2001）。李全起（2006）从市场的内、外部因素入手，认为企业产权形式、企业经济实力、企业组织形式、企业人员素质和企业内部激励机制五个内部因素和市场体制这一外部因素是影响企业创新的主要因素；孙敬水（2007）等认为政府政策、串谋、企业初始条件、企业数量、企业规模、开放及政治文化因素，能够很大程度影响企业创新。

另外，突破性创新对于文化具有背景依赖性。对于企业创新来说，制度环境不仅规定了要素运动原则，更重要的是决定了具体的运动方式。设立专门的风险投资机构、对高新技术项目投资给予优惠、国家财政拨款筹建新技术开发园、对风险性企业给予税收优惠等，都为企业创新提供较为宽松的环境，以促进创新成果扩散和产业化。是否有相对完善的法律体系、企业在同等创新条件下是否享受同等的政策待遇、是否有公平的技术知识产权与贸易保护法律体系，也极大左右企业创新热情和创新能力。因此，外部环境与制度是提高企业创新力的孵化器。

就组织内部而言，在整个创新过程中，企业家是创新主体的核心，其自身创新意识、营造创新氛围、决策和监督创新过程对创新成功与否具有很大影响。营销人员敏锐的市场洞察力，能迅速捕捉市场信息，他们是创新市场机会的发现者。同时要看到企业的创新能力提升是一个知识积累的过程，企业的知识积累组织不断学习的。这可以通过工作设计与工作轮换，使其在企业内实现有效的转移和积累并在各部门之间准确传递，企业也就最大限度地获取创新所需的各种知识，加快了企业的创新的速率，同时使整个企业的知识积累增强，增强成员间相互学习的机会，促进了信息的循环和反馈，加快了技术转移、扩散的速度，为持续创新注入新的动力。

在文献综述的基础上，抽取其中测量商业模式创新影响因素的项目，构成问卷的部分内容。在此基础上进行案例研究，搜集国内外有代表性的商业模式创新案例 12 个，在深入理解案例内容的基础上按照文献中划分为 12 类进行统计，得到表 3 - 1 的结果。

表 3 - 1　　　　　　商业模式创新影响因素的案例分析结果

公司	(1)	(2)	(3)	(4)	(5)	(6)	(7)	(8)	(9)	(10)	(11)	(12)
中国神华	√				√		√		√		√	
御银股份	√			√			√	√	√	√		
岳阳纸业		√				√		√				
批批吉		√		√	√		√		√	√		√
步步高	√	√	√		√	√		√		√		√

续表

公司	(1)	(2)	(3)	(4)	(5)	(6)	(7)	(8)	(9)	(10)	(11)	(12)
腾讯科技		√	√	√	√	√	√	√	√	√	√	
分众传媒	√	√	√	√		√	√	√	√	√		
怡亚通	√	√			√	√			√	√	√	√
如家酒店	√	√	√	√	√	√	√	√	√			
携程网络	√	√	√	√	√	√	√	√	√		√	√
信灵科技		√			√		√	√		√		√

注：（1）资本市场支撑（2）创业文化的引导。（3）消费者需求结构的变化。（4）生活方式的改变。（5）技术的进步。（6）企业家的创业精神。（7）企业家的学习能力。（8）管理层的创新能力。（9）企业的创新文化。（10）企业家把握机会的能力。（11）企业家风险承担能力。（12）企业的学习能力。

第三步是开放式问卷，共在3家企业中收回了41份有效的开放式问卷。开放式问卷的问题是：①您认为贵单位哪些方面会促进商业模式的创新？②您认为贵单位哪些因素阻碍了商业模式创新？对开放式问卷收集的项目进行频次统计，选取频次多于3的条目，得出如下几个结论：①商业模式创新需要有制度支撑，如风险投资、资本市场等；②社会的创业精神对推动企业商业模式创新非常重要；③商业模式创新过程也是组织学习过程，这需要各级管理者模范带头；④目前商业模式创新型企业内的职工都感觉到需要进一步学习，但是企业往往没有提供相应的机会或时间、资源；⑤企业家在商业模式创新中起着核心作用，是商业模式创新的设计者和导演。从中验证了前面的结论并搜集了更多的商业模式创新推动因素的条目。

通过以上研究发现，影响商业模式创新的因素有很多，技术进步、消费者需求的变化、创业文化、资本市场、企业家能力、组织学习能力等都对商业模式的创新起促进作用。在此，将商业模式创新的影响因素分为两个部分：影响商业模式创新的外在因素和影响商业模式创新的内在因素。外在因素包括技术进步、消费者需求变化、创业文化、资本市场、竞争压力等；而内在因素包括企业家能力、组织学习能力等。外部环境对商业模式创新有引导和刺激作用，商业模式创新也是外部环境与企业内部因素相互作用的结果（见图3-1）。

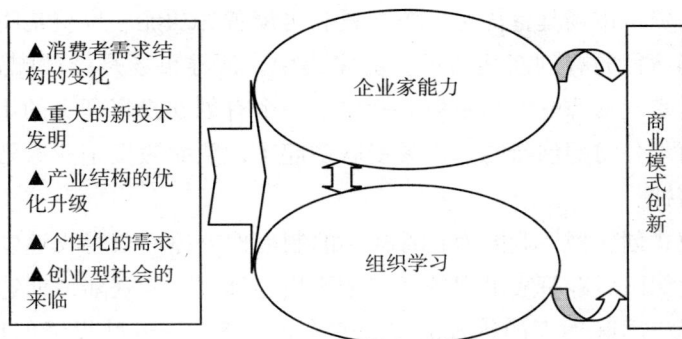

图 3 - 1 商业模式创新的动力机制

3.2 影响商业模式创新的外在因素及内在机理假设

对商业模式而言，影响其创新的外部影响包括社会环境、经济环境、技术环境、市场环境等。当外部环境发生变化时，企业家抓住机会设计新的商业模式或者运用已有能力对已有企业在服务内容、作业流程、管理模式方面进行调整乃至变革，以应对环境变化。具体而言，则归纳为技术进步、消费者需求变化、创业文化、资本市场、竞争压力等。

3.2.1 资本市场→企业家能力→商业模式创新

资本市场作为一种制度安排，对社会中的个人行为起着约束、扩展和激励的作用。人们往往关注制度对个人行为的约束作用，而忽视制度对个人行为的扩展和激励作用。培养企业家的创新能力应是资本市场的主要功能之一。资本市场可为创新提供资本支持，分担企业家创新的风险。企业家的基本职能之一是通过资本（货币和人力资本）的运作来创造利润。对企业家而言，货币资本是起决定作用的。因为企业家只要拥有了资金，就可以招揽人才，获取创新所需的人力资本。在某种程度上，企业家的能力表现为掌握必要资本的能力，适当的经营才能与必需的资本结合在一起是企业家进行商业模式创新的基本要素。

有效的资本市场具备优化资源配置和再配置的功能。也就是将稀缺的资本通过市场途径向有创新能力的企业家集中。证券市场是资源配置的场所，而企业家是实现资源配置的主体。所以在一个有创新投资理念的市场，上市公司的价值与公司的创新能力将紧密联系起来，从而激发企业家乃至整个社会的创新精神。

商业模式创新型企业因为有着社会的制度性支撑而获得飞速发展的案例举不胜举。如雨后春笋般出现的经济型酒店连锁——从登陆纳斯达克的如家快捷，到锦江国际旗下的锦江之星、美资的速8、华侨城投资的城市客栈，这个新兴市场正受到前所未有的青睐。可以预见的是，一轮爆发性开店之后必定会面临一轮大规模的整合，资金充裕、规模效应显著的品牌酒店将通过兼并收购占据市场优势。

当企业模式创新与资本市场形成良性互动，不同行业发展将会出现的新突破，而这将进一步激发社会的商业模式创新，加重社会创业文化氛围，以此形成良性循环。没有活跃的股权市场，难成创新型国家。因为发达的股权市场，可以让企业的股权流动起来，使创业者也能追求基于企业价值的商业模式，并由此激励中国的创业、创新精神。如果中国企业和创业者还只能追求基于现金流的传统商业模式，那么他们的短期盈利目标会继续迫使他们不敢做投资，创新不会是他们的首选。

因此提出假设 H_{1a}：资本市场对商业模式创新有正向作用。

3.2.2　创业文化→创业者→商业模式创新

文化，从最为一般的意义上讲，是世代相传的人们整体生活方式，它构成了人们的主观模型，人们无论是进行生产、交换还是分配、消费活动，总是需要一个特定的价值观体系来帮助判断决策。文化的内容包括最基本的价值信念、伦理规范、道德观念、宗教、思维方式、人际交往方式、风俗习惯等。马克思说："人创造了环境，同时环境也创造了人"。确实，人与自然、文化之间相互创造和被创造以其显在的事实表明，在一个自然文化圈内形成的某种地域文化生存形态，以一种集体无意识，在不自觉中规圈着人们的生活和思维程式，使生存其中的人们逐渐形成具有特定价值观念的文化心理结构。

创业文化是市场经济条件下自然环境与人文传统融合的产物，是企业家茁壮成长的"母乳"。其基本内涵主要包括：鼓励创新、开拓进取积极向上，其中包括商业冒险的勇气和激情；容许失败和面对失败；团队精神等。创业文化包括人们在追求财富、创造价值、促进发展过程中所形成的思想观念、价值取向和心理意识，它主导着人们的思维方法和行为模式。积极的创业文化鼓励创新、宽容失败、崇尚合作，是一个国家和地区发展的最深层的动力。

创业文化是创业者在商业模式创新过程中战胜风险、危机和失败的精神支柱。创新之路是不平坦的，而创业的本质在创新，在于超越既有资源限制而对机会的把握，同样也不会一帆风顺，这就决定创新创业者必须具有较高的创业文化修养，才能抵御风险，顶住危机和失败。创业文化可以锤炼创新创业者的心理承受力，有了这种心理准备，就能在创新创业过程中遇险不惊、遇败不馁，沉着应对，直至取得成功。

商业模式也是一种企业创造利润的思维方式，虽然有许多不同的创造利润方式，但每个企业最终只会从中选择一种方式，而企业的主导思维方式将是决定商业模式的主要因素。一个组织创业文化氛围，将决定该组织如何过滤信息，如何解析信息，以及针对信息实行对应行动。一般而言，有着较强创业文化的企业，能打破既有成功商业模式的制约，跳出旧有思维模式的路径依赖。所以在创意发展为成熟商业模式的过程中，创业文化通过对个体的作用进而影响商业模式创新。

因此提出假设 H_{1b}：创业文化对商业模式创新有正向作用。

3.2.3 消费者需求变化→企业商业模式创新

对于创业型企业而言，商业模式创新来源于创业机会的把握。而市场机会是经由创造性资源组合传递更高价值来满足市场需求的可能性。也就是说机会是指潜在的市场需求或未被利用的资源或能力。

消费者需求是随着时间和外部环境的变化而迅速变化的。深层次的多元消费者需求深藏水底，并非暴露在阳光下人人皆知。能发现这些需求的人，无疑能提供给客户以超越其期待的服务，而非缘木求鱼。所以，能有效地解析所有消费者需求，并将其作为产品或服务设计的导向，对企业的成长相当重要。

消费者需求纷纷杂杂，但都可以被归纳到为四种类型，放到下面的四个象限中（如图3－2所示）。A类是众所周知的需求。B是被企业发现但未被消费者自己发现的需求。例如，分众传媒的创业者看到的是，人们需要做点什么来打发等待电梯的无聊时间，于是找到了液晶广告的生存空间。而这种需求却没有被消费者自己所发觉或提出。C是被消费者发觉却未得到企业响应的需求。而D类则是未被双方发现的需求，彻底的市场空白。

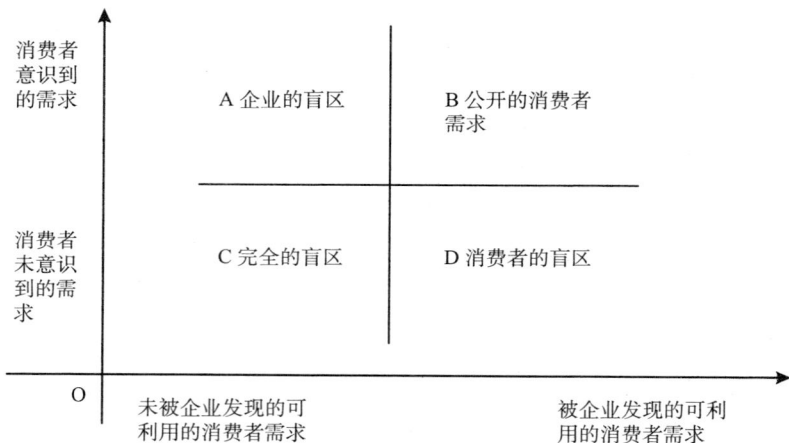

图3－2　消费者需求分类

消费者的需求结构是动态变化的，随着时空的变换，行业需求量会在不同细分市场之间发生结构性的变化。未被发现的和满足的消费者需求或市场空白。深入探索这些盲区，就能发现属于自己的机会，为企业创新商业模式创造了可能。汉庭连锁商务酒店模式创立之初，能很快吸引风险投资巨头的注意力，就是源于消费者生活环境、生活方式发生改变。汉庭商务酒店与通常的快捷酒店不同，它虽然也是采用的连锁商业模式，但它却强调的是"书房＋家"的差异化价值主张。华侨城"旅游＋地产"的新商业模式之所以能够成功，在于随着中国经济的发展，形成了一个有相当购买力的中产阶级，这一阶层的消费者在购房时更加注重居住环境与居住文化。不能说原来不存在这样需求的消费者，但是原有的需求量没有达到一定的规模，只有当消费者需求变化导致需求结构发生了巨变，才为华侨城商业模式的创新带来了机会。

深圳市怡亚通供应链股份有限公司 1997 年建立之初是一个传统的物流企业，为周边的企业提供简单的物流服务，随着时间的推移、竞争的激烈，以往轻松赚钱的现状被打破，于是适应客户需要的变革出现了，先是引进先进的供应链管理的理念，通过咨询、IT 等技术手段，将客户从繁重的采购、运输、仓储、销售运输中解放出来，而后发现客户资金流紧张带来的商机，将自己在资金管理上优势融入自己的产品中。怡亚通的成长过程实际上是商业模式创新的过程。而这些都离不开对客户需求的深刻把握。客户初始的需求是物流供应，而后是供应链管理，随着周转频率提高又出现的资金需求，甚至由于进出口增加呈现外汇需求，于是运输、咨询、IT、资金提供、现金管理、外汇管理、外汇衍生品等工具先后登场，在适应客户需求的过程中，工具不断添加，合理组合到一起就成为怡亚通自己的核心能力。

因此提出假设 H_{1c}：消费者需求变化对商业模式创新有正向作用。

3.2.4　技术的进步→企业商业模式创新

技术可以分为两类，一类是涉及公共基础技术，如信息技术、网络技术、能源技术等；另一类涉及与企业产品技术直接相关的专业技术。基础技术的发展使传统企业的商业模式发生了巨大变化，如信息和通信技术的进步刺激了一系列新商业模式的产生。如谷歌的神话就是基于互联网搜索技术的创新而建立起来的新的商业模式。网络技术造就的新社区产生了很多新的新商业模式。

在此可以将利用技术进行商业模式创新的分类及特点做出归纳（见表 3 -2）。

表3－2   技术进步下商业模式创新的不同类型

创新类型	特点	范例
原始创新型	打破常规思维，充分利用新出现的信息技术创新	亚马逊
改造创新型	借鉴国外成功模式加以本土化改造形成创新	盛大网络
结合创新型	将先进技术引入传统商业模式之中并对之加以改造创新	雅昌

迪士尼长盛不衰很重要的原因就是充实技术与商业模式创新。迪士尼的各种收入模式之间互相促进，并且能够伴随着每一次技术的发展，与技术进行融合，例如，从黑白电影到彩色电影，从默片到有声片，从电影到电视，迪士尼都抓住了。国内的雅昌印刷，其将现代IT技术加上文化艺术思维两者运用于传统印刷的商业模式使它率先成为印刷业的蓝海企业。雅昌把传统的印刷、IT互联网和艺术品有机结合起来，形成了一个新的文化产业。以数字资产管理为核心，首创"传统印刷＋现代IT技术＋文化艺术"的雅昌经营模式，将中国传统印刷与现代IT技术和文化艺术完美结合，将传统行业打造成为以艺术品数字资产管理为核心的文化产业。

因此提出假设 H_{1d}：技术进步对商业模式创新有正向作用。

3.3 影响商业模式创新的内在因素及假设

从复杂性理论的角度来看，组织不再仅仅是传统范式下的简单的线性均衡模式，而是一种非线性的自适应复杂系统，它由大量相互作用的组分组成，组分间和组分与环境之间的相互作用使整体产生适应性，这样使得系统具有了自组织特性并导致了系统的进化。

组织及其商业模式的进化不仅受外部环境因素的影响，而且还与组织生物系统的内部组成部分和要素的相互关系和相互作用有关，这个过程体现的不仅仅是适者生存、优胜劣汰的自然选择过程，更是自组织作用的结果；由于复杂组织范式强调了客观条件与主观努力的结合，因此这是一个更合理的范式视角。本文基于复杂组织范式理论的角度认为商业模式创新是组织内外互动的过程，在此对影响商业模式创新的内在因素进行分析。

3.3.1 企业家能力因素及假设

博亚茨斯（Boyatzis，1982）率先提出了能力理论，认为个体胜任工作角色或完成任务的绩效是人格特征、知识、技能和能力等因素综合作用的结果，而能力是其中的决定性因素，并且强调能力必然蕴涵于具体行为并能够经由行为得到观测。随后许多学者着手规范能力的内涵。狭义的观点认为能力就是个体从事某项任务必需的主观条件；而广义的观点则认为，能力是与个体完成某项任务相关的知识、态度和技能的总和，能经由规范的标准来度量并能通过培训和开发得到提升。

从而有学者逐步将能力理论引入对企业家的研究，试图识别在不同背景下的企业家能力需求，强调企业家是特殊能力而非人格特质集合体的观点，如熊彼特的创造性破坏理论中提出并着重考察的是企业家的创新能力；奈特从识别机会、承担风险理论的角度考察认为企业家首要功能是在不确定性风险情况下"决定干什么和如何去干"，即承担不确定性的能力；卡森在决策性判断理论中从企业研究的一般框架出发，认为企业家能力的核心是判断性决策能力。这些都对商业模式创新有着深刻的影响。

商业模式创新是企业家机会发现、资源调动以及创新能力的产物（见图3-3）。商业模式创新的机会是经济系统内各种作用力相互作用的结果，是市场力量变化导致的非均衡状态引发的未满足需求、未解决问题或低效率过程等现象的产物。这就依赖于企业家在特定市场上发现价格低于价值的产品或未充分利用生产要素的营利机会的能力。商业模式创新要求企业家能够充分调动组织外部资源，而且还要求企业家能够有效配置与利用现有资源。当然也需要企业家的独立思考、丰富的想象力、敏锐的洞察力和判断能力来进行创造性破坏以进行商业模式创新。

基于以上分析，特提出假设 H_2：企业家能力对企业商业模式创新有正向影响。

部分学者认为企业家能力具有默会性，很难清晰的观察；同时企业家能力还具有专属性的特征，很难将它与不同时间和空间的其他企业家能力进行比较，因此这些学者对于企业家能力的衡量持消极态度。但是越来越多的学

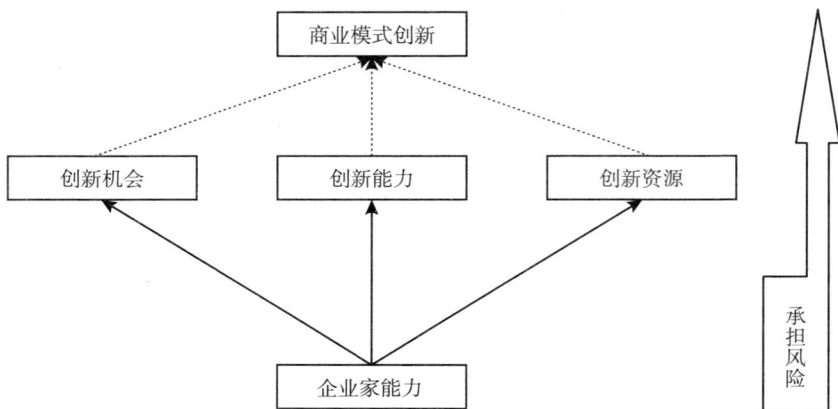

图 3 – 3　企业家能力对商业模式创新作用机制的框架

者逐渐意识到对企业家能力进行测量不但是非常有价值的，而且具有很强的可操作性，例如贝德（Bird，1995）认为能力是可变的、可学的。这是因为企业家能力具有行为特性（只有部分属于心灵内生的），因此它们可以通过计量方法来衡量。通常对企业家能力加以衡量的必要步骤就是对它进行分类。

　　根据以上的分析，并借鉴其他学者的分类方式，把企业家能力分为发现机会的能力、整合资源的能力、承担风险和不确定性的能力、创新能力。下面就分别对这四种能力对商业模式创新的影响进行分析。

1. 发现机会的能力

　　对于企业家来说，一个最重要的能力就是把握机会，因为机会一旦错过就不再来。机会之所以存在，主要是因为不同的参与者对于资源在转化为产出上的相对价值和潜在价值持有不同的看法。所以麦克莱兰（McClelland，1987）把发现和抓住机会作为成功企业家的能力之一。香恩（shane，2000）对企业家发现机会的能力作了进一步的研究，发现创业机会是信息在经济系统中不均衡分布的结果，即企业家感知机会实质上是搜集处理信息的过程。

　　感知机会是商业模式创新过程的开端，其目的是要识别能为市场创造或增加新价值的产品或服务。企业家在发现变革商业模式机会的过程中，一方面能通过有意识的周密调查或非正规的信息接纳来发现承载商业模式创新机会的信息；另一方面企业家在没有开展调查的情况下通过迅速处理信息以识别潜在的创新机会，即能够迅速分析、判断、理解所搜集信息的准确含义，表现为企业家对先前大量经验、隐性知识与信息之间的创造性或发散性思维过程，使其看到看似无关的事物间的相互联系，甚至是创造它们之间的联系，从而发现一般人难以看到的机会，获得商业上的成功。

基于以上分析，特提出假设 H_{2a}：企业家发现机会的能力对企业商业模式创新有正向影响。

2. 整合资源能力

最早认识到企业资源重要性的学者是 20 世纪 30 年代的经济学家张伯伦（Chamberlin）和罗宾逊。张伯伦就曾列举了几种重要的企业资源，如技术、品牌、专利、商标等。而明确地将企业看成资源组合并用来进行系统的理论分析的是彭罗斯（Penrose）。在其影响深远的《企业成长理论》里面，彭罗斯提出，企业不仅仅是一个管理单元，它同时还是生产资源的集合。

企业资源是"任何可以被看成是某给定企业优势或劣势的东西，更正式地说，一企业在某给定时刻的资源可以被定义为那些半永久性附属于企业的（有形和无形）资产"（Wernerfelt，1984）。巴尼（Barney，1991）随后扩展了这一概念，认为企业资源包括"企业控制的能够使企业制定和实施提高其效率和效果的所有资产、能力、组织流程、企业属性、信息、知识等。用传统战略分析的话来讲，企业资源是企业在制定和实施其战略时可资利用的力量"。他同时将企业资源分成三大类：物力资本资源、人力资本资源和组织资本资源。

整合能力是一种资源价值化能力，价值化是一个内生化和外生化的过程，有效的整合能力不仅反映在价值化过程中比对手具有更高的资源利用效率，更反映在成本、质量和一致性要求等价值化效果上比对手更具优势。任何外部资源经商业模式转化为竞争优势，都要经历选择、吸收、内化和外化等一系列过程，整合能力在这个过程中往往会起到决定性作用，它既决定着资源的匹配效率，又决定着资源的利用效率。在这个过程中，内部整合通过提供必要的产品、服务和技术支持来提升竞争优势，外部整合通过满足客户一致性要求来促进竞争优势的发挥。

以互联网为例，其商业模式从门户网站到搜索引擎，再到 Web2.0 网站，每次形式的创新都孕育着巨大财富。从产业的变革观察，互联网的竞争实际上是整合资源能力的竞争。比如门户最初很少原创内容，主要是整合传统内容资源；搜索引擎则更是利用门户的信息，进行二次整合；Web2.0则是鼓励用户来提供内容资源，这些内容即可能来自门户，也可能来自搜索引擎，更多则是用户创造。百泰传媒通过整合酒店资源与平面媒体资源创造一个新的传播平台；芒果网通过整合航空公司、银行、酒店等资源使自身迥然不同于行业领先者，跨行业整合资源必然会突破行业既有的限制与竞争规则，改变行业或企业价值链的构成，这也就在商业模式上同竞争对手形成了差异性。商业模式的创新，往往意味着企业改变了既有的竞争规则，强势竞争者的竞争优势来源于其拥有的资源，这种资源之所以能够充分发挥作用，是以既有的竞争规则为前提的，这种竞争规则是大企业所倡导并竭力维护的，如果后发企业试图按照大企业所推崇的方式去竞争，当然取得成功的可能性微乎其微。通过资源的跨行业整合来创新商业模式，等于企业制定了新的竞争规则，也等于区隔了传统的竞争对手，这为企业的成长创造了宝贵的空间与时间。

基于以上分析，特提出假设 H_{2b}：企业家发整合资源的能力对企业商业模式创新有正向影响。

3. 承担风险和不确定性的能力

早在1921年，奈特就在《风险、不确定性和利润》一书中指出企业在经济不确定性中存在的意义，他认为企业不是别的东西，而仅仅是一种装置，通过它自信或勇于冒险者承担起风险，并保证犹豫不决者或怯懦者能得到一笔既定的收入，企业实际上成为一个特殊的风险转移机构。承受风险的人（企业家）接受了风险，支付较高的工资分红同时也被赋予支配、指挥的权利。那些回避风险的人也能收获一个确定的结果，企业这种生产性契约就是对付不确定性风险的制度安排。

企业的经营活动在瞬息万变的市场中进行，在这一过程中没有风险几乎是不可能的。商品经济的动态性、开放性和经营活动的特殊性决定了企业家必须拥有冒险精神和承担风险的能力，没有一定的冒险精神是无法经营企业的。企业家敢于承担风险在于他相信风险有时可能成为企业成长的契机，甚至是企业家个人成长的一个重要环节。但企业家的敢于承担风险并不等同于赌徒的盲目冒险，面对风险与否的选择时，他会考虑风险吸引力的大小、冒险成功和失败的相对概率，他更会去思考如何通过努力采取各种措施来降低风险，从而增加冒险成功的可能性。

基于以上分析，特提出假设 H_{2c}：企业家承担风险和不确定性的能力对企业商业模式创新有正向影响。

4. 创新能力

企业家创新不能不提高熊彼特，在他看来，市场均衡是一种常见现象；为了追求利润，企业家应该"创造性地破坏"以实现生产要素的重新组合，并借此打破市场的均衡状态；在"创造性地破坏"之后，市场上众多的追随者和模仿者会接踵而至参与竞争，获得利润的机会将逐渐减少，市场渐渐回到均衡。由此可见，企业家是打破市场均衡并重新组合的创造性的破坏者，其作用体现在这种"创造性地破坏"及促使新的生产函数出现上。

刺激企业家进行创新的因素有两方面：一是创新能给他们带来丰厚盈利的机会，创新在短期内（被普遍模仿之前）能带来超额垄断利润；二是创新的成功能凸显自己出类拔萃的才能，满足渴求成功的欲望，这种欲望、事业心或荣誉感是企业家积极进取内在动力，是一种强大的精神支撑。这种"破坏性"的创新能显著地改变竞争环境和行业，通常由新兴产业之中的富有远见者或者由现行产业中善于打破规则进行创新者。这些创新常常代表高质量和低成本的新结合，速度和效率的新结合，小型化和低成本的结合，以及时尚和大宗市场的新结合。

基于以上分析，特提出假设 H_{2d}：企业家创新能力对企业商业模式创新有正向影响。

3.3.2 组织学习能力因素及假设

学者对组织学习的关注最早可追溯 1958 年西蒙（Simon）的研究，其概念由阿吉里斯（Agryris）于 1978 年正式提出，认为组织学习是发现和改正错误的过程。组织学习可以看作是一个带有控制反馈机制的不断改正组织错误的过程。组织学习包括三种类型：单向式、双向式和反思式。在单向式学习中，组织成员共同进行探索，发现错误、提出新战略，并且还要评价和确定解决问题的方法。单向式学习通常发生于对市场变化情况和竞争对手压力的响应，它是一种企业日常技术、生产和经营活动中的基本学习类型。双向式学习不仅包括在已有组织规范下的探索，而且还包括对组织规范本身的探索。双向式学习经常发生在商业模式的渐进性创新时期。反思式学习则经常出现在组织反思以往是怎样学习的以及学习中的不足，从而进一步寻求更好的学习方法的情况下。反思式学习包括有意识地学习怎样学习以及努力寻找提高单向式和双向式学习效率的途径。因此反思式学习也是企业根本性商业模式创新过程中的主要学习类型。商业模式创新可以认为是组织学习后表现的成果，而组织学习则是组织维持创新的最重要因素。

组织学习可提升商业模式创新活动的效率与效能，并且能协助商业模式有效适应外界环境的变化。组织的创新能力必须经由组织学习而逐渐形成（Bessant，1996）；张婧（2005）认为可以通过其表现方式将组织学习定义为"制度的转型"，即组织学习可以表现为组织制度对环境的不断适应。有效的组织学习和市场信息处理的组织将产生和采用更多新创意、新产品和新过程。谢洪明、韩子天（2005）曾针对华南地区企业对组织学习与组织创新的关系进行过实证研究，研究结果都表明组织学习对组织创新有显著的正向关系，同时他们还指出不同的组织学习形态会导致不同的创新形态，如单循环学习只会导致增量的（incremental）创新，而不连续的（discontinious）创新则需要双循环学习才能够实现。可见，组织学习对组织创新有促进作用。此外，以往的研究表明组织创新中技术创新会对管理创新产生正向的影响。如若银行要提供一项新的服务（技术创新），通常也需要一组新的管理机制（管理创新）去评估和控制其绩效，然而并不是每一种技术创新均会导致管理创新（Damanpour，1989）。

所以组织学习对于企业商业模式创新有促进作用：①通过组织学习，企业可以较为充分地了解组织的内外部环境，提高组织的柔性，从而快速地调用和配置组织的内外部资源，满足顾客现实和潜在的需求。比如利用组织学习企业可以提高生产的效率，降低生产成本，开发新的产品、服务或经营方式以提高产品或服务的顾客价值；②由于企业的产品或服务是企业各种知识以特定方式组合作为输入形成的产出，这些大量知识和其特定的组合方式是企业长期组织学习的结果，具有路径依赖性和原因模糊性，竞争对手很难较快和全面复制，另外由于企业知识中存在大量的隐性知识，这些知识难以表述和编码，具有黏性，因此很难转移和复制；③通过组织学习，企业可以较为充分地了解自身的能力和外部环境的机会，从而可以在其既有组织能力和资源的基础上，发掘市场机会，实现组织能力和资源的多种应用，使这些资源和能力具有衍生性。

总之，组织学习不仅具备提供出色的顾客价值和难以复制的特点，并且通过组织学习，企业可以在原有组织能力和资源的基础上发展出新的业务，因此，组织学习是一个企业开展商业模式创新的重要资源。企业商业模式创新的本质是企业特有的知识和资源，通过组织学习培养，开展创造型学习，从而对知识和资源形成创造性组合乃至颠覆以往的基本假设和既有的商业模式。

假设 H_3：组织学习能力对企业商业模式创新有正向影响。

回顾相关文献，学者们从不同角度提出了衡量组织学习能力的维度。圣吉将组织学习关键要素归纳为心智模式、共同愿景、个人技巧、团队学习、系统思考五个方面。也有学者将组织学习能力总结为独立解决问题、整合内部知识、持续试验、融合外部知识四个方面。随后斯维·高进一步提出了衡量组织学习能力的五个指标，即目标任务共识、领导承诺与授权、试验与鼓励、知识传递能力、团队工作能力。近年来，皮勒等基于组织学习的层次与过程，提出了衡量组织学习能力的四个维度，即管理忠诚度、开放性和试验、知识传递与融合。

总体而言，现有的关于组织学习测量的实证研究主要有两种方向。一种是从组织文化的角度，对组织学习导向进行测量和结构验证。在研究中应用较多的是组织学习导向的三维结构：学习承诺、开放心态和共同愿景（Santos - Vijande，2005）；以及组织学习导向的四维结构：团队导向、系统导向、学习导向和记忆导向（Hult，2002）。另一种从组织学习信息加工过程模型出发，测量和验证了组织学习的四阶段信息加工模型：信息获取、信息分发、信息解释、组织记忆（李正卫，2003）（见表 3 - 3）。但是这个模型单纯考虑的是组织学习过程中的信息加工和认知活动，忽视了组织学习的行为特征。从这些研究看出，不同的研究者出于研究目的的不同，会选用不同的组织学习结构和维度。

表 3 – 3   组织学习维度构建

作者及研究年份	组织学习测度指标
圣吉	心智模式、共同愿景、个人技巧、团队学习、系统思考
Santons – Vijande，2005	学习承诺、开放心态和共同愿景
Jerez	管理忠诚度、开放性和试验、知识传递与融合
Calantone et al，2002	组织承诺、共同愿景、开放心态、知识共享
Hult & Hurley，2002	团队导向、系统导向、学习导向和记忆导向
Turan，2001	结构来源、集体来源、个人来源
李正卫，2003	信息获取、信息分发、信息解释、组织记忆

从表 3 – 3 可以看出，虽然表示组织学习维度各异，包括心智模式、学习承诺、开放心态和共同愿景、知识共享、组织记忆等内容。但在此根据商业模式创新的特点以及在调查中与企业员工的访谈得出的感性经验。将组织学习的维度和衡量变项拟订为共同愿景、开放心智以及组织内部的知识共享三个维度。

1. 共同愿景

愿景（vision），源自拉丁语，本意是"看见"，引申为人们希望看到的未来的景象。愿景是人们心中深受感召的力量，能使组织跳出庸俗，产生火花。这样就共同愿景是建立在个人愿景的基础上的组织成员普遍接受和认同的长远目标。在组织中，共同愿景孕育着无限的生命力和创造力，它影响着组织的未来与发展。在组织中，共同愿景就像一种拉力把人们拉向真正想要实现的目标，它就像一个方向舵，激发人们在学习过程中遇到阻力时，继续遵循正确的路径前进。如果没有一个拉力把人们拉向真正想要实现的目标，就很难打破现状进行创新。

企业家常将个人愿景转变为组织的共同愿景，如以苹果电脑公司的发起人史蒂夫·乔布斯为例。他在 20 世纪 70 年代就认为微机市场前途无量，确立将来人人都要使用微机的愿景。这在当时无异于天方夜谭，当年 IBM 和惠普公司都有人力、财力、和技术来开辟微机市场，只是在那些大公司没人相信不久的将来个人电脑会出现在每个人的办公桌上。乔布斯却相信，他不但自己相信，还说服了当时任职于惠普公司的史蒂夫·伍兹聂克辞职来和他一起搞微机。他们成功了，而且改变了世界。

结合所做分析，特提出假设 H_{3a}：企业的共同愿景对商业模式创新有正向影响。

2. 心智模式

心智模式这一概念由苏格兰心理学家克莱卡（Kenneth Craik）提出，指那些在人们心中根深蒂固、影响人们认识外部世界以及采取行动的许多假设、陈见和印象。心智模式作为认知推理的一种信念和假设，被用于推论、预测结果和理解情境，并以此影响人们的决策和行动（Johnson - Laird，1983）。后被彼得·圣吉在《第五项修炼》中引入管理领域，认为心智模式是根深蒂固于个体心中的许多假设、成见、印象等，它影响着个体认识世界和采取行动的方式。

企业心智模式是企业在生产经营活动中形成的价值观、思维方式、行为习惯、经验教训等基础上所产生的理解和看待周围事物的思维方式或思维惯性。它是不以人的意志为转移的客观存在，总是在自觉或不自觉地影响企业对现在或未来事物的理解和判断，从而影响企业对"什么能够或不能够"的问题做出决定和采取行动。企业心智模式有两个层次：核心心智模式和外围心智模式。其中企业核心心智模式包括：①一个企业对于所处环境的假设，关于公司结构、市场的假设以及关于顾客和产品科学技术的假设。②对自身根本目标的假设。③认清自身能确保实现预定目标的优势所在。企业外围心智模式，是指企业内的个体（领导、中层管理者、基层员工）和团队的心智模式。企业核心心智模式建立在个体和团队的心智模式基础之上，又高于个体和团队的心智模式。

新的想法无法付诸实施，常是因为它与根植心中的心智模式相抵触。因此，无论是个人还是组织要实现新的想法、改变现状，都需要从改变心智模式开始。心智模式对于企业商业模式创新影响很大。开放心智的企业，在遭遇危机时，其高管会采用创新战略，进行商业模式创新来解决衰退带来的问题。尤其是高管对于企业业绩的期望超过投资方或社会公众对企业的业绩预期时，高管会自觉地试图通过改变企业惯常的商业模式来提升业绩，形成"危机—创新"反应模式。心智模式封闭型企业，在企业衰退发生以后，公司的高层管理团队很容易陷入一种"衰退怪圈"的状况中去。在这个怪圈中，人们首先被衰退带来的不利影响而打击，进而会互相埋怨指责，由此造成的紧张导致人们不能很好合作，很快就演变成为部门自我保护主义；这种隔阂程度增加又造成了高层管理人员和部门之间的互相保密，从而使人们不能一致行动，使人们觉得任何变革都不可能成功，最后人人都会觉得自己无能为力，孤立无援；于是消极情绪开始蔓延，最终遭遇困境的企业会出现终极病态的状况——集体推卸责任；大家在不知不觉中进入这种怪圈，此时企业高层也会拒绝新的变化或者创新，滑入单纯的"危机—僵化"的反应模式中去。

综上所述特提出假设 H_{3b}：企业开放心智对商业模式创新有正向影响。

3. 组织内部的知识共享

知识共享是企业在保证商业机密和经营安全的前提下，尽可能地公开内部信息和知识，使企业内所有成员都能接触和使用，提高劳动生产率，进而实现知识的溢出效应，提高知识生产率。知识共享是一个知识再生产、知识更新的过程，其实质是组织层次的学习。知识共享并不会使原有知识"消失"，还会使知识得到扩充、丰富。通过知识共享，科学技术知识被更多员工掌握，员工劳动效率和技术水平提高，企业在不增加资本投入的情况下，规模和效益提高。知识与有形资产不同，它具有收益递增的性质，即知识的使用不但不会减少价值，反而会使价值有所增加。如果措施得当管理有方知识得到共享，其价值会呈指数增长。因此善于进行知识交流和共享所获得的收益是巨大的。一方面，知识共享将对传统的管理模式、管理手段等提出内在的要求，使企业建立能够推动知识交流与共享的内部环境、管理机制和组织结构，从而促进企业管理创新；另一方面，知识共享又能增强企业创新的能力，提高管理创新的水平。

综上所述特提出假设 H_{3c}：组织内部的知识共享对商业模式创新有正向影响。

3.4 公司规模、年龄对商业模式创新的影响假设

通常经验认为，随着公司年龄的增长，公司商业模式创新程度与能力都会下降。但从历年的最佳商业模式的评选结果来看，公司年龄对商业模式创新影响不大。

由《商界·中国商业评论》企业研究院评选的 2004～2005 年度最佳商业模式企业有，盛大网络（1999 年）、宏图三胞（2000 年）、斯威特（1992 年）、蒙牛乳业（1999 年）、德信通讯（2002 年）、顺驰地产（1994 年）、西洋集团（1988 年）、如家酒店（2002 年）、聚众传媒（2002 年）。2006 年最佳商业模式企业分别是大连万达（1988 年）、晋亿螺丝（1995 年）、空中网（2002 年）、雅昌集团（1993 年）、潍柴动力（1946 年）等企业。2007 年最佳商业模式企业分别为：皇明太阳能集团（成立于 1995 年）、腾讯科技有限公司（1998 年）、深圳发展银行（1987 年）、奥康集团有限公司（1995 年）、广东龙的集团有限公司（1999 年）。2008 最佳商业模式则是苏宁电器（1990 年）、北京佳美医院管理公司（1993 年）、深真功夫全球华人餐饮连锁（1994 年）等。

基于以上分析，提出假设 H_{CI}：商业模式创新能力与公司年龄没有直接相关关系。

对于企业的商业模式创新与公司规模的关系，实证研究的结果各不相同，对英国 39 个典型小企业的研究后发现（Nola Hewitt - Dundas & Stephen Roper，2000），由于小型企业在环境变化中的组织障碍和战略障碍相对比较小。因此，小型企业在创新活动中，比领袖企业更能取得明显的优势。也有学者认为小公司往往是突破性创新的源泉，而大公司往往只擅长进行渐进性创新，而不擅长进行突破性创新（陈劲，2002）。

企业不同规模对于商业模式创新影响各异。较大的企业相对于它们较小的竞争者可能有更强的市场力量或竞争优势，会影响它们对变换的市场竞争环境的适应力。但较大的企业往往创新需要更高的成本，较小的企业却能在洞察顾客需求的基础上或在强有力的创业者的领导下进行商业模式

创新。总之不同规模的企业在商业模式创新上均有上乘的表现，只不过不同的企业家、不同时期或者不同的机会影响和约束企业的商业模式创新而已。

在此假设 H_{C2}：商业模式创新能力与公司规模无相关关系。

综上所述，在此共提出了相应的 11 个假设（见表 3 – 4）。

表 3 – 4	研究假设总结
假设 H1a：资本市场对商业模式创新有正向作用	
假设 H_{1b}：创业文化对商业模式创新有正向作用	
假设 H_{1c}：消费者需求变化对商业模式创新有正向作用	
假设 H_{1d}：技术进步对商业模式创新有正向作用	
假设 H_2：企业家能力对企业商业模式创新有正向影响	
假设 H_{2a}：企业家发现机会的能力对企业商业模式创新有正向影响	
假设 H_{2b}：企业家发整合资源的能力对企业商业模式创新有正向影响	
假设 H_{2c}：企业家承担风险和不确定性的能力对企业商业模式创新有正向影响	
假设 H_{2d}：企业家创新能力对企业商业模式创新有正向影响	
假设 H_3：组织学习能力对企业商业模式创新有正向影响	
假设 H_{3a}：企业的共同愿景对商业模式创新有正向影响	
假设 H_{3b}：企业开放心智对商业模式创新有正向影响	
假设 H_{3c}：组织内部的知识共享对商业模式创新有正向影响	

3.5　影响商业模式创新的变量测度

3.5.1　影响商业模式创新的外部变量测度

影响商业模式创新外部变量包括资本市场、消费者需求、技术进步、创业文化，将变量量表设计如表 3 – 5 所示。

表 3－5 商业模式创新影响因素的变量

测量项目	测量问题
资本市场	公司的商业模式创新能得到资本市场的支持（x1） 资本市场能为投资商业模式创新型企业的风险投资提供充足的"退出"通道（x2）
消费者需求	消费者需求对公司商业模式有很大影响（x3） 公司用心了解消费者的生活脉络，提出创新商品满足他们的期待（x4）
技术进步	公司利用新的技术进行商业模式创新（x5）
创业文化	社会鼓励冒险、支持创新的氛围对公司商业模式创新起了促进作用（x6）

3.5.2 企业家能力因素

企业家能力因素在此界定为企业家发现机会的能力、整合资源的能力、承担风险和不确定性的能力以及创新能力。企业家发现机会的能力概念的操作化是在借鉴了奥兹根（Eren Ozgen，2003）和李志能实证研究的量表，并参考了国外学者的理论研究和实证研究，在尚恩（Shane & Venkataraman，2000）等学者研究结论的基础上，结合访谈的方式形成问卷（见表3－6）。

表 3－6 企业家发现机会的能力变量

编号	测量问题	来源
x7	在从未涉足的领域我也能发现新的商机	Eren，2003
x8	发现的商业机会彼此之间绝大多数没有关系	Eren
x9	我对于发现新的机会有特殊的敏感	Eren

企业家整合资源的能力概念的操作化是在借鉴迈恩（Man）和朱凤涛实证研究的量表，并参考了国内外的理论研究和实证研究，在雷贝斯坦（Leibenstein，1991）等学者研究结果的基础上，结合访谈的方式形成问卷。在预试问卷中共有 3 道题目构成，分别从上下游关系、与金融部门关系、对资源的控制等方面对企业家整合资源的能力进行测量，形成量表3－7。

表 3 – 7   企业家整合资源的能力变量

编号	测量问题	来源
x10	能够与银行等金融机构建立互相信赖、密切的关系	贺小刚，2006
x11	能够对出现的各种机会进行评价，并结合自己企业的内部条件和外部环境进行决策	迈恩 Man，2001
x12	意识到产业发展的方向，知道怎样改变会影响企业	Man，2001

企业家创新能力概念的操作化是在借鉴了迈恩（Man）实证研究的量表，并参考了国外的理论研究和实证研究，在熊彼特、鲍莫尔、德鲁克等学者研究结果的基础上，结合访谈的方式形成问卷。在预试问卷中共有 3 道题目构成，分别从新产品、新生产资料或是新的市场等方面对企业家创新能力进行测量，通过上述分析形成量表 3 – 8。

表 3 – 8   企业家创新能力变量

编号	测量问题	来源
X13	寻找新颖的开拓市场和销售产品的方法	Norman Vella，2003
X14	对于能把新产品或新的服务推向市场很过瘾	Norman Vella，2003
X15	对环境中的变化能迅速进行创意并商品化	Bettis. & Hitt，1995

企业家承担风险和不确定性的能力概念的操作化是在借鉴了张焕勇实证研究的量表，并参考了国外的理论研究和实证研究，在吉麦利（Germany，2001）等学者研究结果的基础上，结合访谈的方式形成问卷。在预试问卷中共有 3 道题目构成，分别从承担风险的意愿、对不确定性的态度等方面对企业家承担风险和不确定性的能力进行测量，通过以上分析形成测量表 3 – 9。

表 3 – 9   企业家承担风险和不确定性的能力变量

编号	测量问题	来源
X16	喜欢面对不可预测的挑战	Norman Vella，2001
X17	把不确定性作为企业不可分割的一部分来接受	Norman Vella，2001
X18	主动探索现在及未来市场	Srivastava H. K. Christensen，2001

3.5.3 组织学习因素

商业模式创新影响因素中组织学习因素界定为三个，分别为组织愿景、开放心智和知识共享。具体测量指标有 9 个，形成测量表 3 – 10。

表 3 – 10　　　　　　　　　商业模式创新的组织学习因素测量

编号	测量问题	来源
X19	对于公司定位及未来发展的概念有清楚的界定	丁岳枫，2006
X20	所有的员工均投入于公司目标的达成	丁岳枫，2006
X21	员工觉得他们对公司未来发展方向都有一份责任	丁岳枫，2006
X22	不怕去质疑公司对于企业营运的各种假定	李正卫，2003
X23	公司认为包容接纳各种不同的声音是很重要的	李正卫，2003
X24	公司的主管鼓励员工能超越成规创意思考	李正卫，2003
X25	组织中的失败是否经常被正式讨论	李正卫，2003
X26	组织的新知识由全体成员共享的程度	丁岳枫，2006
X27	运用转移机制（如顾问、非正式访问、合作伙伴关系、标杆超越等）从组织外部转移知识的情况	丁岳枫，2006

第 4 章
企业商业模式创新对竞争优势的
作用机理及研究假设

公司的商业模式是一个由各种要素组成的整体，而不仅仅是一个单一的因素；公司的商业模式的组成部分之间必须有内在联系，这个内在联系把各组成部分有机地串联起来，使它们互相支持，共同作用，形成一个良性的循环。商业模式最先研究主要集中于电子商务领域，因而早期主要关注网络企业如何获取收益的问题，现在则转向基于产品提供、价值创造过程、企业构架以及其他变量的模式类型。要探究商业模式创新的内在结构，则先从研究商业模式的组成要素开始。

4.1 基于模块化的商业模式创新

对商业模式元素的分析可知，商业模式一般都有市场结构、价值理念、市场范围、业务流程、定价策略和收入来源以及协调机制等构成，在此运用模块化理论对商业模式创新的内在构成进行进一步分析。

4.1.1 商业模式模块化创新之可能

模块，根据青木昌彦的定义，是指"半自律性的子系统，通过和其他同样的子系统按照一定的规则相互联系而构成的更加复杂的系统或过程"。而把复杂的系统分拆成不同模块，并使模块之间通过标准化接口进行信息沟通的动态整合过程就叫做"模块化"（modularity）。

模块化有狭义和广义之分，狭义模块化是指产品生产和工艺设计的模块化，而广义模块化是指把一系统进行模块分解与模块集中的动态整合过程。最早对模块化进行研究的是西蒙，他提出了模块的"可分解性"，阐明了模块化对于管理复杂系统的重要性，但在当时的生产水平下模块化思想局限于工业设计领域中。

按照模块化观点，一个产品或过程是由若干个与若干层的模块与过程所组成。因此将一个复杂的系统或过程按照一定的联系规则分解为可进行独立设计的半自律的子系统的行为，称之为"模块化分解"；反之，则为"模块化集成"。模块化是一种处置复杂系统的产品或服务的新方法，它可以在产品或服务的设计、生产与消费中得到运用。一个可模块化的系统是指系统本身是可拆分的，否则无法进行模块化设计。在进行模块化操作时，要有明确规定的规则来界定模块之间关系。

从模块化理论的角度来说，商业模式从本质上讲就是若干模块的不同组合，因此企业可以通过在自己的商业模式中添加或者更换新的模块，或者改变不同模块之间的界面联系规则，来实现商业模式创新。维尔（Weill，2001）提出了"原子商业模式"的概念，并且指出每个原子商业模式都具有战略目标、营收来源、关键成功因素和必须具备的核心竞争力这四个特征。可行的原子商业模式为数有限，它们的组合方式就构成了各种不同的商业模式。原子商业模式彼此间的交互作用力是不同的，某些原子模式结合后会产生强大的作用力，互不兼容的原子模式则可能导致商业冲突，因此企业可以试着挑选与组合原子商业模式，并评估其可行性以建构最适当的商业模式。

4.1.2 模块化下的商业模式创新

目前，理论界和咨询界对于商业模式的模块划分也进行了探索。李永强、康峰等提出商业模式由战略性和运营性模块组成。比较常见的模块划分是价值主张、消费者目标群体、分销渠道、客户关系、价值配置、核心能力、合作伙伴网路、成本结构、收入模型。而由哈佛大学教授约翰逊（Mark Johnson），克里斯坦森（Clayton Christensen）和 SAP 公司的 CEO 孔翰宁（Henning Kagermann）把这三个要素概括为基本客户价值主张创新——在一个既定价格上企业向其客户或消费者提供服务或产品时所需要完成的任务；盈利公式创新——企业用以为股东实现经济价值的过程；资源和生产过程创新——支持客户价值主张和盈利模式的具体经营模式。

北京民经动力管理咨询公司首席管理咨询专家金超老师在《赢利之道——新经济时代的商业模式创新》课程体系设计了"商业模式5R模型"，认为可以分别从产品、经营、传播、融资和社会价值链互动模块来讨论和设计各个企业独特的商业模式，并最终争取设计出随着时间和环境变化而变化的新商业模式体系。认为从企业经营策略上看，商业模式的创新与设计基本上从分析这五个要素出发来寻找突破口，用来辅助我们的商业模式设计和优化，找到分析的切入口。

综合这些研究以及前面对商业模式组成要素的分析，在此将商业模式创新分成 5 个模块及其界面规则的变革——针对目标客户的价值主张模式创新，业务运作的价值创造模式创新，销售和沟通的价值传递模式创新，企业合作的价值网络创新、价值实现模式创新以及这些元素界面的规则创新。

1. 价值主张模式创新

价值主张是企业宣称其产品和服务能为消费者带来的独特价值，是客户所能感知到的一系列既得利益的总和。价值主张的创新，会迫使公司完全专注于自己的产品中对客户真正有价值的方面。一旦公司能够真正深入了解客户，它们就能作出更加明智的选择。因此价值主张模式创新不仅仅是营销管理人员的任务，公司的高管以及其他管理人员对此也责无旁贷。

清晰的、独特的、一致的价值主张是商业模式创新成功的关键。企业在提出价值主张的时候，必须要充分考虑到自身的战略资源与核心能力，以此为基础，找到一种全新的要素组合和应用方式来实现价值创新。价值主张模式创新处于企业各项活动的最上层。有了新的价值主张后，企业就可以进一步拟定自己的策略，对自身的核心能力和战略资源进行不断地维护强化和重新培育，以将自己的核心认同和价值观有效地传达给客户。以客户价值为中心，为客户创造最持久的价值。

2. 价值创造模式创新

价值创造是指企业生产、供应满足目标客户需要的产品或服务的一系列业务活动及其成本结构，反映的是企业的主要投入。企业发现、界定目标客户、为目标客户生产产品或服务，需要实施一系列业务活动，通过这些活动的创新，企业和客户双方的需要能得到更充分的满足。企业存在的基础是价值创造，只有不断创造价值的企业才能立于不败之地。企业商业模式创新本身就是企业为了创造卓越的客户价值并以此指导企业价值创造的活动集合。

要做到这一点，则需要建构能实现顾客价值的活动流程——价值链。建构价值链的目的有两个：显示价值可在流程中被实现出来，并陈述价值是如何在关联流程中被创造出来；指出企业本身在价值链中的定位，并显示价值链定位对于价值创造扮演关键角色，因此才能分享较多的利润。企业如果想要分享价值链中的主要利润，则必须要掌握其中对于创造价值有重大贡献的关键流程与资源。也就是说，企业价值创造模式创新必须要掌握价值链中的重要核心能力，以保障利润的实现。

3. 价值传递模式创新

价值传递模式创新是企业把产品和服务以创新的模式传递给目标客户的分销和传播活动，目的是便于目标客户方便地购买和了解公司的产品或服务。没有价值传递活动，价值创造活动所创造的价值——产品和服务就会"锁在深闺人未识"，不可能为客户和企业创造价值。

传统的产品创新方法是，首先由生产商对市场进行调查，然后根据调查结果找出消费品的需求，最后再根据需求设计出新产品，但这种创新的投资回报率通常很低，甚至有可能跟不上市场的变化而血本无归。而如今，随着互联网的愈发普及，消费者的创新热情和创新能力愈发彰显出更大的能力和商业价值，以"用户创造内容"（user-generated content）为代表的创新民主化正在成为一种趋势。目前众包模式新设计领域切入，已经成为华尔街青睐的最新商业模式，被视为将掀起下一轮互联网高潮，并且有可能颠覆传统企业的创新模式。

4. 价值网络模式创新

传统的观点都将企业看成非人格化的市场中的一个原子，相互竞争以谋求利益最大化。然而在市场竞争高度动态和不确定的情况下，将企业作为原子看待很容易使企业陷入孤立的境地，忽视对于外部资源的获取和组织间学习能力的积累，缺乏动态的适应能力。而价值网络能潜在地为企业提供获取信息、资源、市场、技术以及通过学习得到规模和范围经济的可能性，并帮助企业实现战略目标，如风险共享，价值活动或组织功能的外包，组织能力的提升等。

在价值网络中，资源不仅可以帮助企业主体完成有关的价值活动，而且资源的网络特性使得其他主体亦能从中获取价值。因此在价值网络中，资源的共享性和资源的网络专用性是价值网络的主要资产，也是价值网络创造价值的模式与单个企业不同的主要原因。资源网络化的另一个主要因素在于联系被纳入资源的范畴。企业的联系网络是获取不可模仿的价值资源的重要源泉。联系扩大了信息的渠道，联系增加了学习的机会，联系提高了企业的外部拓展能力，增加了价值创造的方式，更重要的是联系很难被模仿。

价值网络的思想打破了传统价值链的线性思维和价值活动顺序分离的机械模式，围绕顾客价值重构原有的价值链，使价值链的各个环节，不同的主体按照整体价值最优的原则相互衔接、融合、动态互动。利益主体在关注自身价值的同时，更加关注价值网络上的各节点的联系，冲破价值链各个环节的壁垒，提高网络在主体之间相互作用及其对价值创造的推动作用。

5. 价值实现模式创新

商业模式创新以顾客价值创造为起点，以企业价值实现为终点，因此任何商业模式创新最后都必须要归结到"企业如何盈利"这个最原始的问题上来。21世纪初，随着网络经济泡沫的破灭，大量显赫一时的互联网企业纷纷倒闭，许多人对于商业模式创新的有效性产生了悲观的心理。事实上，这些企业之所以失败，恰恰是因为没有设计出完整的、有效的新型商业模式，或者说是忽略了商业模式创新中价值实现方面的因素。从具体内容上看，价值实现创新可以进一步分为盈利模式创新和价值维护创新两个因素。有效的、新奇的商业模式可能会因为没有得到伙伴的有力支撑或者竞争者迅速模仿而造成价值流失，甚至于彻底失败，因此企业在设计出价值主张和价值网络以后，必须还要进行价值维护。国内外大量案例表明，许多商业模式的失败都是因为没有建立有效的价值维护，以至于价值实现活动无法维持。

6. 商业模式的界面规则创新

界面规则可以分为显性规则和隐性规则，其中显性规则是指模块之间的规则，如价值主张模块、价值创造模块、价值实现模块等。显性规则由结构、界面和标准三个部分组成（胡晓鹏，2004）。隐性规则是隐藏在模块内部的，企业无法直接进行改变。在商业模式模块系统中，价值主张模块属于第一层次的模块，价值主张下面的界定目标顾客、挖掘价值需求等元素属于第二层次的模块。

显性界面规则可以分为结构性界面规则和功能性界面规则两种。其中联系单元模块和结构模块的界面规则属于结构性界面规则，其作用是说明一个系统是由哪几部分组成的，以及这几部分是以什么方式进行组合。这种界面规则是稳定的，企业无法通过改变结构性界面规则来实现商业模式变革。联系功能模块的界面规则属于功能性界面规则，其作用是说明不同功能模块是如何相互影响、相互作用，从而产生协同作用。这种界面规则是可以改变的，企业通过对功能性界面规则进行改变，能够导致功能模块之间产生新的协同作用。

4.2 商业模式创新与企业竞争优势内在机理及研究假设

要解释商业模式创新作用于竞争优势的机理，则须先从商业模式创新的构成入手，方可窥其堂奥。商业模式创新组成板块及功能如表 4-1 所示。

表 4-1 商业模式创新组成板块及功能

构成模块	模块构成元素	模块功能
价值主张模式创新	界定目标顾客 挖掘价值需求	清晰的界定主要客户群、辅助客户群和潜在客户群挖掘 客户的功能价值需求、体验价值需求、信息价值需求、文化价值需求
价值创造模式创新	创新业务活动 设计成本结构	将业务活动创新性地提供给系统分解集成商、专有零件（模块） 供应商、通用零件（模块）供应商 对成本布局、成本控制进行设计
价值传递模式创新	分销渠道创新	对行业的传统经销制、直销制，界于中间的助销制、 经销制＋直销制
价值网络模式创新	设计伙伴关系 创新网络形态	对正式制度安排、非正式制度安排设计 对产品流形态、收益流形态、信息流形态创新

4.2.1 价值主张模式创新与企业竞争优势作用机理及假设

从具体内容上看，价值主张模式创新可以进一步分为目标顾客和挖掘价值需求两个因素。客户价值需求分为显性需求和潜在需求，只有对客户需求的敏锐捕捉，挖掘客户深层次的需求，才能提出独特的客户价值主张。

1. 目标顾客→价值主张模式创新→企业竞争优势

客户市场细分是指按照客户的需求或特征将客户市场分成若干个次市场，并针对不同的次市场设计个性化服务的过程，进行客户市场分类的首要步骤是要选定划分的依据，市场营销学中常用的依据有心理特征（比如性格、风险偏好等），社会特征（文化背景、宗教信仰、社会阶级和家庭生命周期等），统计特征（年龄、性别、婚姻状况、收入、职业、教育程度等），地理特征（居住城市、国家、人口数量等）。

目标客户的选择对商业模式创新有重要影响。以戴尔和捷威（gateway）为例，戴尔公司把企业客户和政府机构作为他的目标市场。所以戴尔就把自己的商业模式建设为客户支持的高级形式，如设立"优先网页"计划，允许客户在网页上搜索产品、下订单。而捷威（gateway）电脑公司的商业模式更多地面向个人、小企业和首次购买电脑的顾客，首次购买电脑的顾客往往喜欢看看商品，所以公司创办了捷威（gateway）乡村店铺，给顾客提供试用电脑并有向销售人员咨询的机会。

以银行业为例，传统的金融服务是针对市场上原料生产商、产品制造商、商品销售商等产业链上单独的企业。而供应链金融服务，促使银行跳出了只为单个企业提供金融服务的局限，针对产业链上的核心和非核心企业所提供的一种整体的供应链融资服务，降低整条供应链的融资成本，优化服务模式，提高竞争优势。这样供应链上相关的中小企业得到融资支持，快速成长，从而解决供应链上资金分配不平衡的问题，提升整个供应链甚至整个产业的竞争力。而打通了这条供应链的银行，也打开了自己的业务之门，甚至由此占有该链条上所有相关企业的金融业务。如深发展已经在能源、钢材、汽车、粮食等一系列核心企业和产业链条明确的行业中成功推行了"供应链金融"。凭借"供应链金融"在产品创新和管理行动上的卓越表现，以及在推动中小企业改善供应链财务管理方面的出色实践，在 2008 年哈佛《商业评论》管理行动奖评选中荣获金奖。

2. 价值需求挖掘→价值主张模式创新→企业竞争优势

价值驱动着大部分的消费行为，是决定顾客购买行为和选择产品的关键因素，在一定的约束条件下，顾客是最大化价值的追求者（科特勒，2001）。因此，公司为顾客创造了价值，就自然地吸引了顾客，也就是创造了顾客；创造了顾客，也就是完成了公司的首要任务。在知识经济时代，企业的真正任务是价值，而非价格。

价值需求可分解为功能价值需求、体验价值需求、信息价值需求、文化价值需求四种相对独立的功能模块。功能价值需求是指顾客对产品或服务的基本物理属性的使用需要，看重的是产品或服务的某种功能，获得是一种标准化的有形产品或无形服务。体验价值需求是消费者通过亲身体验和感受来认知商品，产生的美好感觉的市场需求。依据体验经济之父——约瑟夫·派恩II世的界定，体验是一种经济商品，像服务、货物一样实实在在的产品。与过去不同的是，商品、服务对消费者来说都是外在的，但体验是内在的，存在于个人心中，是个人在形体、情绪、知识上参与的所得。信息价值是指顾客在购买或使用某种产品或服务的时候，能够向他人传递某种信息，从而产生的价值。例如，使用高档产品的人可以向其他人传递着身份与品位，从而能够对使用者产生价值。此时，顾客看重的是能够传递信息的内容和有效性。文化价值是指产品或服务中包含的，能够为顾客带来归属感的某种文化属性。例如，某些顾客因为信仰佛教，而购买一些蕴涵佛教文化的产品。此时，顾客看重的是产品或服务中蕴涵文化的含义，以及所希望归属群体对该文化的认可程度。

如看似为食品饮料企业提供生产和包装设备的瑞典利乐公司，其实质是一家提供从生产到营销系统解决方案和实施行业咨询和培训的公司，这家公司之所以能获得超越同行的增长速度，都源于他看起来有点"多管闲事"的价值主张。当移动电话出现在市场上的时候，它提出了一种与固定电话不同的价值主张；在因特网的早期非常流行的门户，比如雅虎，帮助人们在网上寻找信息；低成本航空公司易捷航空（EasyJet）把航空旅行带给了普通大众；戴尔将互联网作为分销渠道已经取得了巨大的成功；吉列依靠其一次性剃须刀与客户建立了持续性的关系也创造了大量的财富；思科因对供应链活动的创新而成名；英特尔通过与合作伙伴共同建设加工平台而实现了繁荣；谷歌依靠与搜索结果相关的文字广告而盈利；沃尔玛依靠巨大的销量成为供应链的主导，借以降低成本等。

3. 价值主张模式创新与企业竞争优势研究假设

价值主张的创新涉及很多利益相关者，不同的参与者代表着不同的利益，这些参与者都面临着如何从不同的角度来开发一个明确的价值主张，而价值主张必须能为这些参与者共同理解，一个能为参与者理解且接受的价值主张应该能使每一个参与者都能增加其经济效用。这就要求价值主张的阐释必须清楚、准确。如果价值主张表述得太复杂，会使顾客在购买的时候产生犹豫。同时，也会使企业提出的构思难以付诸实施，导致企业的失败。

价值主张的创新目的使其具有吸引力，在整个产品或服务的生命周期里，对潜在顾客格外重要，使其满意并促进购买决策。可以通过让企业的所有员工都成为价值主张的创造者、参与者和贡献者，以及邀请企业的顾客（或潜在顾客）和销售伙伴参与价值主张的制定等措施来构建具有吸引力的价值主

张。企业需要创造和维持有吸引力的价值主张，对其进行判断的唯一标准就
是市场。

如中国电信的"114"查号台其价值主张是为客户搜索提供信息，赚的
是电话费。然而在实际生活中客户的需求可能并不在于电话号码，而在于
解决方案。中国电信针对这种缺失而重新界定价值主张创新商业模式，推
出号码百事通，满足顾客搜索背后的需求，并采用商务领航"商业联盟"
的合作分成模式，选择 e 龙、携程网、饭统网等等作为合作伙伴，以此弥
补其在商旅业务领域实际运作经验的不足。其结果是 2006 年，中国电信传
统话音业务较 2005 年下降了 1.9%，但非话音业务增长 25%，占到收入比
重的 29%，其中包含商务领航和号码百事通业务的综合信息应用服务收入
增长高达 106.4%。

因此假设 H_{4a}：企业价值主张模式创新程度会影响企业竞争优势，价值
主张模式创新程度提高，企业竞争优势也会增强。反之则反是。

4.2.2 价值创造模式创新与企业竞争优势作用机理及假设

所谓价值创造，是在投入产出过程中，产出价值大于投入价值而实现的
增值活动。其本质是对资源的占有、使用和得到回报。价值创造的前端环节
是价值发现，其本质是资源的获取，包括自然资源、技术资源、市场资源、
人力资源，既包括有形的资源，也包括无形的资源，价值创造的企业的价值
载体是现金流量产生的物质依托，它可以表现为有形资产，也可以表现为无
形资产，或者有形资产和无形资产的结合。

企业存在的基础是价值创造，只有不断创造价值的企业才能立于不败之
地。要清楚知道所谓价值创造的内涵，也就是需要建构能实现顾客价值的活
动流程：价值链。价值链定位对于价值创造扮演关键角色，企业如果想要分
享价值链中的主要利润，则必须要掌握其中对于创造价值有重大贡献的关键
流程与资源。

1. 业务活动创新→价值创造模式创新→企业竞争优势

业务活动可以分解为通用零件（模块）供应商、专有零件（模块）供应

商、系统分解集成商三种相对独立的功能模块（见表4–2）。

表4–2 功能模块的职能及具体业务

功能模块分类	功能或职责	具体业务
系统分解集成商	明确界面规则，然后将零部件、组件等模块进行整合定位于报酬递增的价值模块，将其他价值模块分包给各级供应商	价值链的研发、广告、销售支持和零售等环节
专有零件供应商	凭借自己的专用性资产、特殊知识、特殊技能等，自行设计、制造某一具体模块	价值链的研发、制造等环节
通用零件供应商	提供标准化的零部件、元器件等	制造环节

从商业生态系统论的观点来看，系统分解集成商属于商业生态系统中的骨干型角色企业，其位于系统中枢。通过提供价值创造的"平台"，骨干型企业为商业生态系统创造了行之有效的价值创造途径。从发现和汇总顾客需求，充分发挥自身知识积累和吸收能力作用，从而能聚焦于更具有报酬递增的价值模块为自身创造价值同时也为系统创造价值。

而专有零件供应商和通用零件供应商则是缝隙型企业，其占据了系统的大部分空间并构成了主体。缝隙型企业在商业生态系统中以高度专业化的态势专注于狭窄的细分市场，尽管其对系统存在天然的依赖，但却承担了整个系统大部分的价值创造和创新职能。

2. 成本管理创新→价值创造模式创新→企业竞争优势

成本管理可以分解为成本布局和成本控制两种相对独立的功能模块。成本布局是指企业对自身成本要素分布的安排情况。对于企业来讲，经营活动产生许多不同的成本要素，包括生产工人工资、原材料费用、广告费、研发费、技术服务费等。企业应当确定所提供的价值内容中，哪些因素做到行业标准之上，哪些因素做到行业一般即可，从而确定自身的成本布局情况。成本控制是指企业对经营活动中产生的成本进行压缩。在现代企业管理中，成本控制已经突破了把成本局限在生产这一狭小层面上的研究领域，而是把重心转向企业所有经营活动中，是企业全员管理、全过程管理、全环节管理和全方位管理，是经济和技术结合的管理。

3. 价值创造模式创新与企业竞争优势假设

价值创造模式创新的典型企业如迪士尼的利润乘数模式：源头是迪士尼的动画制作，除开票房，通过发行、销售拷贝和录像带，迪士尼赚到了第一轮收入。这一轮中，迪士尼通过美国以及海外市场，收回数亿美元，解决了成本回收的问题。接着是主题公园创收构成其第二轮收入。世界各地迪士尼乐园，吸引大量游客游玩消费。最后是品牌产品和连锁经营。迪士尼在美国本土和全球各地授权建立了大量的迪士尼专卖商店，通过销售各种玩具、食品、礼品等品牌产品赚进第三轮收入。其相关消费品主要包括迪士尼动画形象专有权的使用与出让、品牌产品的生产和销售以及相关书刊、音乐乃至游戏产品的出版发行等。

劳斯莱斯将其主要精力集中于发动机的核心竞争力上，而对于车身等部分则完全外购，从而取得价值最大化。宝马（BMW）公司控制着与其核心竞争力密切相关的关键部件，如发动机、车辆平台的设计，其他非关键零部件则外包出去。

基于以上的分析提出以下假设 H_{4b}：企业价值创造模式创新能力会影响企业竞争优势，价值模式创新程度提高，企业竞争优势也会增强。反之则反是。

4.2.3 价值传递模式创新与企业竞争优势作用机理及假设

价值传递可分为顾客搜寻、定价机制和价值提供渠道三个方面。价值在价值网络中实现有效的传递，是企业通过开发和创造价值，并经过营销将其传递给消费者的过程。价值传递的前提是产品能够满足顾客的需求，并小于顾客获得的价值。价值传递的范围通常受产出产品所满足的顾客需求及其适应顾客群的限制，直接与顾客服务增值及企业的利润相联系。价值传递的本质为，原本属于企业的利润通过顾客增值服务而传递给了顾客。

1. 分销渠道创新→价值传递模式创新→企业竞争优势

企业通过什么来提供产品和服务？怎样实施产品和服务的提供？就是渠

道和分销。对于多数企业而言,客户不是产品和服务的最终消费者,而是直接面对的分销商或经销商。分销是企业把产品和服务传递给目标客户的价值传递活动,目的是便于目标客户方便地购买和了解公司的产品或服务。没有价值传递活动,价值创造活动所创造的价值——产品和服务就会"锁在深闺人未识",不可能为客户和企业创造价值。

生意机会更多的是通过销售服务来实现,包括商业信用、物流服务、信息服务、促销支持和助销服务。在现代市场经济条件下,一般的同类消费品的物理特性和功能的差异性越来越小。真正能体现厂家价值的越来越依靠销售服务等软性产品了。所以,能否建立有效的分销网络,关键在于有否提供比竞争对手更有价值的销售服务,并以此建立同舟共济的伙伴关系。

2. 价值传递模式创新与企业竞争优势假设

以戴尔为例,对于潜在顾客的搜寻,最主要的方式是各种类型的广告。目前戴尔在中国投入的广告以平面广告为主,辅之以电视广告、户外广告、网络广告、电子邮件发送产品目录、热线电话等。多层次的媒体广告,几乎覆盖了计算机用户和潜在用户注意力所能到达之处。首先,戴尔的广告更多的是在帮助消费者完成价格比较过程,而这正是戴尔直销模式中成本效率的优势所在。其次,戴尔的广告与其直销模式相配套,每个广告均有一个特定的热线电话号码,这就使其能够详细地跟踪到每一广告媒体并集中于为顾客提供更多更快捷的服务上。针对顾客最看重的关键因素,例如订单履行,测量定制服务按时准确到达顾客的百分比;产品表现,测量顾客遇到的产品问题的频率;服务与支持,测量第一次服务按时到达率和成功率等,建立了跟踪统计分析系统,每天总结上传并与所有员工共享,以使这些方面不断得到改进。顾客只需致电同一地点即可完成电脑订购、定制集成以及第三方部件更换等。

当安装组建出现故障时,戴尔服务项目能够为顾客提供更换不见的单一联系点而不必去追踪原设备生产商。在进入中国市场后,针对多数中国人没有信用卡,戴尔向消费者提供了货到付款的选择方案,并且与各大银行推出银行账户付款的选择:在开通此项服务的地区,消费者可在订货后带着存折到最近的银行付货款。

国内的类似戴尔模式的批批吉（PPG），其商业模式与戴尔电脑的直销模式相类似，将 PPG 品牌男装交给位于长三角地区的七家合作企业贴牌生产，批批吉负责产品质量的管理，然后通过无店铺的在线直销和呼叫中心方式，不通过传统的零售渠道，将产品直接交到消费者手里。一个在 2005 年 10 月建立的企业，短短时间就迅速崛起，成为行业的第二名，而雅戈尔成为行业第一名却花了几十年的时间。

基于以上的分析提出以下假设 H_{4c}：企业价值传递模式创新程度会影响企业竞争优势，价值传递模式创新程度提高，企业竞争优势也会增强。反之则反是。

4.2.4　价值网络模式创新与企业竞争优势作用机理及假设

价值网络中价值创造过程是一种联合投资的行为，它是包括供应商、生产者和顾客等各利益相关方，在价值网所有资产的基础上，通过生产、交易和消费等过程实现的。价值网络之所以能够持续发展，是因为其所创造的价值大于各成员企业单独运营所创造价值的总和，它是各个成员企业获得持续的价值增值，满足了企业在激烈的竞争中创造更大价值的需求。根据价值的可加性，价值网络的价值可表述为各成员企业的价值与新创造的价值之和，即价值网的价值等于成员企业价值加上成员企业新创造价值。

1. 伙伴关系创新→价值网络模式创新→企业竞争优势

伙伴关系可以分解为正式制度安排和非正式制度安排两种相对独立的功能模块。正式制度安排是指企业通过建立正式的制度，明确企业与伙伴之间的资源交换、信息交流、利益分配等方面的关系。正式制度安排主要包括两种具体形态：一是产权关系；二是契约关系。相比于契约关系，产权关系更为牢固；而相比于产权关系，契约关系的成本更低。非正式制度安排是指企业将满意、信任、习俗、伦理道德、共同的价值观等因素嵌入到与伙伴的关系当中。此时，企业与伙伴之间的关系已经从过去简单的公平交换关系转变为包含了"信任"与"合作"的"关系型交易"关系。关系型交易强调的是互惠、相互节制、信任等概念，在具体形式上包括重复交易、长期关系、买卖关系、战略联盟等。对企业来讲，与伙伴之间的非正式制度安排能够促进组织间的相互联结、扩充组织的活动规模和空间、扩展组织边界、降低交易成本。因此，已经成为一种能够为企业赢得竞争优势，并且无法被其他企业所模仿的特殊资产。

2. 网络形态创新→价值网络模式创新→企业竞争优势

网络形态可以分解为产品流形态、收益流形态、信息流形态三种相对独立的功能模块。产品流形态是指原材料、中间产品和最终产品在价值网络中的分布和流动情况。最终产品的形成要经过不同的业务流程，而这些业务流程是通过不同企业之间和企业内部构建产品流网络而实现的。收益流形态是指最终收益在价值网络中的流动和分配情况。利润在价值网不同环节中的分布并不是均匀的，而是聚集于某些核心环节，并且不断转移的。利润的合理分配能够促使价值网络中资源的配置更有效率，从而提高价值网络的价值制造能力。信息流形态是指信息在价值网络中的分布和流动情况。在信息时代，信息在价值网络中不再是一种单向流动，而是变成了多向的、复杂的、动态的、分层次的循环流动。此时有价值的信息已经成为企业中最具生产力的战略资源之一了，谁拥有了足够多的有价值信息，谁就有可能成为利润丰厚的网主企业。

3. 价值网络模式创新与企业竞争优势假设

价值网络是一种需求拉动系统，正是顾客的需要拉动了整个价值网，而价值运作的最终目标也是为了满足顾客的各种需求。价值网中的每个成员必须要竭力服务于顾客并与其保持密切联系，来共同创造产品和服务。价值网络成员间的相互关系连接成一种动态、有机的价值创造体系。这种相互关系不是零和博弈下的背弃式竞争，而是基于双赢思想的紧密合作。成员之间建立合作关系能够实现核心能力优势互补，共担风险和成本，共享市场和收益。

价值网络的生存与发展不是静止不变的。首先，外部市场环境变化会使价值网络产生冲击和影响；其次，价值网络自身的扩大和发展会使需求、资源、竞争等随着网上成员的增加而增加。再次，价值网络中各成员之间的选择行为互相影响；最后，价值网络上各成员企业核心竞争力的变化对企业在竞争中所处的地位和合作的稳固性产生影响。

20 世纪 70 年代中期，索尼发明了 Beta 摄像制式，技术领先，先期进入市场，还拥有强大品牌支撑，但索尼坚持"不让其他厂商作 OEM"，埋头单干，结果最终成了市场上的孤家寡人。1985 年，索尼不得不退出家用摄像市场。JVC 在索尼之后创建了 VHS 摄像标准制式，在性能及价格上当时都不具备竞争优势，但 JVC 信奉"优秀技术大家共享"，在摄像机产业的上游产业链与彩电行业强强联盟，在下游产业链与录像带租用店和音像制品商广泛合作。JVC 的 VHS 最终被市场逻辑性地选定为行业标准。

基于以上的分析提出以下假设 H_{4d}：企业价值网络模式创新程度会影响企业竞争优势，价值网络模式创新程度提高，企业竞争优势也会增强。反之则反是。

4.2.5 界面规则模式创新与企业竞争优势作用机理及假设

企业不改变现有价值子模块的功能，而是改变现有价值子模块之间的界面规则，从而导致价值创新引起商业模式的变革，这就是基于界面规则的变革路径。相比于基于价值子模块的变革路径，基于界面规则的变革路径是一种幅度更大的商业模式变革。企业通过对模块间的既定联系进行创造性的破坏和再结合，有可能带来新的经济价值并使商业模式发生崭新的变化。

企业同时通过提升价值子模块的功能和改变现有价值子模块之间的界面规则，从而导致价值创新，引起商业模式的变革，这就是基于二者混合的变革路径。基于二者混合的变革路径是基于价值子模块的变革路径和基于界面规则的变革路径的一种组合。从组合方式和程度来看，基于二者混合的商业模式变革路径又可以进一步分为：同一单元模块内部的混合变革路径、跨域不同单元模块的混合变革路径、建立全新商业模式的混合变革路径。

去除阻碍变革的规则和政策，创造新的规则来改善作业方法。以前的原则是，"如果旧的规则没有问题，就不要去改变它"，然而这种想法已经不再有效。一个理想的领导者应该通过创造一种新的更好的行事方式来"打破旧规则，创造新规则"。对于商业模式创新而言，可以从打破商业模式要素中的界面组合规则来进行创新并能获得竞争优势乃至开创新的行业发展道路成为行业领导者。

如研发、生产、销售品牌休闲系列服饰建于 1995 年的美特斯邦威集团公司，在企业内部资源有限的情况下，为取得竞争优势，保留核心能力，把不擅长或者自己直接经营成本高的职能业务通过对外合作分化或转包出去，将非核心能力虚拟化，整合外部资源加以弥补，从而创造性的突破了服装行业传统的商业模式。把产品生产相关的（原本需要先期投入巨资新建厂房、生产线设备等）重资产业务外包给各类加工企业，把产品销售交给各地以加盟经销为主、加盟和直营相结合的连锁经营渠道，自己主要集中资源和精力用于产品的设计研发与品牌营销。这种经营模式国际上早有之，耐克就是充分运用这一战略，占领了专业体育用品市场的领导地位，但客观而言，美邦并没有照搬他人的成功经验，只是凭着一种创新意识和对行业的深刻洞察，以及对市场先机的敏锐把握，在本土服装界特别是休闲服饰行业率先一步步摸索着走过来的。当服装行业随着自我演进，整体进入轻资产时代的时候，尽管森马、高邦等跟随者不断，但是，美特斯邦威作为本土轻资产战略下的虚拟经营模式的探索者、实践者和受益者，其行业标杆的王者地位已经几乎不可撼动。根据集团财报显示，美特斯邦威 2007 年实现销售收入 31.57 亿元，利润总额 4.33 亿元，毛利率达 38.84%，高于服装业上市公司 34.39% 的平均水平；与此相对应的是，0.95% 的市场份额也是在国内 20 家主要休闲服饰企业中排第一。

基于以上的分析提出以下假设 H4e：企业界面规则模式创新能力会影响企业竞争优势，界面规则模式创新程度提高，企业竞争优势也会增强。反之则反是。

4.3   环境变量对企业商业模式创新——竞争优势的调节效应

4.3.1   环境变量的理论基础及建构

权变理论认为，企业组织是社会大系统中的一个开放型的子系统，受环境的影响。因此，必须根据企业组织在社会大系统中的处境和作用，采取相应的组织管理措施，从而保持对环境的最佳适应。就商业模式创新而言，不同水平的环境变量要求不同程度、不同结构的商业模式创新以匹配组织资源以及环境对其产生的机会和威胁。所以商业模式创新与其环境以及其内部各个子系统的协调一致的匹配更能提高企业竞争优势。

在权变理论的思路下，在研究方法和研究模型方面，学者们提出，引入环境变量比使用简单的双变量描述的方法更能提供对复杂组织现象的更全面科学的解释。

早期对组织与环境关系产生较大影响的是以贝塔朗菲（Bertalanffy）为代表的开放系统理论（open system theory），认为组织要生存和发展，必须与所处的环境进行物质、能量和信息等方面的交换，否则组织将被淘汰。开放系统理论认识到环境的重要性，是对企业环境关系理论的重要贡献。权变理论进一步指出，组织不仅要对环境开放，还必须考虑如何适应环境问题，认为没有最佳的组织形式可以适应所有的变化，而应当根据具体环境的要求建立相适应的组织。

组织生态学（organizational ecology）理论反对将组织和环境对立起来，认为组织和环境是合作关系，提出了"进化是相互适应者生存，而不是最适者生存"的著名论断。合作竞争理论进一步发展了组织生态学的观点，这种理论将企业的微观伙伴分为四类：顾客、供应商、互补者和竞争者，形成一个二维的价值网，他们之间的关系既不是单纯的竞争，也不是单纯的合作，而是合作与竞争共存。合作竞争理论从静态的角度研究了企业与其微观环境间合作竞争的共存关系，但没有从更广的范围研究企业之间的关系，以及这种关系随时间的变化。以莫尔（James F. Moore，1993）为代表的商业生态理论则认为，环境在进化，企业在进化，任何企业与其所处环境的关系是"共同进化"，而不是竞争或合作或单个企业进化。

经济全球化与科技进步使得商业环境变得越来越开放与复杂。在这个环境中，一个公司不能仅仅从自身角度考虑问题，它必须建立具有分享功能的商业模式，并由此产生一种具有特殊成长力和机动性的健康商业系统、新的技术和新的商业模式以类似于生物物种进化的方式影响着整个传统商业，对商业的持续稳定发展产生了巨大影响，而商业系统的发展又反过来促进了新技术和新商业模式的产生与社会进步。这样所有企业与组织都应将自己看作是社会商业生态系统的组成部分。所以文章在考察商业模式创新对竞争优势的影响时，将环境因素加以考虑。

　　不同学者对环境的维度提出了多种不同的划分方法，组织学家阿尔瑞契（Aldrich，1976）从"环境能力""环境的同质与异质""环境的稳定与不稳定""环境的集中与分散""地盘的认同与分歧"和"环境的动荡"6 个方面来分析环境的特性。20 世纪 80 年代中期，杰尔林·戴斯（Dregory G. Dess）和多拉德·波拉（Donald W. Beard，1984）在阿尔瑞契（Aldrich）研究的基础上，将原来的 6 个方面综合为 3 个方面——环境的动态性（dynamism）、环境的复杂性（complexity）、环境的容量（capacity）。其中环境的动态性是指环境变化的速度和幅度，如果环境要素发生剧烈的幅度变化则称之为动态性环境；如果变化很微小，渐进或缓慢地进行，则称之为静态性环境；环境的复杂性是指参与人的数量、规模、差别产品、技术差异及其应用的规模和速度、新产品的出现、新竞争者的进入频率、供应链、客户关系、政府干预经济的程度等；环境的容量是指环境能够为企业发展提供的资源支持和成长空间。对企业来说，市场是它所面对的环境系统中最集中最直接的部分，因此，环境容量可以通过市场容量的转换而得到说明。

表 4 – 3　　　　　　　　　　　　　　　环境维度建构

环境维度建构	代表学者	实证研究基础
环境的动态性、复杂性和容量	Gotteland & Boule，2006	法国 142 家工业企业
创新性	Menguc & Auh，2006	澳大利亚 160 家制造企业
市场动态性	Kaya & Seyrek，2005	土耳其马尔马拉海地区 91 家制造企业
环境竞争性	Li，2005	中国广州、上海和北京的 181 家外资企业
环境敌对性、不确定性	Gatignon & Xuereb，1997	美国 393 家企业

　　综上所述，环境变量是本研究的重要权变变量。针对商业模式创新的环境的特点，本研究将环境变量选取为动态性、异质性和敌对性三个维度。其中动态性反映环境变化的速度；异质性反映环境因素的差异程度；敌对性或其反面宽松性反映环境资源的稀缺和约束程度。

4.3.2 环境变量对于商业模式创新—竞争优势的调节效应及假设

中国经济目前处于转型阶段。经济转型必然带来企业市场环境及其核心——产业竞争环境的变化，而企业的战略必须进行调整来适应这一变化。转型期的市场环境具有以下特点：市场前景巨大、潜在消费者众多；市场竞争激烈，顾客需求变化呈现加速发展的趋势以及市场差异明显（表现在区域差异、行业差异、体制差异等方面）。考虑到这些因素，参考莫曼（Moorman，1997）以及克斯勒（Kessler，2002）的研究，可以将企业所处环境的动态性分为技术发展动态性和市场需求动态性。

市场需求动态性指顾客构成和顾客偏好的变化速度；技术发展动态性指新产品技术发展的变化速度，它直接关系到行业主导设计或行业标准的变换。无论是市场需求的动态性还是技术发展的动态性，随着动态性程度的提高，它们均可能会对商业模式创新与企业竞争优势的关系产生影响。因为当企业处于稳定的市场需求和技术发展环境之中时，由于市场需求变动和技术发展缓慢，组织面临的问题多为结构性问题，可以利用原有的政策解决这些问题，维持企业竞争优势。因此这时候通过商业模式创新提升企业竞争优势就不是那么迫切，商业模式创新提升企业竞争优势的作用也不甚明显。

根据前文的分析，技术分为基础技术和专业技术。基础技术的发展是商业模式创新源源不断的动力。很多的商业模式创新也是受到技术创新的激发而产生的，所以技术动态性条件下，对于技术未来发展趋势的预测对于商业模式就非常重要。当微处理器使个人电脑取代大型机在计算机行业中的地位时，IBM 不得不把龙头老大的宝座拱手让出。咬定主机事业不放松的原有商业模式，使 IBM 一叶障目，预见不到技术进步的趋势，甚至在 20 世纪 80 年代低价抛出了所持有的 20% 英特尔股票，与随后的新经济繁荣失之交臂。所以勇于自我毁灭，推倒重来，保持持续的创造性，无疑将是企业财富增长的重要途径。

基于以上分析，提出假设 H_{E1}：技术动态性将调节商业模式创新与竞争优势的关系，在动态性较高的环境中，公司的商业模式创新与竞争优势之间有更强的正向关系。

同样，当市场发展呈现急剧动态性特征时，企业将会面临大量的非结构性问题，原有的商业模式将随着这种急剧变化而受到冲击致使盈利能力降低。此时企业自身商业模式的调整或者创新对提升企业竞争优势发挥重要作用。因为快速的市场需求变动缩短了产品生命周期并产生了稍纵即逝的机会窗口。基于顾客需求变动基础之上的商业模式创新能紧跟市场需求最终打开由于市场需求赋予的机会窗口，实现企业竞争优势的提升。

基于以上分析，提出假设 H_{E1}：技术动态性将调节商业模式创新与竞争优势的关系，在动态性较高的环境中，公司的商业模式创新与竞争优势之间有更强的正向关系。

假设 H_{E2}：市场动态性将调节商业模式创新与竞争优势的关系，在动态性较高的环境中，公司的商业模式创新与竞争优势之间有更强的正向关系。

环境异质性是指公司细分市场中顾客需要和期望的多样化、竞争的多样性和技术的多样性等。低异质性意味着影响公司经营的因素相对简单，高异质性意味着公司处于多样化的市场和需求的环境中，这些多样性使公司更难以决策，但环境的多变也意味着为公司提供了开发细分市场和新市场的机会，这对于富有商业模式创新的企业来说未尝不是机会。因此相对于低异质性环境，处于高异质性环境的公司应该具备更强的创新力和行动，具有更强的竞争优势。所以可以做出如下假设。

假设 H_{E3}：环境异质性将调节商业模式创新与竞争优势的关系，在异质性较高的环境中，公司的商业模式创新与竞争优势之间有更强的正向关系。

环境敌对性是指有竞争的多面性、力度和强度以及公司主要产业的上升和下降对公司引起的威胁程度。敌对环境的典型特征是：高强度竞争、极少数可利用的市场机会、存在有关市场和产品的不确定性，公司容易受到外部环境力量和因素的直接影响。当竞争条件变得更加苛刻的时候，广泛的冒险和大力的先行行动，以及强调彻底的革新可能是非常有害的。另外，在敌对环境下公司寻求新的发展方向，针对顾客需求进行商业模式创新则是必要的。

在敌对环境下能采取先动战略的公司，或具有相当的实力、拥有丰厚的资源或者富有创新精神的企业，此时有能力先行一步，则有可能比对手领先一步抓住机遇赢得竞争优势。

基于以上分析，提出假设 H_{E4}：环境敌对性将调节商业模式创新与竞争优势的关系，在敌对性较高的环境中，公司的商业模式创新与竞争优势之间有更强的正向关系。

4.4 问卷设计

4.4.1 商业模式创新的问卷设计

目前对于商业模式创新的问卷测量不多，检索国内外相关文献，收集国外相关研究中商业模式调查问卷的具体项目。主要参考的问卷有佐德（Zott，2005）商业模式设计和创业型企业绩效问卷以及维尔（Weill，2005）等的对美国最大的 1000 家企业的商业模式的研究，共取得 5 项。然后深入我国企业实际，对不同企业的董事长或总经理进行访谈调查，了解我国企业实践中商业模式创新的主要表现。为收集到更翔实的项目资料，除对企业高层访谈外，还对其所在企业的员工进行访谈。

访谈以个别访谈和小组座谈的方式进行。对象为苏宁电器、国美电器、步步高、美特斯邦威五家企业的员工或部门经理。在访谈过程中，先对商业模式创新一词辅以案例进行解释。并就"你认为商业模式结构有哪些，在哪方面的创新最为重要？""企业哪部分的改变直接影响到商业模式创新？"等问题与员工进行访谈，以验证商业模式的内部结构并通过这一问题收集项目。在小组座谈中，采用头脑风暴法，让小组成员自由发言，相互启发，列举在企业中，商业模式创新型企业在哪些方面采取了行动。

对员工的开放式问卷及访谈结果进行汇总，将在开放式问卷和访谈中被试提到两次以上的项目提取出来，得到商业模式创新影响因素所涉及项目 10 项。合并国外问卷中选取的 5 项，共 15 项组成商业模式创新的初始问卷（见表 4-4）。问卷编制好后，首先请同学及同事对问卷用语的可读性进行修订，以保证语言流畅，能够为我国广大员工接受，再请商业模式创新专家和实际的企业家或创业者对问卷所涉及项目的重要性和普遍性进行确认，以确保所选项目能够真正反映商业模式创新的构成要素。

表4－4   商业模式创新内在结构变量

类目	细目
价值主张模式创新 η1	公司清晰界定了目标顾客，并有独特一致的价值主张（y1） 公司能以创新的方式挖掘顾客的需求（y2） 针对自身的战略资源与核心能力，公司提出了创新性的价值主张（y3）
价值创造模式创新 η2	公司提供给顾客的价值是创新性的（y4） 贵公司获得利润的方式是创新的（y5） 公司在同行业中价值链定位较好，能分享价值链中的主要利润（y6） 与同行相比，公司的盈利模式具有创新性（y11）
价值传递模式创新 η3	公司创造了新的分销模式（y7） 公司接触和维持顾客的方式富有创新性（y8）
价值网络模式创新 η4	公司能创新性的发展合作网络，并强调共赢（y9） 公司能从价值网络中获得新的信息、资源、市场或通过学习提升自身的能力（y10）
商业模式界面规则创新 η6	公司对自身商业模式的各个部分建立协同机制，能隔绝外来的模仿（y12） 公司打破了商业模式的常规组合，业务活动、分销等界面的组合不同于常规企业（y13） 公司对商业模式构成部分和界面规则都有创新（y14）
	总体而言，贵公司的商业模式是富有创新性的（y15）

4.4.2 竞争优势的问卷设计

竞争优势的衡量从两个方面入手，一方面是相对于同行的已有的优势；另一方面是在成长性方面表现出来的优势。

研究采用里克特量表打分来衡量企业的竞争优势，因此企业不需要提供机密的财务信息。在客观数据难以获取的情况下，用感知方法来评价企业竞争优势和绩效仍然是一种有效的方法。在当前的管理和战略研究文献中，有不少都依赖感知数据来对企业竞争优势进行测量。竞争优势问卷变量见表4－5。施罗德（Ketokiviand Schroeder，2004）的研究发现，尽管随机误差和系统偏差解释了测量项目的不少变异，对绩效的感知测量仍然能够满足信度和效度的要求。并且以前的研究已经证明，企业所感知的竞争能力和绩效能够被认为是实际价值的可信赖的指标。主观评价法已经在组织研究中广泛采用了，并且比财务数据更加有利，因为企业可能采用了不同的账目惯例，比如存货估价、折旧等。

表 4 - 5 竞争优势问卷变量

编号	测量项目	来源
Ca1	企业相对于主要竞争者的销售增长较快	Guenzi & Troilo，2007；Lee & Cavusgil，2006；Luo，Neill & Rose，2006；Seggie，Kim & Cavusgil，2006
Ca2	企业相对于主要竞争者的市场份额提高较大	Guan，Yam，Mok et al，2006；Guenzi & Troilo，2007；Lee & Ca-vusgil，2006； Seggie，Kim & Cawsgil，2006；Swink，Narasimhan & Wang，2007
Ca3	企业相对于主要竞争者的投资回报率较高	Seggie，Kim & Cavusgil，2006；Swink，Narasimhan & Wang，2007；Widener，2006；Wu，Yeniyurt，Kim et al，2006
Ca4	企业相对于主要竞争者的成本（采购、生产、营销、研发）节约较大	Wu，Yeniyurt，Kim et al，2006

公司成长性分析的目的在于观察企业在一定时期内的经营能力发展状况。成长性比率是衡量公司发展速度的重要指标，也是比率分析法中经常使用的重要指标。目前主要用股东满意度，新产品、新服务的发展、销售额增长、产品产量和种类增加、就业人数增加、机构扩大、或者以股票价格表示的上市公司总市值的增加等来衡量企业成长。其中使用销售额增长衡量企业成长最为普遍。但是这种被极度简化的方法的缺陷是，单一指标不能全面准确地反映企业成长情况，更不能反映企业成长的影响因素，如果企业的长期目标不一样，那么这种简化的测量工具就显得有失偏颇。因而越来越多的学者在研究中已经指出，衡量企业的成长应该兼顾主观和客观的标准，他们更倾向于用多种指标，包括财务指标和非财务指标，来测量企业的成长。多因素测量的好处是比较全面、客观，但也带来重点不突出的问题。

综合上述分析，在本研究中企业的成长可以用 3 个指标来衡量（见表 4 - 6）：①销售额/营业额的增长率；②业务的消费者/客户数量的增长率；③企业员工人数的增长率。所有这 3 个维度都是相对于主要竞争对手。本书主要借鉴了斯图尔特（Stewart，2006）实证研究的量表，并参考了国外的理论研究和实证研究的结论。

表 4 - 6   企业成长性问卷变量

编号	测量问题	来源
Ca5	扩建新的营业网点或生产基地的速度比主要竞争对手情况	Stewart，2003
Ca6	业务的消费者/客户数量的增长率比主要竞争对手情况	Stewart，2003
Ca7	企业员工人数的增长率比主要竞争对手情况	Stewart，2003

4.4.3　调节变量的问卷设计

综合访谈成果和他人的研究，将调节变量设计为环境动态性、环境异质性和环境敌对性。环境动态性进一步分为技术环境的动态性和市场发展动态性。

技术环境动态性主要用于说明公司产品技术发展的变动性，我们仍然采用 7 级李克特打分法，根据科利（Kohli，1993）的研究，通过 5 个题项对企业面临的技术环境动态性进行度量：①在公司的业务领域技术变化速度很快；②技术变化给公司的业务发展提供了较好的机会；③难以预测什么样的技术将成为五年以后公司现有业务领域的主导技术；④在公司的业务领域一系列的新业务将有可能出现；⑤在公司的业务领域，技术发展对于公司的发展并不重要。

市场发展动态性主要用于说明公司产品市场竞争的变动性，对于市场环境动态性的测量我们仍然采用 7 级李克特打分法，根据科利的研究，本书通过 5 个题项对企业知识获取的能力进行度量：①在公司的业务市场，顾客的偏好变化速度很快；②公司的已有顾客总是趋向于寻求新的产品和服务；③许多新的顾客正对公司的产品形成需求；④公司新顾客的出现主要来源于公司产品和服务的改善；⑤公司的资源配置主要倾向于满足已有顾客的需求。

环境的异质性的衡量指标设计为：①公司业务和购买者多样化特征（从单一到多样化）；②顾客的购买习惯在公司产品线的差异（从相同到很大差异）；③公司在不同产品线上面对的竞争的性质（从相同到很大不同）；④在公司产品线之间，市场的动态性和不确定性的表现。

环境敌对性衡量指标确定为：①公司在经营环境中存在的威胁程度（从

非常安全到风险极大）；②公司经营环境在机会、资源和竞争方面的特征；③公司环境中的竞争、政治、技术等因素对公司经营管理的影响（从公司能够把握环境因素到公司完全不能把握环境因素）。

4.4.4　控制变量

尽管本书关心的是商业模式创新的影响因素与企业商业模式创新和竞争优势之间的关系，但是企业特殊的性质可能会影响研究的结果。为了确保所评价的关系不受到这些因素的不适当影响，并更清楚地识别商业模式创新对企业竞争优势的影响，在本书研究中将对企业特征包括了几个控制变量：企业规模、企业年限等控制变量的影响进行分析。

因此，企业规模（雇员人数）在本书中作为一个控制变量，作为对可能由规模影响解释的竞争优势差别的控制（Swink，2007）。这能够使我们更有效地识别商业模式创新影响因素和商业模式创新、企业竞争优势之间关系的本质。在此用组织的雇员人数、年销售收入、资产总额三个指标来衡量企业规模。

同样地，企业成立年限也可能会对商业模式创新产生影响。年限较长的企业相对于新成立或较年轻的企业而言，能够从积累的经验中受益，从而有利于商业模式创新。也有学者提出相反的观点，认为企业随着年龄的增长会变得越来越僵化，会对商业模式创新产生不利影响。本书拟使用企业年龄（用 2009 减去企业成立年份）作为控制变量来进行验证。

所以本书的控制变量是：企业规模、企业年限。

| 第 5 章 |

研究方法及研究数据结果解读

5.1 研 究 方 法

数据的搜集是本研究实证研究的关键步骤，它直接关系到研究结论的可靠性和有效性，下面将分三个部分对数据的收集进行说明，分别为问卷设计、数据搜集程序和数据搜集的可靠性和有效性。

5.1.1 问卷设计方法

对于企业问题的研究，越接近实际可能获得的信息越丰富准确，加之本书的研究内容很多无法从公开资料获得，因此采取了问卷调查的方式，辅以部分企业的实地调研，通过数理统计方法进行实证分析。根据前述的概念模型和研究假设，确定了问卷量表中需要测量的变量包括：资本市场、创业文化、消费者需求变化、技术进步、企业家能力、组织学习等以及商业模式创新的内在构成的四个部分及其界面规则，即价值主张模式创新、价值创造模式创新、价值传递模式创新、价值网络模式创新以及界面规则创新，还有竞争优势和调节变量如环境动态性、复杂性、异质性等。

研究问卷所需的项目可以从两个方面获取，相关文献和具有相应工作经历的个人。在研究变量和具体测量项目确定之前，首先，通过大量的文献阅读和对企业的实地调研，对其进行了详尽的理论构思，确保每个变量具有明确的操作定义，还有测量指标的针对性、非重复性以及实际操作性。其次，搜索国内外相关文献，寻找与测量变量相关的量表。针对本书的具体研究对象以及该测量指标或条款的相对成熟度，对其进行严格甄选。对前述相关文献量表和调研结果进行总结，将所得项目归类和汇总。选择与实际调研结果相近的文献量表，结合研究的实际情况进行相应调整；根据本书具体研究内容，依据相关理论或文献研究结论，结合相关研究中未直接提出测量条款的规范研究描述，对量表进行了修改和补充，形成初始问卷。在此基础上征求行业专家及学术团队的意见。在文献阅读和访谈以后，设计了初步问卷，并将该问卷以电子邮件的方式发给该领域的专家，征求其意见。同时召集所在学术团队讨论，采用头脑风暴法，畅所欲言，最后将所收集的意见归总，结合实际对问卷进行修正。

最后通过与 2 位咨询业者以及 5 位企业经理的交流，进一步对问卷量表进行完善。首先与 2 位咨询从业人员进行了探讨，吸取了他们来自于实践的一些经验和技巧，对问卷问题进行了简化。为了使得问卷项目符合企业的实际，又将问卷发给了 3 位 IT 企业经理，在 3 个问卷填写人完成了问卷之后，与他们就每个问题是否具有正确的理解进行了确认；当问题或测量刻度的措辞有混淆或不明确时，对其进行了修改，从而保证问卷对于填写人是清楚的和可理解的，并且能够准确地反映原始的参考量表和研究意图。为了进一步保证不同层次的问卷填写人能准确理解问卷含义，帮助其准确填写问卷，特将问卷分发给企业的中层管理人员，在不对本书理论、设想等做任何解释的情况下，让其对问卷的可理解性、实际意义、是否全面等方面提出意见和建议，同时还以此方法与其他专业的博士、教师等进行了交流，旨在避免问卷的测量条款只有学术性而欠缺了实用性，以期对问卷的实际测量和指导意义加以保障。在以上工作的基础上对问卷量表做了进一步的修改和补充，从而得到调查问卷的初始测量条款。

量表分为四个部分，分别是：①商业模式创新影响因素；②商业模式创新的量表；③竞争优势；④调节变量。根据问卷填写者的心理，问卷的开头若能安排简单易答的问题，将比较敏感的项目放在后面，能够降低问卷填写人的防御心理，使调查顺畅。因此本书把关于企业竞争优势、问卷填写人信息等涉及企业和个人比较隐秘的问题放在问卷的最后一部分。

每一部分的所涉及的测量项目数量不等，由问卷填写人根据七点量表采用分数与评价正方向记分。1 表示"完全不同意"、2 表示"不同意"、3 表示"有点不同意"、4 表示"中立意见"、5 表示"有点同意"、6 表示"同意"、7 表示"完全同意"。分数越高，表示填写人对该项目的评价越高。

5.1.2 结构方程模型

本章使用结构方程建模分析技术（structural equation model，简称 SEM）来验证研究中的假设。在结构方程建模的分析过程中，首先要判断测量模型的有效性，即检验所设计的观测变量能否真实测量出相应的潜变量，否则 SEM 分析得出的结果便是无效的。因此，就涉及对量表的信度与效度评价问题。

1. 信度分析

信度表示度量结果的可重复性，信度度量指标包括稳定性和内部一致性等，信度越高，表示测验结果越可靠，多次反复测量，其结果保持一致。但事实上要保证两次测验结果完全一致几乎是不可能的，因为信度除受测量质量影响外，还受到被测者因素的影响，故信度也只是反映量表的相对可靠性。

SEM 模型中的测量模型部分包括潜变量及若干用于测量潜变量的可观测变量（显变量），这些测试项目之间的内部一致性就是有待检验的指标，对变量设计进行信度检验是 SEM 模型评价的重要方面，常用克朗巴哈系数（Cronbach's alpha）来检验每个观测变量在多大程度上属于一组。故本章首先对问卷进行信度分析，即通过计算测试项目之间的内部一致性（或同质性）来评价量表的可靠性，主要采用克朗巴哈系数作为信度评价指标，使用 SPSS 软件完成量表的信度分析。

2. 因子分析

因子分析的原理是：在研究中有可能用较少的综合指标分析存在于各变量中的各类信息，而综合指标之间彼此是不相关的，代表各类信息的综合指标称为因子。因子分析就是用少数几个因子来描述许多指标或因素之间的联系，以较少几个因子反映原来资料的大部分信息。SEM 模型的测量模型部分就是运用确认型因子分析思路，由研究者设定两个或多个观测变量，从属于某个潜变量，然后验证这种变量设计的信度与效度。

本章的 SEM 模型中涉及了潜变量，每个潜变量又由若干个可观测变量度量，那么这些测度项目是否真实地反映了被测量的潜变量的真正特征，这就需要对量表做因子分析，因子分析结果可以反映量表的结构效度，主要评价指标包括因子负荷量与累积解释方差。因子负荷量表示原变量与某个公因子的相关程度，累积解释方差表示公因子对量表或模型的累积有效程度。

3. 描述性统计及简单相关分析

结构方程建模分析基于相关系数，要求变量间具有显著的相关性，因而对变量做相关分析是进行 SEM 分析的前提。

描述性统计分析主要考察所收集数据的均值（mean）和标准差（standard deviation），标准差表示一组数据关于平均数的平均离散程度，标准差越大，表明变量值之间的差异越大。采用皮尔逊相关系数（Pearson）分析各变量间的相关程度，相关系数取值在负 1 和 1 之间，正值表示正相关，负值表示负相关，绝对值越大，表示两者间的相关程度越高。

4. 结构方程模型技术

结构方程模型是一门基于统计分析技术的研究方法学，用以处理复杂的多变量研究数据的探究与分析。一般而言，结构方程模式被归类于高等统计学，属于多变量统计的一环，有效整合了统计学的两大主流技术"因素分析"与"路径分析"，所以应用范围相当广泛。

从发展历史来看，结构方程模式的起源甚早，但其核心概念在 20 世纪 70 年代初期才被相关学者专家提出，到了 20 世纪 80 年代末期即有快速的发展。基本上，结构方程模式的概念与 20 世纪 70 年代主要高等统计技术的发展（如因子分析）有着相当密切的关系，随着电脑的普及与功能的不断提升，一些学者将因子分析、路径分析等统计概念整合，结合电脑的分析技术，提出了结构方程模式的初步概念，可以说是结构方程模式的先驱者。而后进一步发展矩阵模式的分析技术来处理共变结构的分析问题，提出测量模型与结构模型的概念，积极地促成了结构方程模式的发展。

文章对于结构方程模型的使用按照图 5-1 所示步骤进行。

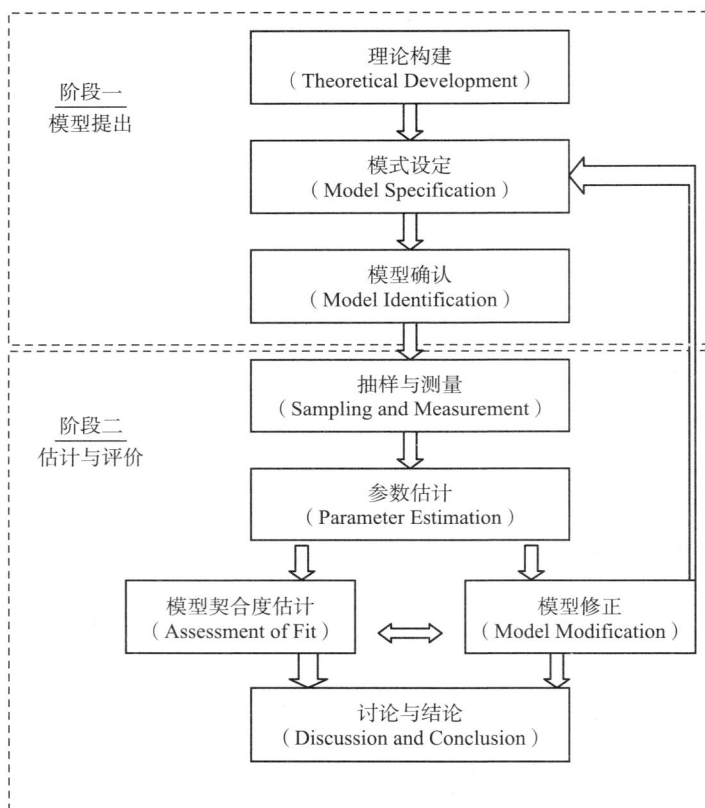

图 5-1 使用结构方程模型的步骤

首先，SEM 模型的建立必定以理论为基础。所谓的以理论为基础，并不是说 SEM 模型必须建立在某一个特定的理论之上，而是强调 SEM 模型的建立必须经过观念的厘清、文献整理与推导，或是研究假设的发展等理论性的辩证与演绎过程，最终提出一套有待检证的假设模型。在前面的章节中，已经指出了 SEM 的一个重要特性是理论的先验性，因此 SEM 分析的第一个阶段，主要目的便是在建构 SEM 的理论基础，另外两个概念——模式设定

(model specification) 与模型辨识 (model identification)，也即是基于理论性推演过程，将 SEM 模型的理论假设转换成为适当的技术语言。所以模式界定 (model specification) 可以说是第一个阶段当中最为具体的步骤，目的在发展可供 SEM 进行检验与估计的变项关系与假设模型。

一旦 SEM 模型发展完成之后，研究者即必须搜集实际的测量资料来检验所提出的概念模型的适当性。此一阶段开始于抽样与测量 (sampling and measurement)，所获得观察资料经过处理后，即依照 SEM 分析工具的要求，进行各项参数估计 (parameter estimation)。样本的获得对于 SEM 分析的结果有着重要的影响。除了样本规模大小的影响，由于 SEM 涉及潜在变项的测量，因此 SEM 分析的结果与样本结构及测量品质有密切的关系，也就是具有样本的依赖性。

所以在估计与评价过程中，SEM 分析工具通常会提供模型调整与修饰的计量工具，使用者可以根据这些参数或统计检定数据，调整先前所提出的假设模型，重新反复进行估计与评估，此过程称为模型修正 (model modifica-tion)。虽然此做法违反了 SEM 分析理论先验性的精神，但是观察资料背后所潜藏的各种信息，也是科学研究相当珍贵的线索，从中可能看出研究者在理论推导过程当中的疏忽或盲点，也可能引导研究者继续推导出更有意义的概念或假设，重新提出一套更趋合理的 SEM 模型。因此，模型的修正步骤也是相当重要的部分。

5.1.3　研究分析工具

本章利用的分析工具是 AMOS7.0 和 SPSS16.0。其中 AMOS7.0 是一个利用基于方差矩阵结构的潜变量对结构模型进行估计的软件包，这种方法通过多层路径分析对变量之间的直接、间接合不合理的相互关系进行了验证。这种方法适用于存在潜变量的模型，用于说明它们之间的关系，同时验证模型的收敛性。

从以上介绍中可以看到，运用结构方程模型技术，使用 AMOS 软件包对分析本章所提出的问题是十分有利的。第一，结构方程模型不仅可以反映模型中要素与要素之间的单独关系，还可以反映要素与要素之间的相互影响；

第二，本章运用 AMOS7.0 软件进行分析，可以充分发挥该方法多路径分析对变量之间直接、间接影响关系的特点，AMOS 清晰的路径有利于更好地理解结构方程模型，更好地避免变量测量误差带来的干扰。

5.2　数据收集和样本描述

在发放方式和渠道方面，分别通过当面填写问卷，电子邮件填写问卷，通过联系人发放问卷的方式对管理人员进行了调查。方式包括当面填写问卷，如对企业实地调研的问卷收集，及通过教育培训机构（湖南大学、中南大学、长沙理工大学 3 个高校 5 个 EMBA 和 MBA 班以及中山大学、暨南大学的 MBA 班）课堂上直接发放回收问卷。另外还有电子邮箱填写问卷，是对于部分有意愿填写问卷、但难以确定会面时间或地点，以及个别认为此法较邮寄返回问卷便捷的企业所采取的一种方式。在本书中，还采取了通过联系人发放问卷的方法，选取的联系人包括高校教师、高新区主管企业的部门领导、管理咨询机构，还有企业经理及他们的高管网络，通过这些联系人与企业的广泛联系，扩展了调查规模，同时对问卷的质量有了进一步保证。为了提高调查的准确性，在发放问卷之前，先对问卷联系人逐一进行了问卷的讲解，详细说明了本研究的目的、内容以及各个变量测量项目的含义，并请他们在发放问卷过程中对被调查对象进行适当的讲解，保证数据收集方式的统一，并将对问题误解的可能性最小化。同时，在问卷中附有详细联系方式，请填写人遇到任何有疑惑的问题或对于研究结果有兴趣，都可以及时与取得联系。

问卷调查范围主要集中在湖南、浙江、广东、重庆等地。历时两月有余，回收问卷 343 份，回收率为 46.5% 。对于回收的问卷按照进行了筛选：首先舍弃了问卷关键数据填答缺漏者；对于连续六七题以上选择相同答案的问卷进行了分析，如果相同情况重复出现多次，则认为问卷填写人没有认真填写问卷，记入无效问卷；观察填答数据规律，如果出现多次数据循环，也属无效；问卷填答极端化、自相矛盾等情况，经分析予以剔除。在 343 份回收问卷中，认为有 279 份可以用于数据分析。表 5 - 1 描述了问卷发放方法与问卷回收情况。

表 5 – 1 问卷的发放和回收情况

发放人	发放数量	回首数量	百分比（%）	有效问卷	百分比（%）
高校教师	200	153	76.5	86	43.0
高新区人员	100	65	65.0	37	37.0
作者	300	225	75.0	156	52.0
总计	600	343	57.2	279	46.5

5.2.1 公司规模

公司规模用员工人数、年销售收入和资产总额三个指标来衡量。样本企业中，33.33% 的雇员人数在 300 人以下，28.31% 的雇员人数在 300 ~ 1000 人，12.86% 的雇员人数在 1000 ~ 2000 人，10.95% 的雇员人数在 2000 ~ 5000 人，14.28% 超过了 5000 人。年销售收入在 1000 万元以下的占 19.05%；在 1000 万 ~ 3000 万元的占 14.29%，而后超过 10 亿元的占 33.33%。资产总额也是略呈哑铃状分布，具体情况见表 5 – 2。

表 5 – 2 调查样本的描述统计

员工人数	样本量	百分比（%）	年销售收入	样本量	百分比（%）
300 人以下	93	33.33	1000 万元以下	53	19.05
300 ~ 1000 人	79	28.31	1000 万 ~ 3000 万元	40	14.29
1000 ~ 2000 人	36	12.86	3000 万元 ~ 1 亿元	29	10.48
2000 ~ 5000 人	31	10.95	1 亿 ~ 3 亿元	24	8.57
5000 ~ 1 万人	27	9.52	3 亿 ~ 10 亿元	40	14.29
1 万人以上	13	4.76	10 亿以上	93	33.33
资产总额	样本量	百分比	资产总额	样本量	百分比
1000 万元以下	53	19.00	1 亿 ~ 4 亿元	27	9.68
1000 万 ~ 4000 万元	26	9.32	4 亿 ~ 10 亿元	40	14.34
4000 万 ~ 1 亿元	27	9.68	10 亿元以上	106	37.99

5.2.2 公司年龄

本章样本中公司年龄分布较为均匀，1~9 年的公司有 64 家，占样本总数的 22.86%；10~19 年的公司有 66 家，占样本总数的 23.81%；20~29 年的公司有 69 家，占样本总数的 24.76%；30~39 年的公司有 47 家，占样本总数的 16.67%；40 年以上的公司有 33 家，占样本总数的 11.90%，具体情况见表 5-3。

表 5-3　　　　　　　　　　调查样本年龄的描述统计

公司年龄	样本量	百分比（%）
40 年以上	33	11.90
30~39 年	47	16.67
20~29 年	69	24.76
10~19 年	66	23.81
1~9 年	64	22.86

5.2.3 被调查者的职位

在 279 份问卷的被调查者中（见表 5-4），公司高层领导者有 133 位，占总被调查者人数的 47.62%，公司中层管理者共 146 人，占总被调查者人数的 52.38%。被调查者具有中高层的职位使他们的回答能够较准确地反映公司整体的战略情况。

表 5-4　　　　　　　　调查样本中被调查者职位的描述性统计

调查者职位	样本量	百分比（%）
高层	133	47.62
中层	146	52.38

综上所述，从总体上看本章的样本虽然是非随机的，但也具有较广泛的行业代表性，样本的其他特征也与本研究的要求相吻合，样本数量也达到研

究要求。因此可以认为该样本具有良好的代表性。本章的样本总体特征总结
详见表 5 - 5。

表 5 - 5　　　　　　　调查样本的性质、行业特点等的描述性统计

企业性质	样本量	百分比（%）	行业	样本量	百分比（%）
国有	106	38.10	制造业	40	14.29
民营	80	28.57	非制造业	133	47.62
合资	53	19.05	其他	106	38.10
外资	40	14.29			

5.2.4　描述性统计结果

表 5 - 6 所列的是观测变量的描述统计，主要包括了本章涉及的所有观测
变量的最小值、最大值、均值、标准差、偏度和峰度。值得注意的是，本章
所利用的结构方程模型，要求单个变量满足正态分布，而且所有的变量需要
满足多元正态分布。从表 5 - 6 可以看出，本章所包括的 63 个观测变量的偏
度都有不同程度的左偏或右偏；而所有的观测变量的峰度都是平顶分布。
（当偏度系数等于 0 时，表示分布对称；系数大于 0 为右偏，系数小于 0 为左
偏；当峰度系数大于 3 为中常峰度；系数大于 3 为尖顶分布，系数小于 3 为
平顶分布。）

表 5 - 6　　　　　　观测变量的描述性统计 （Valid N（listwise）279）

	最小值	最大值	均值	标准差	偏度		峰度	
	统计量	统计量	统计量	统计量	统计量	标准差	统计量	标准差
x1 资本市场支持	2	7	4.74	1.334	-0.399	0.146	-0.489	0.292
x2 风险投资退出	2	7	4.83	1.318	-0.442	0.146	-0.423	0.292
x3 消费者需求	2	7	5.06	1.228	-0.603	0.146	-0.075	0.292
x4 开发所需	1	7	5.01	1.265	-0.708	0.146	0.150	0.292
x5 新技术	1	7	4.86	1.306	-0.483	0.147	-0.415	0.292

续表

	最小值	最大值	均值	标准差	偏度		峰度	
	统计量	统计量	统计量	统计量	统计量	标准差	统计量	标准差
x6 社会氛围	2	7	4.65	1.280	-0.290	0.147	-0.750	0.292
x7 发现新商机	1	7	3.96	1.454	0.006	0.146	-0.823	0.292
x8 发散思维	1	7	3.64	1.412	0.192	0.146	-0.607	0.292
x9 机会敏感	1	7	4.23	1.395	-0.177	0.146	-0.409	0.292
x10 金融机构关系	1	7	4.73	1.255	-0.518	0.146	0.237	0.292
x11 内外结合	1	7	4.81	1.168	-0.578	0.146	0.141	0.292
x12 产业发展	2	7	4.93	1.064	-0.564	0.146	0.081	0.292
x13 开拓市场	2	7	4.99	1.090	-0.512	0.146	0.191	0.292
x14 喜推新产品	1	7	4.89	1.208	-0.474	0.146	0.143	0.292
x15 创意商品化	1	7	4.66	1.308	-0.497	0.146	-0.071	0.292
x16 喜欢挑战	1	7	4.50	1.329	-0.466	0.146	-0.114	0.292
x17 接受不确定	1	7	4.60	1.327	-0.729	0.146	0.522	0.292
x18 主动探索	1	7	4.75	1.359	-0.901	0.146	0.881	0.292
x19 定位未来	1	7	4.65	1.284	-0.512	0.146	0.152	0.292
x20 公司目标	2	7	4.43	1.158	-0.018	0.146	-0.429	0.292
x21 员工责任	2	7	4.50	1.102	-0.134	0.146	-0.297	0.292
x22 不怕质疑	2	7	4.78	1.096	-0.402	0.146	-0.108	0.292
x23 包容不同	2	7	4.82	1.132	-0.750	0.146	0.214	0.292
x24 超越成规	2	7	4.64	1.167	-0.688	0.146	-0.150	0.292
x25 讨论失败	2	6	4.58	1.138	-0.572	0.146	-0.419	0.292
x26 新知识共享	2	7	4.66	1.148	-0.386	0.146	-0.265	0.292
x27 转移机制	2	7	4.67	1.163	-0.384	0.146	-0.158	0.292
y1 独特一致	2	7	4.65	1.095	-0.681	0.146	0.120	0.292
y2 挖掘需求	1	7	4.64	1.129	-0.912	0.146	0.485	0.292
y3 内外协调	1	7	4.67	1.156	-0.607	0.146	0.119	0.292
y4 价值创新	1	7	4.64	1.083	-0.322	0.147	0.000	0.293
y5 获得利润	1	7	4.51	1.105	-0.250	0.146	-0.130	0.292
y6 定位较好	1	7	4.41	1.193	-0.207	0.146	-0.295	0.292
y7 新分销模式	1	7	4.38	1.173	-0.252	0.146	-0.026	0.292
y8 新维持方式	2	7	4.53	1.105	-0.282	0.146	0.076	0.292
y9 共赢	2	7	4.65	1.118	-0.560	0.146	0.238	0.292
y10 网络学习	2	7	4.58	1.128	-0.524	0.146	0.065	0.292

续表

	最小值	最大值	均值	标准差	偏度		峰度	
	统计量	统计量	统计量	统计量	统计量	标准差	统计量	标准差
y11 盈利模式	1	7	4.34	1.139	−0.399	0.146	−0.134	0.292
y12 协同机制	1	7	4.21	1.188	−0.130	0.146	−0.526	0.292
y13 打破常规	2	6	4.16	1.147	−0.039	0.146	−0.719	0.292
y14 界面规则创新	1	7	4.24	1.127	−0.304	0.146	−0.231	0.292
y15 总体创新	1	7	4.28	1.228	−0.409	0.146	0.240	0.292
Ca1 销售增长	1	7	4.32	1.358	−0.195	0.146	−0.062	0.292
Ca2 市场份额	1	7	4.43	1.268	0.087	0.146	−0.014	0.292
Ca3 投资回报	1	7	4.40	1.165	0.136	0.146	0.096	0.292
Ca4 成本节约	1	7	4.45	1.068	0.083	0.146	0.413	0.292
Ca5 网点扩建	1	7	4.51	1.065	0.067	0.146	0.562	0.292
Ca6 员工增长	1	7	4.43	1.228	−0.108	0.146	−0.222	0.292
TE1 技术变化	2	7	4.45	1.278	−0.169	0.146	−0.650	0.292
TE2 业务机会	2	7	4.50	1.224	−0.163	0.146	−0.475	0.292
TE3 难以预测	1	7	4.25	1.265	0.073	0.146	−0.465	0.292
TE4 技术重要性	1	7	4.07	1.320	−0.010	0.146	−0.745	0.292
ME1 顾客偏好	1	7	4.31	1.377	−0.345	0.146	−0.691	0.292
ME2 喜新厌旧	1	7	4.44	1.330	−0.558	0.146	−0.174	0.292
ME3 新顾客	1	7	4.47	1.312	−0.628	0.146	−0.012	0.292
ME4 已有顾客	1	7	4.54	1.287	−0.691	0.146	0.130	0.292
EH1 多样化	1	7	4.47	1.238	−0.654	0.146	0.053	0.292
EH2 购买习惯	1	7	4.41	1.217	−0.421	0.146	−0.187	0.292
EH3 竞争性质	1	7	4.44	1.222	−0.325	0.146	0.101	0.292
EH4 产品线	1	7	4.32	1.269	−0.344	0.146	0.032	0.292
EH5 威胁程度	1	7	4.44	1.245	−0.274	0.146	−0.179	0.292
EH6 经营环境	1	7	4.69	1.193	−0.342	0.146	0.079	0.292
EH7 竞争与政治	1	7	4.71	1.213	−0.422	0.147	0.211	0.292

尽管本章的数据不符合正态分布,但是许多学者(Hu,Bentler & Kano,1992)建议,可以采用极大似然法(ML)来进行参数估计,原因在于极大似然法的稳健性。因此本研究对于非正态分布的数据分析时都采用的极大似然法,从而可以解决数据处理时的非正态问题。

5.2.5　简单相关系数分析

本章对主要变量进行了描述性统计及简单相关分析，其结果参见表5－7、表5－8。由表5－8可知，商业模式创新的各个维度之间具有一定的相关性，例如，价值网络模式创新与价值主张模式创新存在较强的相关性（$r = 0.633$，$p < 0.01$）；价值传递模式创新与价值创造模式创新存在一定的相关性（$r = 429$，$p < 0.01$）；另外价值主张模式与价值创造模式之间，界面规则模式与价值创造模式之间，价值传递模式与价值网络模式之间以及价值网络模式与价值创造模式之间的相关性都在0.3～0.4。整体来看，商业模式创新内部维度之间存在较强的相关性，且都通过显著性水平的检验（都为 $p < 0.01$，仅价值主张模式与界面规则创新之间的显著性水平，$p < 0.05$）。

表5－7　　　　　　　　　　　各维度的描述性统计结果

	N	最小值	最大值	均值	标准差
金融支持	279	1.33	6.67	4.7690	0.97903
创新精神	279	2.00	6.67	4.6534	0.95992
机会把握	279	2.75	6.50	4.6995	0.78463
消费者需求	279	2.33	6.33	4.5030	0.73317
技术进步	279	1.00	7.00	3.9639	1.45418
产业发展	279	2.50	7.00	4.8357	0.90244
组织愿景	279	2.33	7.00	4.5259	0.86663
知识共享	279	2.00	6.00	4.6258	0.84314
开放心智	279	2.33	6.67	4.7545	0.73056
价值主张模式创新	279	2.33	6.67	4.6546	0.89137
界面规则创新	279	2.33	6.00	4.2022	0.87599
价值传递模式创新	279	2.33	7.00	4.5223	0.85173
价值创造模式创新	279	1.33	6.33	4.4970	0.83388
价值网络模式创新	279	1.50	6.50	4.6264	0.94615
环境异质性	279	1.75	6.00	4.4097	0.80644
市场动态性	279	1.75	6.25	4.4404	0.88597
环境敌对性	279	2.00	7.00	4.5650	1.01230
技术动态性	279	2.33	6.33	4.3995	0.90224
政治、竞争等环境	279	1.00	7.00	4.7138	1.21264
Valid N（listwise）	279				

表 5－8

各维度相关分析结果

	1	2	3	4	5	6	7	8	9	10	11	12	13	14	15	16	17	18	19
金融支持	1																		
创新精神	0.259**	1																	
机会把握	0.311**	0.461**	1																
消费者需求	0.445**	0.333**	0.380**	1															
技术进步	-0.112	0.138*	0.200**	0.05	1														
产业发展	0.159**	0.185**	0.292**	0.276**	-0.02	1													
组织愿景	0.246**	0.461**	0.562**	0.287**	0.178**	0.327**	1												
知识共享	0.079	0.382**	0.338**	0.044	0.240**	0.099	0.327**	1											
开放心智	0.274**	0.378**	0.402**	0.283**	0.018	0.021	0.217**	0.195**	1										
价值主张	0.402**	0.299**	0.402**	0.347**	-0.033	0.248**	0.293**	0.371**	0.250**	1									
界面规则	0.072	0.282**	0.312**	0.057	0.029	0.196**	0.369**	0.261**	0.363**	0.132*	1								

续表

	1	2	3	4	5	6	7	8	9	10	11	12	13	14	15	16	17	18	19
价值传递	0.261**	0.404**	0.388**	0.281**	0.057	0.211**	0.294**	0.278**	0.354**	0.297**	0.277**	1							
价值创造	0.178**	0.351**	0.200**	0.191**	0.089	0.209**	0.291**	0.313**	0.393**	0.397**	0.336**	0.429**	1						
价值网络	0.283**	0.207**	0.344**	0.319**	-0.005	0.193**	0.231**	0.403**	0.328**	0.633**	0.156**	0.328**	0.375**	1					
环境异质性	0.383**	0.467**	0.515**	0.278**	-0.026	0.227**	0.436**	0.400**	0.363**	0.414**	0.490**	0.426**	0.502**	0.346**	1				
市场动态性	0.192**	0.397**	0.529**	0.223**	0.121*	0.175**	0.344**	0.366**	0.450**	0.183**	0.538**	0.345**	0.222**	0.300**	0.433**	1			
环境敌对性	0.177**	0.392**	0.459**	0.270**	0.042	0.265**	0.414**	0.325**	0.230**	0.252**	0.346**	0.262**	0.107	0.207**	0.340**	0.240**	1		
技术动态性	0.245**	0.266**	0.407**	0.324**	0.167*	0.341**	0.406**	0.137*	0.291**	0.145*	0.442**	0.239**	0.181**	0.171**	0.264**	0.504**	0.27**	1	
政治竞争	0.084	0.083	-0.002	0.116	0.091	0.049	-0.009	0.033	0.09	0.092	0.065	0.087	0.165**	0.137*	0.067	0.032	0.099	0.129*	1

注：** Correlation is significant at the 0.01 level (2 - tailed).
* Correlation is significant at the 0.05 level (2 - tailed).

另外，影响商业模式创新的因素中，金融支持、创新精神、机会把握、消费者需求变化与商业创新中的除界面规则模式以外的四个要素之间都存在一定的相关性，但技术进步与商业模式创新之间的相关性则不存在，也不显著。在此将其提取出来组成表 5 - 9。

表 5 - 9　　　　　　　　　　商业模式创新维度的相关分析

相关性	金融支持	创新精神	机会把握	消费者需求	技术进步
价值主张模式创新	0.402 **	0.299 **	0.402 **	0.347 **	− 0.033
界面规则创新	0.072	0.282 **	0.312 **	0.057	0.029
价值传递模式创新	0.261 **	0.404 **	0.388 **	0.281 **	0.057
价值创造模式创新	0.178 **	0.351 **	0.200 **	0.191 **	0.089
价值网络模式创新	0.283 **	0.207 **	0.344 **	0.319 **	− 0.005

注：** 相关性在 p < 0.01 水平上显著。

组织学习的各维度与商业模式创新之间也存在较强的相关性，环境的敌对性、动态性、异质性对组织学习也存在一定的相关性（见表 5 - 10）。

相关分析仅考虑了两个变量之间的变化趋势，这与后面 SEM 模型分析中变量之间的负荷系数不同，前者的值不受其他变量的影响，是相对独立的。后者的关系受模型中各变量及变量间关系的影响，即可能存在相关性很强的两个变量在结构方程模型中的负荷系数并不显著。

表 5 - 10　　　　环境变量、组织学习与商业模式创新维度的相关分析

	价值主张模式创新	界面规则创新	价值传递模式创新	价值创造模式创新	价值网络模式创新	环境异质性	市场动态性	环境敌对性
组织愿景	0.248 **	0.196 **	0.211 **	0.209 **	0.193 **	0.227 **	0.175 **	0.265 **
知识共享	0.293 **	0.369 **	0.294 **	0.291 **	0.231 **	0.436 **	0.344 **	0.414 **
开放心智	0.371 **	0.261 **	0.278 **	0.313 **	0.403 **	0.400 **	0.366 **	0.325 **

注：** 相关性在 p < 0.01 水平上显著。

相关分析结果表明：商业模式创新内在结构之间具有较高相关性，因而在考察商业模式创新与竞争优势之间或者外界环境变量如金融支持、消费者需求变化等变量对商业模式创新的复合关系时难以直接利用多元回归分析方

法。外界环境变量、商业模式创新与竞争优势之间在显著性为 0.05 或者 0.01 水平下，均具有一定的相关性。这是本章的总体假设能够获证的前提。同样，各变量之间存在显著的相关关系是进行结构方程建模分析的基础。

5.3　主要变量的信度与效度分析

5.3.1　量表的信度及鉴定方法

所谓信度，是指对统一或相似母体进行重复性测量其所得结果的一致程度。本章针对企业能力、组织学习、商业模式创新与竞争优势等变量，进行内部一致性分析，采用的鉴定方法为 Cronbach's α 分析法。Cronbach's α 系数越大，显示该因素内容各题项间的相关性越大，信度越高。Joseph、Rolph 和 Ronald（1987）曾提出 Cronbach's α 系数的取舍标准：如果 Cronbach's α 系数大于 0.7，则表明信度相当高；如果介于 0.35 和 0.7 之间，则表明信度尚可；如果小于 0.35，则表明信度偏低。Wortzel（1979）认为 Cronbach's α 系数若介于 0.7~0.98，则表明各衡量指标系数间存在有高信度值。Nunnally 亦认为 Cronbach's α 应大于或等于 0.7，否则应拒绝使用。本书采用 0.6 为信度可接受的最低水平。

5.3.2　影响商业模式创新的外部环境因素及企业家能力因素的信度分析

影响商业模式创新的外部环境因素及企业家能力因素的信度分析结果如表 5－11 所示，金融支持、消费者需求、技术进步、产业发展、企业家把握机会的能力与创新能力的 Cronbach's α 系数分别为 0.699、0.738、0.709、0.678、0.705、0.709，总的 Cronbach's α 系数为 0.785，信度水准基本达到或超过 Nunnally 所建议的 0.7 的可接受水平，表示市场导向量表具有较高的内部一致性。题项分析中分项对总项的相关系数（Corrected Item-Total Correlation）的值应达到 0.4，根据一些学者所提出的水准（Tian，Bearden & Hunter，2001），分项对总项相关系数低于 0.40 的题目，必须删除。因此题中删除 x6 和 x13。

表 5–11 影响商业模式创新的外部环境因素及企业家能力因素的信度分析

量表题项	分项对总项相关系数	删除该题项后的 α 值	Cronbach's α 系数
金融支持			0.699
公司的商业模式创新能得到资本市场的支持（x1）	0.403	0.708	
风险投资有充足的"退出"通道（x2）	0.481	0.774	
能够与银行等金融机构建立互相信赖、密切的关系（x10）	0.518	0.782	
消费者需求			0.738
消费者需求对公司商业模式有很大影响（x3）	0.437	0.768	
公司用心了解消费者并提出创新商品满足他们的期待（x4）	0.480	0.762	
能够对出现的各种机会进行评价，并结合自己企业的内部条件和外部环境进行决策（x11）	0.539	0.780	
技术进步			0.709
公司利用新的技术进行商业模式创新（x5）	0.496	0.759	
在从未涉足的领域我也能发现新的商机（x7）	0.564	0.715	
创业文化			
社会鼓励冒险支持创新的氛围对公司起了促进作用（x6）	0.102	0.667	删除 x6
把握机会能力			0.705
发现的商业机会彼此之间绝大多数没有关系（x8）	0.493	0.711	
我对于发现新的机会有特殊的敏感（x9）	0.423	0.707	
产业发展			0.678
意识到产业发展的方向，知道怎样改变会影响企业（x12）	0.495	0.675	
主动探索现在及未来市场（x18）	0.504	0.671	
创新能力			0.709 删除 x13
寻找新颖的开拓市场和销售产品的方法（x13）	0.064	0.715	
对于能把新产品或新的服务推向市场很过瘾（x14）	0.433	0.769	
对环境中的变化能迅速进行创意并商品化（x15）	0.593	0.711	

续表

量表题项	分项对总项相关系数	删除该题项后的 α 值	Cronbach's α 系数
喜欢面对不可预测的挑战（x16）	0.532	0.692	
把不确定性作为企业不可分割的一部分来接受（x17）	0.593	0.672	
外部环境因素及企业家能力因素总信度（包含18个题项）			0.785

5.3.3　影响商业模式创新的组织学习因素的信度分析

影响商业模式创新的组织学习因素的信度分析结果如表 5 – 12 所示，组织愿景、开放心智、知识共享的克朗巴哈系数分别为 0.686、0.718、0.694，而且删除任何一个题项都无法显著增加其克朗巴哈系数，组织学习因素总的克朗巴哈系数为 0.723，信度水准超过 0.7 的可接受水平，表示影响商业模式创新的组织学习量表具有较高的内部一致性。每个题项的分项对总项的相关系数（corrected item-total correlation）值都达到 0.4，符合学者所提出的水准。

表 5 – 12　　影响商业模式创新的组织学习因素的信度分析结果

量表题项	分项对总项的相关系数	删除该题项后的 α 值	Cronbach's α 系数
组织愿景			0.686
对于公司定位及未来发展有清楚的界定（x19）	0.590	0.699	
所有的员工均投入于公司目标的达成（x20）	0.607	0.653	
员工觉得对公司未来发展方向都有一份责任（x21）	0.623	0.685	
开放心智			0.718
不怕去质疑公司对于企业营运的各种假定（x22）	0.658	0.719	
包容接纳各种不同的声音是很重要的（x23）	0.689	0.726	
运用转移机制从组织外部转移知识的情况（x27）	0.684	0.713	
知识共享			0.694
公司的主管鼓励员工能超越成规创意思考（x24）	0.687	0.702	
组织中的失败是否经常被正式讨论（x25）	0.560	0.664	
组织的新知识由全体成员共享的程度（x26）	0.586	0.681	
组织学习因素的总信度（包含9个题项）			0.723

5.3.4 商业模式创新量表的信度分析

根据文献综述和案例研究，本章将商业模式创新的维度分为 6 个维度共 15 个题项来测量。其信度分析结果如表 5 - 13 所示。从表 5 - 13 中可以看出，价值创造模式中的 y6 题对整体构面的相关系数为 0.369，界面规则创新中的 y15 的相关系数为 0.231，都低于 0.4 的标准，因而删除这两项。价值主张模式创新、价值创造模式创新、价值传递模式创新以及界面规则模式创新的克朗巴哈系数分别为 0.802、0.796、0.799、0.805，信度水准超过 0.7 的可接受水平，表示商业模式创新量表具有较高的内部一致性。

表 5 - 13 商业模式创新量表的信度分析结果

量表题项	分项对总项相关系数	删除该题项后的 α 值	Cronbach's α 系数
价值主张模式创新			0.802
清晰界定目标顾客并有独特一致的价值主张（y1）	0.596	0.792	
公司能以创新的方式挖掘顾客的需求（y2）	0.680	0.795	
针对自身的战略资源与核心能力，公司提出了创新性的价值主张（y3）	0.609	0.799	
价值创造模式创新			0.796
公司提供给顾客的价值是创新性的（y4）	0.547	0.793	
贵公司获得利润的方式是创新的（y5）	0.662	0.787	
与同行相比，公司的盈利模式具有创新性（y11）	0.640	0.793	
公司在同行业中价值链定位较好，能分享价值链中的主要利润（y6）	0.369	0.787	
价值传递模式创新			0.799
公司创造了新的分销模式（y7）	0.506	0.790	
公司接触和维持顾客的方式富有创新性（y8）	0.551	0.792	
公司能创新性的发展合作网络，并强调共赢（y9）	0.640	0.796	
价值网络模式创新			
公司能从价值网络中学习提升自身的能力（y10）	0.616	0.795	
界面规则模式创新			0.805
公司对自身商业模式的各个部分建立协同机制，能隔绝外来的模仿（y12）	0.578	0.802	

量表题项	分项对总项相关系数	删除该题项后的 α 值	Cronbach's α 系数
公司打破了商业模式的常规组合，业务活动、分销等界面的组合不同于常规企业（y13）	0.644	0.799	
公司对商业模式构成部分和界面规则都有创新（y14）	0.660	0.799	
总体而言，贵公司的商业模式是富有创新性的（y15）	0.231	0.802	
商业模式创新量表总信度（包含 15 个题项）			0.807

5.3.5 其他项目量表的信度分析

克龙巴赫的 α 系数测试结果如表 5-14 所示。

表 5-14　　　　　　　问卷的克龙巴赫的 α 系数测试结果

变量	项目数	标准化的克龙巴赫的 α 系数	信度等级
竞争优势	6（Ca1~Ca6）	0.710	高
技术动态性	4（TE1~TE4）	0.537	中等
市场动态性	4（ME1~ME4）	0.582	中等
环境异质性	4（HE1~HE4）	0.648	中等
环境敌对性	3（HE5~HE7）	0.596	中等

5.4 量表的效度分析

效度衡量指标所测量的项目是否能真正反映出被测量的变量，但效度不如信度那样容易得到更直观的测量，可从多个方面进行效度评价。本章从量表的内容效度（content validity）与结构效度（structural validity）两个方面进行评价。内容效度指测试项目能够描述所分析方面的程度，并没有绝对的定量指标来评价内容效度。本研究中量表的内容效度可从两个方面得到支持：一是量表的设计来自充分的文献综览，部分指标已经前人使用和验证；二是自设计量表经过现场预测试、修订后确定。结构效度可从因子分析结果得到间接反应，如果因子分析的 KMO 值大于 0.7，并且测试项目归类结果与理论框架一致，则认为量表具有良好的效度。因子分析的评价指标包括因子负荷量和累积解释方差，本研究就是主要运用因子分析方法以回答量表为什么有效。以下是关于商业模式创新的影响因素、商业模式创新及竞争优势变量的因子分析结果。

5.4.1 商业创新的外部环境因素及企业家能力因素的因子分析

KMO 值是用来衡量样本的适配性，在进行因子分析之前必要先检验 KMO 值，良好的 KMO 值表示搜集的样本适合进行因子分析；根据学者 Kaiser（1974）的说法，如果 KMO 值小于 0.5 时表示样本适配性不佳，不宜进行因素分析，取值大于 0.6 时适合做因子分析。

衡量影响商业模式创新的外部环境因素的 10 个项目的 KMO 检验和 Bartlett 球体检验结果显示（见表 5 – 15），KMO 值为 0.698，Bartlett 球度检验给出的相伴概率为 0.000，小于显著性水平 0.05，因此拒绝 Bartlett 球度检验的零假设，认为适合因子分析。

表 5 – 15　　　　　　　KMO 样本测度和巴特莱特球体检验结果

Kaiser – Meyer – Olkin 采样充足度		0.698
巴特莱特球体检验	卡方值	1185.734
	自由度	153
	显著性概率	0.000

表 5 – 16 显示了商业模式创新的外部环境因素及企业家能力因素的因子分析结果，对外部环境因素与企业家能力因素的 16 个项目的因子分析结果显示：16 个项目分别在 6 个公因子上具有显著的因子载荷系数，可以看出，代表金融支持的 3 个项目、代表创新精神的 4 个项目、代表机会把握的 2 个项目、代表消费者需求的 2 个项目、代表技术进步的 2 个项目、代表产业发展的 2 个项目分别落在 6 个不同的公因子上，说明这 6 个维度是不同的商业模式创新影响因素维度。从总体上看，6 个维度是相互独立的。本样本数据的结果很好地反映了金融支持、创新精神、机会把握、消费者需求、技术进步和产业发展 6 个维度的独立性。

表 5 - 16   商业模式创新的外部环境因素及企业家能力因素的因子分析结果 （N = 279）

项目	因子 1 金融支持	因子 2 创新精神	因子 3 把握机会能力	因子 4 消费者需求	因子 5 技术进步	因子 6 产业发展
资本市场的支持（x1）	0.537					
风险投资有充足的退出通道（x2）	0.524					
与金融机构建立密切的关系（x10）	0.777					
消费者需求对商业模式有影响（x3）				0.812		
提出创新商品满足消费者的期待（x4）				0.507		
对各种机会进行评价，并结合内部条件和外部环境进行决策（x11）				0.531		
利用新的技术进行商业模式创新（x5）					0.716	
在新的领域我也能发现新的商机（x7）					0.844	
发现的彼此不相关的商业机会（x8）			0.520			
对于发现新的机会有特殊的敏感（x9）			- 0.603			
意识到产业发展对企业的影响（x12）						0.683
把新产品或服务推向市场很过瘾 x14		0.573				
对新的变化进行创意并商品化（x15）		0.751				
喜欢面对不可预测的挑战（x16）		0.634				
把不确定性作为企业的一部分来接受（x17）		0.571				
主动探索现在及未来市场（x18）						0.501

续表

项目	因子 1 金融支持	因子 2 创新精神	因子 3 把握机会 能力	因子 4 消费者需求	因子 5 技术进步	因子 6 产业发展
特征根值	2.105	2.048	2.044	1.995	1.382	1.358
解释方差的百分比	11.696	11.379	11.358	11.085	7.679	7.542
累积解释的方差	11.696	23.075	34.433	45.518	53.197	60.739

注 1：具有载荷系数大于等于 ±0.50 的项目用下划线标出。
注 2：采取主成分提取法，旋转方法采用最大方差法（Varimax with Kaiser Normalization）旋转收敛于 12 次。

因子分析的结果还表示，6 个因子对于商业模式创新影响因素的方差累计解释达到 60.739%，表明量表对于所测量的概念具有较强的解释力。同时通过分析发现，测量项目 x6 和 x13 的在 6 个因子上面的载荷低于 0.5，因而删除。同时与前面的理论分析作对比发现，增加了产业发展因子。企业家能力因素中的承担风险和不确定性的能力及整合资源的能力被分别整合到不同因子中。因此商业模式创新的外接环境因素可以归纳为金融支持、消费者需求变化、技术进步和产业发展；企业家能力因素则归纳为创新精神和把握机会能力两个因子。这样将前面相应的假设可以修正为表 5 – 17。

表 5 – 17　　　　　　　　　　假设修正

假设 H_{1a2}：金融支持对商业模式创新有正向作用。

假设 H_{1b2}：产业发展对商业模式创新有正向作用。

假设 H_{1c}：消费者需求变化对商业模式创新有正向作用。

假设 H_{1d}：技术进步对商业模式创新有正向作用。

假设 H_2：企业家能力对企业商业模式创新有正向影响。

假设 H_{2a}：企业家发现机会的能力对企业商业模式创新有正向影响。

假设 H_{2d}：企业家创新能力对企业商业模式创新有正向影响。

5.4.2　组织学习因素的因子分析

衡量影响组织学习因素的 9 个项目的 KMO 检验和 Bartlett 球体检验结果显示，KMO 值为 0.634，根据统计学家凯撒（Kaiser）给出的标准，取值大于0.6时适合做因子分析。Bartlett球度检验给出的相伴概率为0.000，小于显著性水平0.05，因此，拒绝Bartlett球度检验的零假设，认为适合因子分析。

如表5-18所示，对创业导向量表的9个项目的因子分析结果显示：9个项目分别在3个公因子上具有显著的因子载荷系数（>0.50）（按照Kim和Mueller提出的保守判定标准，载荷系数绝对值大于0.50就可以被看作是显著的），可以看出，代表组织远景的3个项目、代表知识共享的3个项目、代表开放心智的3个项目分别落在3个不同的公因子上，说明这三个维度是不同的组织学习维度，从总体上看，组织学习的3个维度是相互独立的，本样本数据的结果很好地反映了组织愿景、知识共享、开放心智三个维度的独立性。

表5-18　　　　　　　　　　组织学习因素的因子分析

	项目（item）	因子1 组织愿景	因子2 知识共享	因子3 开放心智
x21	员工觉得他们对公司未来发展方向都有一份责任	0.763		
x20	所有的员工均投入于公司目标的达成	0.754		
x19	对于公司定位及未来发展的概念有清楚的界定	0.527		
x24	公司的主管鼓励员工能超越成规创意思考		0.734	
x25	组织中的失败是否经常被正式讨论		0.722	
x26	组织的新知识由全体成员共享的程度		0.538	
x27	运用转移机制从组织外部转移知识的情况			0.837
x22	不怕去质疑公司对于企业营运的各种假定			0.514
x23	公司认为包容接纳各种不同的声音是很重要的			0.910
	特征根值	1.737	1.672	1.422
	解释方差的百分比	23.30	22.57	19.79
	累积解释的方差	23.30	45.87	65.67

注1：具有载荷系数大于等于±0.50的项目用下划线标出。
注2：采取主成分提取法，旋转方法采用最大方差法（Varimax with Kaiser Normalization）旋转收敛于7次。

因子分析的结果表示，3个因子对于商业模式创新的组织学习影响因素的方差累计解释达到65.67%，表明量表对于所测量的概念具有较强的解释力；同时，理论框架中对组织学习变量的分类与因子分析中所提取的因子一致，说明因子分析所得到的因子与问卷中的测试项目是一致的，故可以认为量表的效度是可以接受的。

5.4.3 商业模式创新内在结构的因子分析

衡量商业模式创新内在结构的 15 个项目的 KMO 检验和 Bartlett 球体检验结果显示，KMO 值为 0.666。根据统计学家 Kaiser 给出的标准，取值大于 0.6 时适合做因子分析。Bartlett 球度检验给出的相伴概率为 0.000，小于显著性水平 0.05，因此，拒绝 Bartlett 球度检验的零假设，认为适合因子分析。

如表 5-19 所示，对商业模式创新内在结构的 15 个项目的因子分析结果显示：15 个项目分别在 5 个公因子上具有显著的因子载荷系数，可以看出，代表价值主张模式创新的 3 个项目、代表界面规则创新的 3 个项目、代表价值传递模式创新的 3 个项目、代表价值创造模式创新的 3 个项目以及代表价值网络模式创新的 2 个项目分别落在 5 个不同的公因子上，说明这 5 个维度是不同的商业模式创新维度，从总体上看，商业模式创新的 5 个维度是相互独立的，本样本数据的结果很好地反映了价值主张模式创新、界面规则创新、价值传递模式创新、价值创造模式创新、价值网络模式创新 5 个维度的独立性。

表 5-19　　　　　　　　商业模式创新内在结构的因子分析结果

	项目（item）	因子 1	因子 2	因子 3	因子 4	因子 5
y1	公司清晰界定了目标顾客	0.712				
y2	公司能以创新的方式挖掘顾客的需求	0.848				
y3	针对自身的资源与能力，提出了新的价值主张	0.609				
y4	公司提供给顾客的价值是创新性的				0.667	
y5	贵公司获得利润的方式是创新的				0.528	
y11	与同行相比，公司的盈利模式具有创新性				0.797	
y7	公司创造了新的分销模式			0.504		
y8	公司接触和维持顾客的方式富有创新性			0.647		
y9	公司能创新性的发展合作网络，并强调共赢			0.795		

续表

	项目（item）	因子 1	因子 2	因子 3	因子 4	因子 5
y10	公司能从价值网络中获得新的信息、资源					0.807
y12	商业模式各部分高度协同并隔绝外来的模仿		0.709			
y13	公司打破了商业模式的常规组合，业务活动、分销等界面的组合不同于常规企业		0.805			
y14	公司对商业模式构成部分和界面规则都有创新		0.737			
	特征根值	2.201	1.935	1.924	1.839	1.699
	解释方差的百分比	14.67	12.90	12.83	12.26	11.33
	累积解释的方差	14.67	27.57	40.40	52.66	63.99

注1：具有载荷系数大于等于±0.50的项目用下划线标出。
注2：采取主成分提取法，旋转方法采用最大方差法（Varimax with Kaiser Normalization）旋转收敛于17次。
注3：因子1为价值主张模式创新、因子2为界面规则创新、因子3为价值传递模式创新、因子4为价值创造模式创新、因子5为价值网络模式创新。

因子分析的结果还表示，5个因子对于商业模式创新的方差累计解释达到63.99%，表明量表对于所测量的概念具有较强的解释力；同时，理论框架中对商业模式创新变量构念的分类与因子分析中所提取的因子基本一致，只有理论分析中的价值实现模式因素删掉。原有理论分析的商业模式创新的6个因素改为5个，相应假设 H_{4e} 也删掉。总体而言，量表的效度是可以接受的。

5.4.4　竞争优势及控制变量的因子分析

对竞争优势的测量因素作因子分析发现，竞争优势只有一个因子。如表5-20所示，对竞争优势的6个项目的因子分析结果显示，在1个公因子上具有显著的因子载荷系数（>0.50）。

表5-20　　　　　　　竞争优势的因子分析结果

	项目（item）	因子载荷系数
Ca1	企业相对于主要竞争者的销售增长较快	0.757
Ca2	企业相对于主要竞争者的市场份额提高较大	0.659
Ca3	企业相对于主要竞争者的投资回报率较高	0.649

	项目（item）	因子载荷系数
Ca4	企业相对于主要竞争者的成本节约较大	0.633
Ca5	扩建新的营业网点或生产基地的速度比主要竞争对手情况	0.580
Ca6	企业员工人数的增长率比主要竞争对手情况	0.551

5.4.5 环境控制变量的因子分析

环境控制变量的 14 个项目的 KMO 检验和 Bartlett 球体检验结果显示，KMO 值为 0.632，根据统计学家凯撒（Kaiser）给出的标准，取值大于 0.6 时适合做因子分析。Bartlett 球度检验给出的相伴概率为 0.000，小于显著性水平 0.05，因此拒绝 Bartlett 球度检验的零假设，认为适合因子分析。

如表 5 - 21 所示，对环境变量内在结构的 15 个项目的因子分析结果显示：15 个项目分别在 4 个公因子上具有显著的因子载荷系数（ > 0.50），可以看出，4 个因子环境异质性、市场动态性、环境敌对性、技术动态性所对应项目的因子载荷具有显著性，说明这 4 个维度是不同的环境控制变量维度。从总体上看，环境控制变量的 4 个维度是相互独立的，本样本数据的结果很好地反映了环境异质性、市场动态性、环境动态性、技术动态性 4 个维度的独立性。

表 5 - 21　　　　　　　　　　　环境控制变量的因子分析

	项目	因子 1 环境异质性	因子 2 市场动态性	因子 3 环境敌对性	因子 4 技术动态性
ME1	公司面临的顾客的偏好变化速度很快	0.668			
ME2	已有顾客总是寻求新的产品和服务	0.707			
ME3	新的顾客正对公司的产品形成需求	0.557			
ME4	公司新顾客的出现主要来源于公司 产品和服务的改善	0.772			
TE1	在公司的业务领域技术变化速度很快				0.741
TE2	技术变化给公司提供了较好的机会				0.554
TE3	未来的主导技术难以预测				0.805
TE4	公司一系列的新业务将有可能出现				0.616

项目		因子1 环境异质性	因子2 市场动态性	因子3 环境敌对性	因子4 技术动态性
EH1	公司业务和购买者多样化特征		0.614		
EH2	顾客的购买习惯在公司产品线的差异		0.675		
EH3	公司在不同产品线上面对的竞争性质		0.508		
EH4	公司产品线的动态性的表现		0.564		
EH5	公司在经营环境中存在的威胁程度			0.688	
EH6	公司经营环境在机会、资源和竞争 方面的特征			0.802	
特征根值		3.679	1.950	1.739	1.568
解释方差的百分比		24.522	13.002	11.593	10.45
累积解释的方差		24.522	37.524	49.117	59.57

注1：具有载荷系数大于等于±0.50 的项目才列出，小于的没有写出。
注2：采取主成分提取法，旋转方法采用最大方差法（Varimax with Kaiser Normalization）旋转收敛于15 次。

因子分析的结果还表示，4 个因子对于环境控制变量的方差累计解释达到59.57%，表明量表对于所测量的概念具有较强的解释力；同时，理论框架中对环境控制变量的分类与因子分析中所提取的因子一致，说明因子分析所得到的因子与问卷中的测试项目是一致的，故可以认为量表的效度是可以接受的。

5.5　结构方程模型评价及修正

5.5.1　商业模式创新与竞争优势模型评价及修正

根据前文提出的概念模型及研究假设，运用 AMOS7.0 软件绘制出初期结构方程模型 M1（如图 5-2 所示），用以说明本书所包含的变量以及变量结构。

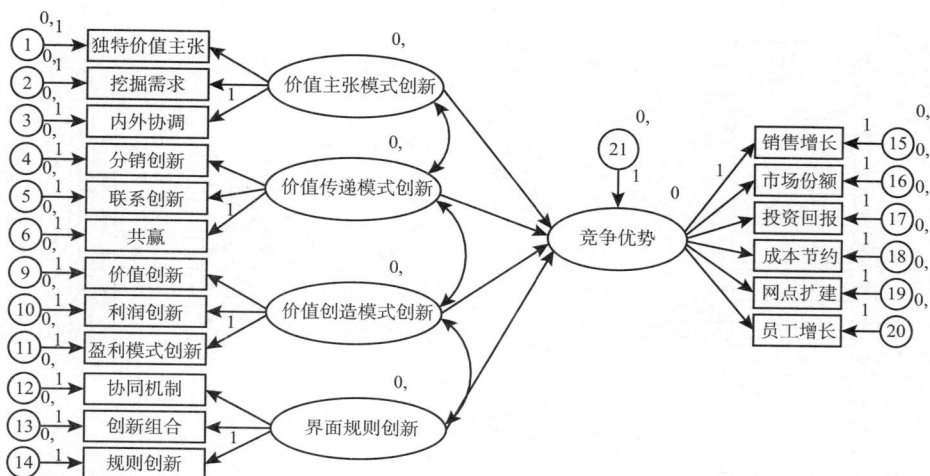

图 5 - 2   商业模式创新与竞争优势的初始结构模型 M1

结构方程模型包括测量模型和结构模型两个部分，M1 包括 3 个测量模型，其描述显变量和潜变量之间的关联，表明一个潜变量是由哪些可观测变量来度量的，单纯的测量模型就是确认型因子分析模型。如商业模式创新测量模型中包含 4 个潜变量，分别用椭圆形表示；12 个显变量，用小方框表示。测量模型包括双向曲线箭头连接的各对潜变量，单向直线箭头连接的潜变量和一组显变量，以及指向各个变量的反映误差项的直线箭头。测量模型的计算结果即因子与指标之间的负荷系数，表示测量指标对于因子的总变异量的解释程度，与此同时，对这些负荷系数的统计显著性给出判断，即计算 t 值，对 Ml 的计算结果如图 5 - 3 所示。

一个模型是否可以被接受，在验证性因素分析中，通过对模型拟合度的分析，来判断测量模型的有效性。其中，被研究者较常使用的拟合指标有卡方 χ^2（chi-square test）和 χ^2/df 检验、近似误差均方根 RMSEA（root mean square error of approximation）、标准化残差均方根 SRMR（standardized root mean square residual）、标准拟合指数 NFI（normed fit index）、比较拟合指数 CFI（comparative fit index）、拟合优度指数 GFI（goodness-of-fit index）和调整拟合优度指数 AGFI（adjusted goodness-of-fit index）等。

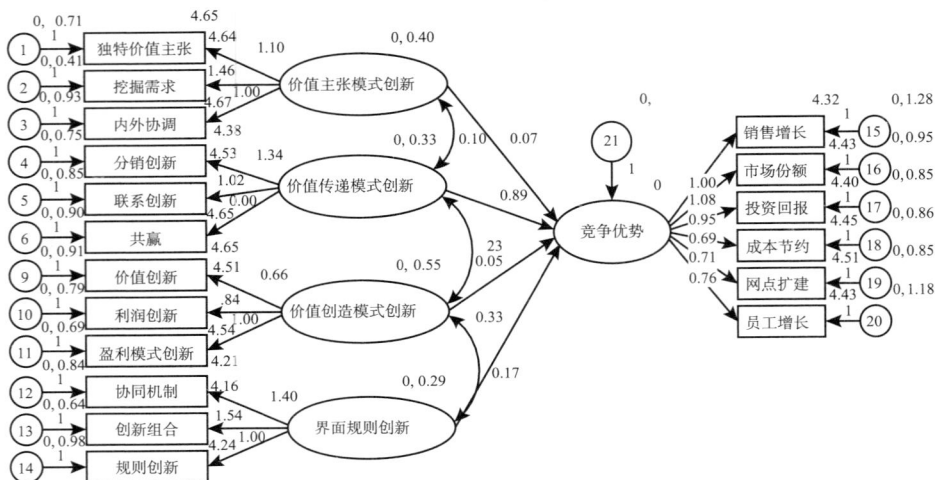

图 5 - 3　商业模式创新与竞争优势的结构模型

要保证基于拟合效果良好的模型来对理论假设进行验证，至少达到多于一个参数的标准是必需的。基于对以上因素的综合考虑，本研究将选取 χ^2/df、RMSEA、GFI、AGFI、NFI、IFI 和 CFI 七类指数作为评价模型的拟合指数。参照相关文献，对本书采用的适配度评鉴指标（拟合指数）的判别标准进行说明如下：

（1）卡方指数（χ^2）。一般认为当卡方值的显著性水平高于 0.05 时，即认为在假设的模型和观测数据之间具有较好的拟合度，模型是可以接受的。但是，特别要注意的是该值对于样本量非常敏感，如果样本足够小，任何假设的模式都与数据吻合，如果样本足够大，指数太敏感，几乎所有假设的模式都会被拒绝。鉴于 χ^2 值会随样本数而波动的缺点，同时它不能直接提供模型拟合程度，所以在应用时需要结合自由度或其他指数而采用 χ^2/df 指标进行评价。

χ^2/df 值越接近 0，观测数据与模型拟合得越好。一般认为，$\chi^2/df < 3$，观测数据与模型很好拟合，模型较好；$\chi^2/df < 5$ 观测数据与模型基本拟合，模型可以接受；$\chi^2/df > 5$ 表示观测数据与模型拟合得不好，模型不好；$\chi^2/df > 10$ 表示观测数据与模型不能拟合，模型很差。但由于 χ^2 与样本量密切相关，当样本较大时，才 χ^2/df 也会受到影响，因此近年来多采用 RMSEA、

SRMSR 等综合性指标。

（2）近似误差的均方根（RMSEA）。RMSEA 对错误模型比较敏感，容易解释模型的质量。RSMEA 的取值范围在 0 和 1 之间，越接近 0，表示观测数据与模型拟合得越好。根据检验，当 RMSEA 值小于 0.05 时，表示完全拟合，理论模型可以接受，是"良好适配"（Steiger，1990）；在 0.05 ~ 0.08，表示拟合得较好，为可接受范围，"算是不错的适配"；0.08 ~ 0.10 是"中度适配"；大于 0.10 则表明模型拟合得很差，是"不良适配"。[154]

（3）拟合指数，包括良好拟合指数（GFI）、调整拟合指数（AGFI）、规范拟合指数（NFI）、修正拟合指数（IFI）和比较拟合指数（CFI）。GFI 可以理解为假设模型能够解释的差和协方差比例的一个测度；AGFI 的目的在于利用自由度与变项个数之组织变形为调整 GFI；NFI 是测量独立模型与设定模型之间卡方值的缩小比例，NFI 有一定的局限性，一方面它不能控制自由度，另一方面 NFI 的抽样分布平均值与样本规模正相关；IFI 能够减小该指标的平均值对样本规模的依赖，并考虑设定模型自由度的影响，相对 NFI 有所改进；CFI 是通过与独立模型相比较来评价拟合程度，不受样本大小影响，在实际研究过程中特别需要加以关注。拟合指数 GFI、AGFI、NFI、IFI、CFI 的值均要超过 0.90，才表示模型拟合良好（Tatham，1998），该值越接近 1 表明模型拟合越好。

结构模型则是描述潜变量之间的关联，是一组类似多元回归中描述外生变量和内生变量间定量关系的模型，需要验证的研究假设主要反映在结构模型部分。M1 是一个两阶段结构模型，描述了商业模式创新的 4 个外生潜变量与竞争优势的内生潜变量之间的关系。结构模型的计算结果包含以下两方面的内容：一是外生潜变量与内生潜变量之间的路径系数及其统计显著性判断，内生潜变量之间的回归权重及其统计显著性判断；二是结构模型的拟合度。M1 模型共有 5 个潜变量，均用椭圆形表示出来；18 个显变量，用小方框表示出来，其中包括属于商业模式创新因子的 12 个内生显变量，属于竞争优势因子的 6 个内生显变量。

本章对 SEM 模型中参数估计采用最大似然估计法（maximum likelihood estimates），主要从以下三个方面对模型进行评价和修正。首先，用各种拟合指数对模型作出整体评价，本书主要考察自由度（degree of freedom）、卡方

值、比较拟合度（CFI）、常规拟合度（NFI）及近似误差均方根（RM-
SEA）。其次，检验参数的显著性，评价参数的意义和合理性，如各种路径
系数、残差值及其统计显著性。最后，变量设计的模型拟合度统计值如表
5-22 所示。

表5-22　　　　　　　　　　**M1 模型拟合度统计结果**

自由度（df）	128
卡方值 x^2	535.232
比较拟合度（CFI）	0.913
常规拟合度（NFI）	0.927
近似误差均方根（RMSEA）	0.098

　　表5-22 显示了初期模型 M1 的整体拟合统计值。其中，代表绝对拟合
指数的有：卡方值 $x^2 = 535.232$，结合自由度（df = 128）来计算 x^2 值与 df 的
比值，即 $x^2/df = 4.179$，其值在 2.0～5.0，认为模型可以接受。RMSEA 值
（近似误差均方根）为 0.098，斯泰格尔（Steiger，1990）认为 RMSEA 低于
0.1 表示好的拟合，低于 0.05 表示非常好的拟合，而低于 0.01 表示非常出色
的拟合，但这种情形在应用中几乎不存在。

　　相对拟合指数 CFI 是通过将理论模型和基准模型（baseline model）比较
得到的统计量，即将理论模型与基准模型（通常将虚模型定义为基准模型）
比较，看拟合程度改进了多少。本特勒（Bentler，1980）将指数限制在［0，
1］范围，虚模型对应指数 0，拟合最好的饱和模型对应的指标值为 1，相对
拟合指数越大，表示模型拟合越好。本特勒（Bentler，1995）将相对指数分
为三类。常规拟合度 NFI 属于第一类相对指标，它是基于理论模型和基准模
型的卡方统计量，即相对于基准模型的卡方，理论模型的卡方减少的比例。
本章中，M1 的常规拟合度（NFl）为 0.827，表明该模型拟合比较好。比较
拟合优度 CFI 属于第三类相对拟合指标，它除了使用第一类的信息外，还使
用了理论模型或基准模型的卡方在非中心卡方分布下的期望值进行调整。M1
的比较拟合度 CFI 为 0.778，反映了该模型较好的拟合度。

　　由此可见，上述拟合指标均反映了 M1 具有较好的拟合度。

　　由表5-23 数据结果可知，大多数指标对于因子的负荷系数在 p < 0.001

条件下均具有统计显著性，表明 M1 测量模型中各个指标对因子的总变异量的解释程度较高，即观测变量可较好地解释潜变量。

表 5 – 23　　　　　　　　　　M1 模型路径系数分析结果

测量模型结构及指标			Estimate	标准误 S. E.	C. R.	P
竞争优势	←	价值主张模式创新	0.069	0.096	0.713	0.476
竞争优势	←	价值传递模式创新	0.888	0.237	3.740	***
竞争优势	←	价值创造模式创新	0.050	0.159	0.316	0.752
竞争优势	←	界面规则创新	0.327	0.157	2.083	0.037

注：*** $p < 0.001$。

在 M1 中，因子间的关系是根据前文提出的 16 个假设，用代表因果关系的单向箭头连起来的。从路径系数表中可以看出，p 值小于 0.001，通过显著性检验的路径有 15 条，表明在此显著条件下，得证的假设有 2 个，即 H_{4c} 和 H_{4f}，如表 5 – 24 所示。

表 5 – 24　　　　　　　　　　相应假设检验结果

假设 H_{4a}：企业价值主张模式创新程度会影响企业竞争优势，价值主张模式创新程度提高，企业竞争优势也会增强。反之则反是	假设通过
假设 H_{4b}：企业价值创造模式创新能力会影响企业竞争优势，价值模式创新程度提高，企业竞争优势也会增强。反之则反是	不显著
假设 H_{4c}：企业价值传递模式创新程度会影响企业竞争优势，价值传递模式创新程度提高，企业竞争优势也会增强。反之则反是	假设通过
假设 H_{4d}：企业价值网络模式创新程度会影响企业竞争优势，价值网络模式创新程度提高，企业竞争优势也会增强。反之则反是	在模型修正中删掉
假设 H_{4f}：企业界面规则模式创新能力会影响企业竞争优势，界面规则模式创新程度提高，企业竞争优势也会增强。反之则反是	假设通过

通过上述两次的模型评价及修正过程，去除了不显著（$p > 0.05$）的路径，并根据通过验证的路径关系，在模型评价与修正的基础上，本章最终得出完全通过验证（$p < 0.05$）的结构方程模型。

表 5 – 25 显示的是测量模型的各潜变量与显变量间的负荷系数及对应的 t

值，采用固定负荷法，计算结果显示所有负荷系数均通过 t 检验，在 p < 0.001 条件下具有统计显著性，如指标 x3 对应于"知识传递与整合"因子的负荷系数为 0.873，表示 x3 对于该因子的总变异量的解释程度为 0.873。整体结果表明 M3 测量模型中各个指标对因子的总变异量的解释程度较高，即观测变量可较好地解释潜变量。

表 5 – 25　　　　　　　　　模型载荷系数估计结果

测量模型结构及指标	Estimate	标准误差 S. E.	C. R.	P
内外协调←价值主张模式创新	1.000			
挖掘需求←价值主张模式创新	1.463	0.220	6.651	***
独特价值主张←价值主张模式创新	1.100	0.155	7.092	***
销售增长←竞争优势	1.000			
市场份额←竞争优势	1.076	0.160	6.714	***
投资回报←竞争优势	0.949	0.145	6.560	***
成本节约←竞争优势	0.695	0.123	5.664	***
网点扩建←竞争优势	0.709	0.123	5.754	***
共赢←价值传递模式创新	1.000			
联系创新←价值传递模式创新	1.022	0.175	5.828	***
分销创新←价值传递模式创新	1.336	0.209	6.403	***
员工增长←竞争优势	0.759	0.139	5.457	***
盈利模式创新←价值创造模式创新	1.000			
利润创新←价值创造模式创新	0.845	0.135	6.268	***
价值创新←价值创造模式创新	0.657	0.120	5.455	***
规则创新←界面规则创新	1.000			
创新组合←界面规则创新	1.535	0.277	5.544	***
协同价值←界面规则创新	1.405	0.250	5.624	***

注：*** p < 0.001。

5.5.2　商业模式创新影响因素模型评价及修正

同样根据前文提出的概念模型及研究假设，运用 AMOS7.0 软件，绘制出商业模式创新影响因素的初期结构方程模型 BMF1（如图 5 - 4 所示），用以说明本章所包含的变量以及变量结构。

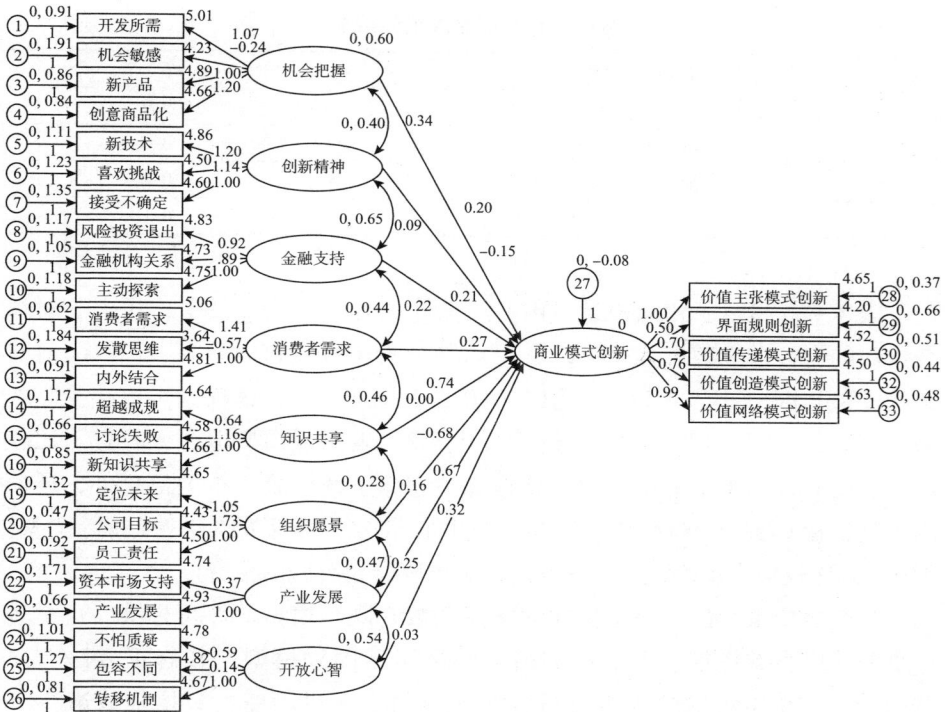

图 5 - 4 商业模式创新影响因素初始结构模型 BMF1

同样包括测量模型和结构模型两个部分。商业模式创新影响因素测量模型中包含 9 个潜变量，分别用椭圆形表示；29 个显变量，用小方框表示。计算结果包含以下两方面的内容：一是外生潜变量与内生潜变量之间的路径系数及其统计显著性判断，内生潜变量之间的回归权重及其统计显著性判断；二是结构模型的拟合度。

同样在 SEM 模型中参数估计采用最大似然估计法（maximum likelihood estimates），也采用各种拟合指数对模型做出整体评价，如自由度（degree of freedom）、卡方值、比较拟合度（CFI）、常规拟合度（NFI）及近似误差均方根（RMSEA）。其次，检验参数的显著性，评价参数的意义和合理性，如各种路径系数、残差值及其统计显著性（见表 5 - 26）。

133

表 5 – 26   BMF1 模型拟合度统计结果

自由度（df）	—
卡方值 x^2	1699.9
比较拟合度（CFI）	0.859
常规拟合度（NFI）	0.832
近似误差均方根（RMSEA）	0.10

表 5 – 26 显示了初期模型 BMF1 的整体拟合统计值。其中，代表绝对拟合指数的有：卡方值 x^2 = 1699.9，可以结合自由度（df = 350）计算 x^2 值与 df 的比值，即 x^2/df = 4.86，其值在 2.0 到 5.0 之间，认为模型可以接受。本书中，BMF1 的常规拟合度（NFI）为 0.832，表明该模型拟合比较好。比较拟合优度 CFI 属于第三类相对拟合指标，它除了使用第一类的信息外，还使用了理论模型或基准模型的卡方在非中心卡方分布下的期望值进行调整。BMF1 的比较拟合度 CFI 为 0.859，反映了该模型较好的拟合度。

外生潜变量与内生潜变量间的路径系数它既是模型的评价标准，也是进一步修改模型的依据。本书中的结构模型属于因果模型，其修正方法有以下四种：①增加或减少内生变量。②保持内生变量不变，只增加或减少外源变量。③保持内生变量和外源变量不变，但变动它们之间的路径关系。④保持内生变量、外源变量和它们之间的路径系数不变，只变动残差的相关模式。根据研究需要，本书采用了第 2 种和第 3 种方法。在 BMF1 中，因子间的关系是根据前文提出的假设，用代表因果关系的单向箭头连起来的。从路径系数表中可以看出，在 p 值小于 0.05 的情况下，通过显著性检验的路径有 22 条，表明在此显著条件下，得证的假设有 5 个，即 H_{1a}、H_{1c}、H_{2a}、H_{3b}、H_{3c}。

在此基础上考虑对模型做进一步修正与优化，由于考虑到因子间的路径系数或显著性都有可能随着连线的增减而改变，因此首先将初期模型中 p 值大于 0.45 的路径删除，见表 5 – 27 中用下划线标出部分，即删除了创新精神—商业模式创新、组织愿景—商业模式创新、产业发展—商业模式创新之间的路径。

表 5 – 27　　　　　　　　　　　BMF1 模型路径系数分析结果

测量模型结构及指标	Estimate	标准误 S. E.	C. R.	p
商业模式创新←机会把握	0.204	0.096	2.114	0.034
商业模式创新←创新精神	− 0.146	0.130	− 1.121	0.262
商业模式创新←金融支持	0.215	0.074	2.895	0.004
商业模式创新←消费者需求	0.274	0.089	3.068	0.002
商业模式创新←知识共享	0.742	0.342	2.169	0.030
商业模式创新←组织愿景	− 0.685	0.903	− 0.758	0.448
商业模式创新←产业发展	0.668	0.802	0.833	0.405
商业模式创新←开放心智	0.325	0.132	2.459	0.014

注：$p < 0.01$。

　　模型的修正过程实质是寻找一个与实际数据拟合相对较好的理论模型，根据此所运用的模型修正方法，即删去未通过统计显著性检验的路径，表明某些研究假设未得到证实，比如"组织愿景促进商业模式创新"的假设，"产业发展促进商业模式创新"的假设等。理论假设是根据研究者的专业知识与常识提出的，受研究者专业水平与认识层次的局限，理论模型本身可能具有一定的局限性；同时，由于受样本局限，样本数据与假设所提出的变量间关系可能有一定偏差。故当模型偏离数据显示的实际情况时，则需要修正原模型，然后再检验，不断重复此过程直到获得一个拟合性好且各估计参数又能赋予合理解释为止。

　　通过初期模型 BMF1 的分析结果，研究者先删去了 2 条路径，即删掉产业发展和组织愿景。从而得出了本章的中期模型 BMF2。其拟合度统计值如表 5 – 28 所示。

表 5 – 28　　　　　　　　　　　BMF2 模型拟合度统计值

自由度（df）	238
卡方值 x^2	1101.02
比较拟合度（CFI）	0.905
常规拟合度（NFI）	0.894
近似误差均方根（RMSEA）	0.096

　　研究者再删去 1 条路径，即创新精神。得到从而得出了本章的最终模型 BMF3。三次模型统计值的对比如表 5 – 29 所示。

表 5 – 29　　　　　　BMF1、BMF2、BMF3 模型拟合度统计值对比

模型	自由度（df）	x^2 值	比较拟合度 CFI	常规拟合度 NFI	RMSEA
BMF1	—	1699.9	0.859	0.832	0.1
BMF2	238	1101.02	0.905	0.894	0.096
BMF3	178	738.57	0.920	0.916	0.090

5.6　商业模式创新与竞争优势最终结构方程模型分析

5.6.1　商业模式影响因素的最终结构方程模型

通过上述三次的模型评价及修正过程，去除了不显著（p > 0.05）的路径，并根据通过验证的路径关系，在前面两次模型评价与修正的基础上，最终得出通过验证（p < 0.05）的结构方程模型（如图 5 – 5 所示）。从而确定了商业模式创新影响因素关系的最终模型 BMF3。以下就最终优化模型 BMF3 的拟合统计值、指标负荷系数值和假设检验的情况进行详细分析。

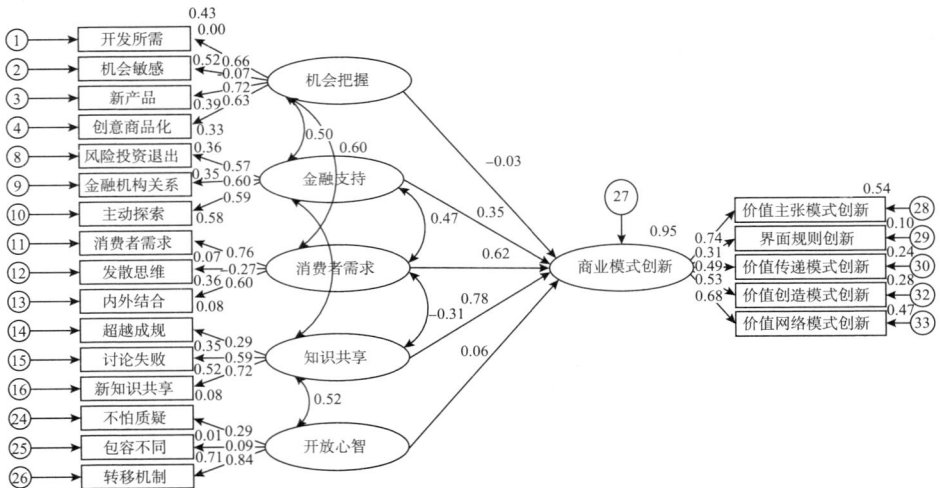

图 5 – 5　商业模式创新影响因素最终结构模型 BMF3

5.6.2　商业模式创新影响因素模型路径系数和载荷系数分析

潜变量之间的路径系数：

表 5-30 显示的是测量模型的各潜变量与潜变量间的载荷系数及对应的
C. R. 值，采用固定负荷法，计算结果显示金融支持—商业模式创新、消费者
需求—商业模式创新、知识共享—商业模式创新路径系数通过检验，在 p ＜
0.001 条件下具有统计显著性，金融支持—商业模式创新路径所对应的 p 值
为 0.002，具有统计显著性。

表 5-30　　　　　　　　　商业模式创新影响因素路径分析结果

测量模型结构及指标	Estimate	标准误差 S. E	C. R.	P
商业模式创新←机会把握	−0.025	0.099	−0.248	0.804
商业模式创新←金融支持	0.274	0.089	3.068	0.002
商业模式创新←消费者需求	0.549	0.149	3.674	***
商业模式创新←知识共享	0.586	0.132	4.433	***
商业模式创新←开放心智	0.041	0.075	0.545	0.586

注：*** p ＜ 0.001。

对于观测变量与潜变量之间的载荷系数的结果显示，除开放心智—包容不
同与机会把握—机会敏感之间的关系不显著外，其他都通过显著性检验。如指
标 x1 对应于"金融支持"因子的负荷系数为 0.940，表示 x1 对于该因子的总
变异量的解释程度为 0.940。整体结果表明 BMF3 测量模型中各个指标对因子的
总变异量的解释程度较高，即观测变量可较好地解释潜变量（如表 5-31 所示）。

表 5-31　　　　　商业模式创新影响因素观测变量载荷系数分析结果

测量模型结构及指标	Estimate	标准误差 S. E.	C. R.	P
主动探索←金融支持	1.000			
金融机构关系←金融支持	0.940	0.153	6.164	***
风险投资退出←金融支持	0.948	0.156	6.064	***
内外结合←消费者需求	1.000			

续表

测量模型结构及指标	Estimate	标准误差 S. E.	C. R.	P
发散思维←消费者需求	−0.536	0.144	−3.707	***
消费者需求←消费者需求	1.345	0.177	7.589	***
新知识共享←知识共享	1.000			
讨论失败←知识共享	0.810	0.108	7.499	***
超越成规←知识共享	0.404	0.100	4.037	***
转移机制←开放心智	1.000			
包容不同←开放心智	0.099	0.086	1.157	0.247
不怕质疑←开放心智	0.326	0.127	2.578	0.010
新产品←机会把握	1.000			
机会敏感←机会把握	−0.109	0.111	−0.979	0.328
开发所需←机会把握	0.957	0.116	8.264	***
价值主张模式创新←商业模式创新	1.000			
界面规则创新←商业模式创新	0.433	0.092	4.723	***
价值传递模式创新←商业模式创新	0.649	0.089	7.323	***
价值创造模式创新←商业模式创新	0.690	0.087	7.953	***
价值网络模式创新←商业模式创新	0.987	0.098	10.057	***
创意商品化←机会把握	0.943	0.117	8.044	***

注： *** $p < 0.00$。

5.7　影响因素—商业模式创新—竞争优势的路径系数分析

表 5-32 给出了书中两个模型的路径系数值及相应的 t 值和 p 值。其中，竞争优势与界面规则创新的系数值和金融支持与商业模式创新之间的系数值在 $P < 0.05$ 条件下显著，消费者需求、知识共享与商业模式创新，价值传递模式创新与竞争优势路径系数均在 $p < 0.001$ 条件下具有统计显著性。上述分析结果表明获证的子假设有 5 个，2 个子假设得到部分证实，另外 2 个子假设未通过检验。

表 5 –32 　　　　　　　商业模式创新与竞争优势路径系数

测量模型结构及指标	Estimate	标准误差 S. E	C. R.	P
商业模式创新←机会把握	– 0.025	0.099	– 0.248	0.804
商业模式创新←金融支持	0.274	0.089	3.068	0.002
商业模式创新←消费者需求	0.549	0.149	3.674	***
商业模式创新←知识共享	0.586	0.132	4.433	***
商业模式创新←开放心智	0.041	0.075	0.545	0.586
竞争优势←价值主张模式创新	0.069	0.096	0.713	0.476
竞争优势←价值传递模式创新	0.888	0.237	3.740	***
竞争优势←价值创造模式创新	0.050	0.159	0.316	0.752
竞争优势←界面规则创新	0.327	0.157	2.083	0.037

注：　*** $p < 0.001$。

5.8　环境对商业模式创新—企业竞争优势的调节效应

环境变量是本章的重要权变变量，针对商业模式创新的环境的特点，本章将环境变量选取为动态性、异质性和敌对性三个维度。本章的分析涉及因变量、自变量和调节变量，其中因变量为竞争优势（JZ），自变量为商业模式创新，细分为价值主张模式创新（X_1）、界面规则创新（X_2）、价值传递模式创新（X_3）、价值创造模式创新（X_4）。调节变量为环境动态性（包括技术动态性和市场动态性）、环境异质性和环境敌对性。其中动态性反映环境变化的速度，包括市场的动态性和技术的动态性。异质性反映环境因素的差异程度。敌对性或其反面宽松性反映环境资源的稀缺和约束程度。

假设因变量 JZ 是多个自变量 X_1，X_2，$\cdots$，X_5 和误差项的线性函数，就得到多元线性回归模型：

$$JZ = \beta_0 + \beta_1 X_1 + \beta_2 X_2 + \beta_3 X_3 + \beta_4 X_4 + \varepsilon$$

其中竞争优势（JZ）是因变量，X_1、X_2、X_3、X_4 是自变量，ε 是随机扰动项。

5.8.1　环境动态性对商业模式创新—企业竞争优势的调节效应

为了验证环境的调节效应，我们按照技术发展动态性和市场需求动态性测量值的中间值（中间值采用4）分别将整个样本分为高低动态性的两个子样本，然后对这些子样本进行多元线性回归。在回归结果的基础上，利用Z统计检验判断高低动态性两个子样本同一解释变量的回归系数之间是否存在显著的差异，以利用该技术对研究假设 H_{E1} 进行检验。为此，运用此方法划分样本为低技术发展动态性的子样本（N=32）和高技术发展动态性的子样本（N=53），对这两个子样本分别进行多元线性回归，结果分别见表5-33中的模型1和模型2。

表5-33　　技术动态性下商业模式创新与竞争优势回归模型拟合对比

	模型1：技术高动态性		模型2：技术低动态性		
	Standardized Coefficients	Sig	Standardized Coefficients	Sig	|Z|值
价值主张模式创新	-0.389	0.001	0.366	0.072	2.15
界面规则创新	0.167	0.030	-0.311	0.003	3.39
价值传递模式创新	0.555	0.000	0.525	0.078	1.98
价值创造模式创新	0.377	0.000	-0.806	0.000	2.89
R square	0.891		0.770		
Adjusted R square	0.875		0.723		

注：a. Predictors：（Constant），价值网络模式创新，价值传递模式创新，界面规则创新，价值创造模式创新，价值主张模式创新。

b. Dependent Variable：JZ。

表5-33中z检验是检验大样本的两个平均数之间差异显著性检验的方法。它是通过比较两个样本平均数之间差的z分数和理论的z值的大小，来判断两平均数是否显著的方法。

z值的定义式为：

$$z = \frac{\bar{x} - \mu}{SE_{\bar{x}}} = \frac{\bar{x} - \mu}{\sigma_0 / \sqrt{n}}$$

式中：z为样本平均数的标准分数，$\bar{x}$ 为样本平均数，μ为总体平均数，n

为样本容量，σ_0 为总体标准差，$SE_{\bar{x}}$ 为平均数标准误（平均数在抽样分布上的标准差）。

通过比较实际 z 值与理论 z 值，判断假设成立的概率，可以推断样本与总体参数差异性程度。表 5－34 是根据 z 值推断假设检验的规则。

表 5－34 根据 z 值推断假设检验的规则

$|z|$ 值	p 值	差异显著程度
$|z| \geqslant 2.58$	$p \leqslant 0.01$	差异非常显著
$|z| \geqslant 1.96$	$p \leqslant 0.05$	差异显著
$|z| < 1.96$	$p > 0.05$	差异不显著

为此对模型 1 和模型 2 中与商业模式创新有关的 5 个解释变量进行了 Z 统计检验，结果显示无论价值主张模式创新、界面规则创新、价值传递模式创新、价值创造模式创新还是价值网络模式创新，在低技术发展动态性和高技术发展动态性条件下，除了价值网络模式显著性较弱外（$p < 0.10$），其余 4 个解释变量的回归系数均变现了强的显著性（$p < 0.01$）。

从模型可以看出，在低技术动态性条件下，商业模式创新的四个维度中，对竞争优势有正向影响的是价值主张模式创新、价值传递模式创新。而其他两个价值创造模式创新和界面规则创新对商业模式创新有负向影响。而在高技术动态性条件下，只有价值主张模式创新与竞争优势之间存负向关系，其他都有正向关系。从比较中可以看出，随着技术动态性由低到高，商业模式创新与企业竞争优势的相关系数加大，显示在技术动态性加大的情况下，公司商业模式创新与竞争优势之间有更强的正向关系，原假设 H_{E1} 成立。

5.8.2 市场动态性对商业模式创新—企业竞争优势的调节效应

同样按照市场需求动态性测量值的中间值（中间值采用 4）分别将整个样本分为市场高低动态性的两个子样本，其中低技术发展动态性的子样本（N＝32）和高技术发展动态性的子样本（N＝85），对这两个子样本分别进行多元线性回归，结果分别见表 5－35 中的模型 3 和模型 4。

表 5 - 35　　　　市场动态性下商业模式创新与竞争优势回归模型拟合对比

	模型 3：市场高动态性		模型 4：市场低动态性		
	标准回归系数	显著性	标准回归系数	显著性	|Z|值
价值主张模式创新	0.014	0.063	0.495	0.000	1.98
界面规则创新	0.417	0.000	- 0.459	0.000	2.84
价值传递模式创新	0.496	0.000	0.623	0.000	2.75
价值创造模式创新	0.126	0.121	0.104	0.039	1.76
R square	0.828		0.709		
Adjusted R square	0.795		0.701		

注：a. Predictors：（Constant），价值网络模式创新，价值传递模式创新，界面规则创新，价值创造模式创新，价值主张模式创新。

b. Dependent Variable：JZ。

从模型可以看出，在低市场动态性条件下，商业模式创新的四个维度中，对竞争优势有正向影响的是价值主张模式创新、价值传递模式创新以及价值创造模式创新。而其他两个价值网络模式创新和界面规则创新对商业模式创新有负向影响。而在市场高动态性环境下，商业模式创新的各个维度对竞争有正向影响。随着动态性由低到高，商业模式创新与企业竞争优势的相关系数变大，显示在市场动态性加大的情况下，公司商业模式创新与竞争优势之间有更强的正向关系，原有假设 H_{F2} 成立。

5.8.3　环境异质性对商业模式创新—企业竞争优势的调节效应

将环境异质性测量值的中间值（中间值采用 4）分别将整个样本分为高低异质性的两个子样本，其中环境低异质性的子样本（N = 40）和环境高异质性的子样本（N = 104），对这两个子样本分别进行多元线性回归，结果分别见表 5 - 36 中的模型 5 和模型 6。

表 5 - 36　　　环境异质性下商业模式创新与竞争优势回归模型拟合对比

	模型 5：环境高异质性		模型 6：环境低异质性		
	标准回归系数	显著性	标准回归系数	显著性	|Z|值
价值主张模式创新	- 0.293	0.001	0.325	0.025	2.05
界面规则创新	0.241	0.001	0.614	0.001	3.67

续表

	模型 5：环境高异质性		模型 6：环境低异质性		
	标准回归系数	显著性	标准回归系数	显著性	｜Z｜值
价值传递模式创新	0.663	0.000	−0.120	0.340	1.99
价值创造模式创新	0.192	0.013	0.855	0.000	2.30
R square	0.817		0.579		
Adjusted R square	0.751		0.557		

注：a. Predictors：（Constant），价值网络模式创新，价值传递模式创新，界面规则创新，价值创造模式创新，价值主张模式创新。
    b. Dependent Variable：JZ。

从模型可以看出，在环境低异质性条件下，商业模式创新的四个维度中，对竞争优势有负向影响的是价值传递模式创新，但没有通过显著性检验。从比较中可以看出，随着环境异质性由低到高，商业模式创新与企业竞争优势的相关系数变大，显示在异质性加大的情况下，公司商业模式创新与竞争优势之间有更强的正向关系，原有假设 H_{E3} 成立。

5.8.4　环境敌对性对商业模式创新—企业竞争优势的调节效应

将环境敌对性测量值的中间值（中间值采用 4）分别将整个样本分为高、低敌对性的两个子样本，然后对这些子样本进行多元线性回归。其中环境低敌对性的子样本（N = 66）和环境高敌对性的子样本（N = 90），对这两个子样本分别进行多元线性回归，结果分别见表 5 - 37 中的模型 7 和模型 8。

表 5 - 37　　　环境敌对性下商业模式创新与竞争优势回归模型拟合对比

	模型 7：环境高敌对性		模型 8：环境低敌对性		
	Standardized Coefficients	Sig	Standardized Coefficients	sig	｜Z｜值
价值主张模式创新	−0.021	0.862	−0.218	0.186	2.05
界面规则创新	0.113	0.307	0.478	0.019	3.67
价值传递模式创新	0.447	0.000	0.108	0.454	1.99

续表

	模型7：环境高敌对性		模型8：环境低敌对性		
	Standardized Coefficients	Sig	Standardized Coefficients	sig	|Z|值
价值创造模式创新	0.156	0.219	0.620	0.002	2.30
R square	0.371		0.824		
Adjusted R square	0.334		0.780		

注：a. Predictors：（Constant），价值网络模式创新，价值传递模式创新，界面规则创新，价值创造模式创新，价值主张模式创新。
b. Dependent Variable：JZ。

从模型可以看出，无论是环境高敌对性还是环境低敌对性，显著性检验结果不是很理想。但在环境低敌对性情况下，商业模式创新与竞争优势似乎表现出更好的相关性。原有假设 H_{E4} 不成立。

5.9 控制变量对商业模式创新的影响

如前所述，本章所设控制变量为企业年龄、企业规模等。企业年龄以2009减去企业成立年份作为控制变量来进行验证（见表5-38）。

表5-38　　　　　　　　商业模式创新与企业年龄相关分析

模型	R	R square	Adjusted R square	Sig. F Change
1	0.116[a]	0.013	0.125	0.113

注：a. Predictors：（Constant），Age b. Dependent Variable：BMI.

根据相关程度的观点（Domholdt，1993），相关系数在0.26~0.49为低度相关，0，5~0.69位中度相关，0.7~1.0为高度相关。商业模式创新与企业年龄关系数0.116，且显著性概率大于0.05，可以认为商业模式创新与企业年龄变量不相关。

原有假设 H_{C1} 成立。

企业规模用组织的雇员人数、年销售收入、资产总额三个指标来衡量。商业模式创新与企业规模的相关分析如表5-39所示。

表 5 – 39　　　　　　　商业模式创新与雇员人数、年销售收入、资产总额的相关分析

模型	R	R square	Adjusted R square	Sig. F Change
1	0.016[a]	0.000	– 0.125	0.965
2	0.151[b]	0.023	– 0.256	0.699
3	0.236[c]	0.056	– 0.416	0.663

注：a. Predictors：（Constant），人数；b. Predictors：（Constant），收入；c. Predictors：（Constant），总资产。

商业模式创新与企业规模中的人数、收入、总资产相关系数分别为 0、0.023、0.056。且显著性概率大于 0.05，可以认为商业模式创新与企业规模的三变量企业人数、企业收入和企业总资产两变量不相关，原有假设 H_{C2} 成立。

综上所述，通过当面填写问卷、电子邮件填写问卷、通过联系人发放问卷的方式对管理人员进行了调查，共获得 279 份有效问卷。因为数据不是正态分布，在结构方程计算时采用极大似然法来进行参数估计，以解决数据处理时的非正态问题。通过对影响商业模式创新的外部环境因素的信度分析、企业家能力因素的信度分析、组织学习因素的信度分析以及商业模式创新量表的信度分析和其他项目量表的信度分析结果显示，大部分量表具有高信度等级，如商业模式创新量表、竞争优势量表等。部分具有中信度等级，如组织学习因素量表以及外部环境因素量表等。因子分析方面，根据其分析结果在影响商业模式创新的外部环境因素中增加了产业发展因子。企业家能力因素中的承担风险和不确定性的能力及整合资源的能力被分别整合到不同因子中。因此商业模式创新的外接环境因素可以归纳为金融支持、消费者需求变化、技术进步和产业发展；企业家能力因素则归纳为创新精神和把握机会能力两个因子。组织学习因素中的组织愿景、知识共享、开放心智三个维度仍然不变，从而确定了分析的结构方程模型。

结构方程模型的建构分两部分进行，一是商业模式创新影响因素的结构方程模型 BMF1；二是商业模式创新与企业竞争优势的结构方程模型 M1。数据分析结果显示，M1 模型具有较好的拟合度，价值传递模式创新和界面规则模式创新对竞争优势有明显的影响，且通过显著性检验。观测变量与潜变量之间，挖掘需求→价值主张模式创新、市场份额→竞争优势、分销创新→价

值传递模式创新之间具有较高的载荷系数。

而商业模式创新影响因素模型则进行了两次修正。删去未通过统计显著性检验的路径，表明某些研究假设未得到证实，比如组织愿景促进商业模式创新的假设，产业发展促进商业模式创新的假设等。最后剩下的商业模式创新影响因素的潜变量有机会把握、金融支持、消费者需求、知识共享、开放心智。从路径系数表中可以看出，在 p 值小于 0.05 的情况下，通过显著性检验的路径有 22 条，表明在此显著条件下，得证的假设有 5 个，即 H_{1a}、H_{1c}、H_{2a}、H_{3b}、H_{3c}。

在环境变量对商业模式创新—竞争优势的调节效应中，在环境动态性、环境异质性、环境敌对性三个维度中，技术动态性对商业模式创新与竞争优势调节作用明显，从比较中可以看出，随着动态性由低到高，商业模式创新与企业竞争优势的相关系数加大，显示在技术动态性加大的情况下，公司商业模式创新与竞争优势之间有更强的正向关系，原假设 H_{E1} 成立。

5.10 研究结论

围绕本章所提出的研究问题商业模式创新的内在机理及商业模式创新作用于企业竞争优势的内在机理。商业模式创新的内在机理主要从商业模式创新影响因素入手，构建起金融支持、创新精神、机会把握、技术进步、消费者需求、产业发展、组织愿景、开放心智、知识共享 9 个维度，分别探讨其对商业模式创新的影响。而对商业模式创新作用于企业竞争优势的内在机理，则创新性的构建起价值主张模式创新、价值创造模式创新、价值传递模式创新、价值网络模式创新、界面规则创新 5 个维度，分别探讨其对竞争优势的影响。共提出了 20 个假设，收集了 279 个样本数据并建立了结构方程模型，实证研究结果支持了 11 个假设，除掉因子分析中除掉的假设以及模型修正中删掉的假设，有 2 个假设没有通过验证。

将上面两个模型的假设分析归纳合并，并将假设通过情况绘制成表 5-40。

表 5 − 40   假设获得验证情况

假设 H_{1a}：资本市场对商业模式创新有正向作用	假设通过
假设 H_{1c}：消费者需求变化对商业模式创新有正向作用	假设通过
假设 H_3：组织学习能力对企业商业模式创新有正向影响	假设通过
假设 H_{3b}：企业开放心智对商业模式创新有正向影响	假设通过
假设 H_{3c}：组织内部的知识共享对商业模式创新有正向影响	假设通过
假设 H_4：商业模式创新与企业竞争优势之间存在正向关系	假设通过
假设 H_{4c}：企业价值传递模式创新程度会影响企业竞争优势，价值传递模式创新程度提高，企业竞争优势也会增强。反之则反是	假设通过
假设 H_{4f}：企业界面规则模式创新能力会影响企业竞争优势，界面规则模式创新程度提高，企业竞争优势也会增强。反之则反是	假设通过
假设 H_{E1}：技术动态性将调节商业模式创新与竞争优势的关系，在动态性较高的环境中，公司的商业模式创新与竞争优势之间有更强的正向关系	假设通过
假设 H_{E2}：市场动态性将调节商业模式创新与竞争优势的关系，在动态性较高的环境中，公司的商业模式创新与竞争优势之间有更强的正向关系	假设通过
假设 H_{E3}：环境异质性将调节商业模式创新与竞争优势的关系，在异质性较高的环境中，公司的商业模式创新与竞争优势之间有更强的正向关系	假设通过

　　研究者假设以资本市场为代表的金融支持对商业模式创新具有正向促进作用。数据分析结果表明，来自风险投资、资本市场的支持确实对商业模式创新具有显著的促进作用（路径系数 0.35，$p < 0.005$）。假设消费者需求对商业模式有正向促进作用，实证结果也支持这一结果（路径系数 0.62，$p < 0.001$）。实证结果表明组织学习对商业模式创新有明显促进作用。尤其是组织学习中的知识共享维度与商业模式创新的路径系数达到 0.78，且通过显著性检验（$p < 0.001$）。

　　研究者认为，知识共享是组织学习的重要过程，通过对自身及竞争对手的失败与成功经验的广泛讨论与深入分析，通过常规的及非正式的内部交流新观点、新方法等，以及公司提供的适用的和方便的信息储存与传递系统，将会有助于提高企业的商业模式创新。研究结果表明知识共享与开放心智对商业模式创新具有正向的影响关系。

　　在商业模式创新对企业竞争优势的促进作用上，研究者假设价值传递模式创新和界面规则创新对企业竞争优势有正向的促进作用。数据分析结果表明，价值传递模式创新对企业竞争优势的路径系数为 0.888，p 值小于

0.001。界面规则创新也对企业竞争优势有显著的正向作用（路径系数 0.327，p < 0.05）。

环境变量设置了环境动态性（包括技术动态性和市场动态性）、环境异质性和环境动态性三个维度。研究结果显示，在技术动态性、市场动态性和环境异质性加大的情况下，商业模式创新与企业竞争优势之间呈现更强的正向关系。环境敌对性对两者之间关系影响不显著。

未通过的假设可以归总为表 5 - 41。

表 5 - 41   **未通过的假设**

假设 H₂ᵦ：企业家发整合资源的能力对企业商业模式创新有正向影响	因子分析中合并
假设 H₂ᵨ：企业家承担风险和不确定性的能力对企业商业模式创新有正向影响	因子分析中合并
假设 H₂ᵈ：企业家创新能力对企业商业模式创新有正向影响	模型修正中删掉
假设 H₃ₐ：企业的共同愿景对商业模式创新有正向影响	模型修正中删掉
假设 H₄ₐ：企业价值主张模式创新程度会影响企业竞争优势，价值主张模式创新程度提高，企业竞争优势也会增强。反之则反是	不显著
假设 H₄ᵦ：企业价值创造模式创新能力会影响企业竞争优势，价值模式创新程度提高，企业竞争优势也会增强。反之则反是	不显著
假设 Hₑ₃：环境敌对性将调节商业模式创新与竞争优势的关系，在敌对性较高的环境中，公司的商业模式创新与竞争优势之间有更强的正向关系	不显著

未通过的假设很多是因为在做因子分析时重新归类，以致原有假设调整的原因。而有的是因为过于重视文化理念、社会氛围等因素，在研究设计时给予了过多的考虑。本研究发现，就商业模式创新与企业竞争优势之间的假设，如企业价值主张模式创新与企业竞争优势，假设前者对后者有正向促进作用，但在实证研究时发现不显著，在事后的反馈交流时找到原因，价值主张模式创新是属于理念方面的创新，一方面在理念方面做出创新的样本企业不多；另一方面在价值主张方面有所创新的中小企业可能优势的显露尚需时日。而价值创造模式方面要做出自己的创新可能难度更大。

环境敌对性对商业模式创新与企业竞争优势的调节效应没有通过。因为敌对环境的典型特征是高强度竞争和极少数可利用的市场机会，外部力量对公司有直接的影响等，在这种情况下，企业资源投向难以兼顾到商业模式创新，环境对商业模式创新有着压制效应，因而原有假设不成立。

| 第 6 章 |
商业模式比较研究

6.1　中美上市公司商业模式比较

6.1.1　商业模式对比评估研究综述

　　著名管理学大师彼得·德鲁克说："当今企业之间的竞争，不是产品之间的竞争，而是商业模式之间的竞争"。在商业模式进入刀光剑影的市场竞争之前，可以加上预测性评估的环节，从而可以在众多商业模式创意中挑出那些更具潜力的商业模式，在实施过程中不断地根据实际情况进行调整，以保证企业成功地进行商业创新。目前对商业模式的评估多借用传统的绩效评估方法，如从销售额、利润、市场份额、专利数量创新性、客户满意度、创新成本等来衡量。也有人试着使其评估更为全面，如李蔓具尝试用平衡计分卡建立商业模式的评价指标体系，用资本收益率指标、现金周转速度指标、存货周转率指标、股票市场价格指标、新产品开发投资回收期等指标对商业模式进行评估。从这些方式来看，有倒果为因的嫌疑，而且多从财务指标来评价商业模式，实际上盈利能力并不能全面衡量商业模式的优劣，要视企业所在的各个方面的环境来确定。

　　既然企业之间的竞争是商业模式的竞争，所以将企业之间的商业模式直接对比就是最适合的方法。自从商业模式创新概念提出以来，不少研究者已经在这一方面进行了积极的探索，如郭毅夫以上市公司广电运通和御银股份为例，将两者的商业模式分为调整型商业模式创新和改变型商业模式创新，且两者分别处于行业的成长期和初创期，发现初创期的改变型商业模式创新管理成本较高，财务表现不很稳定，且风险较大，但净利润较高等。卓德（Christoph Zott，2005）把商业模式分以效率为中心的商业模式和以创新为中心的商业模式，以190家美国和欧洲创业型企业的上市公司为研究对象，结果发现即使在环境变化的情况下以创新为中心的商业模式确实对创业企业的绩效有影响，并且呈正相关，同时发现创业者试图将两种商业模式结合在一起的努力可能是徒劳无功的。麻省理工学院的维尔（Peter Weill）等人对资产的权力和转换程度的两个维度将商业模式分出四种原型：创造者模式、流通者模式、房主模式和经纪模式，从所设计的四种资产，即财务资产、有形资产、无形资产和人出发，两者组合演绎出14种商业模式类型（有两种非法）（简称MIT商业模式框架）。对美国1000家最大公司进行研究发现，一些商业模式确实比另一些表现要好，卖资产使用权的商业模式比卖资产所有权的商业模式有着更好的利润和市场价值。同时发现基于非实物资产的商业模式比基于实物资产的商业模式有更好的利润。

6.1.2 基于 MIT 的中美上市公司的对比分析

MIT商业模式框架中，创造者指企业生产产品，然后把产品卖给客户；分配者指企业从第三方买产品，然后把产品卖给客户；地主指企业让渡的是产品的使用权，而不是产品的所有权，服务让渡的是客户使用目标企业人力资源的权利，应该归为地主；经纪人指企业并不生产和让渡产品，而通过组织供需双方而获利，其盈利来源于佣金。四种资产类型是：金融资产，包括现金和股票、债券等有价证券，以及确保其所有者掌握潜在的未来现金流权利的保险策略。实物资产，包括计算机等耐用品和食品等非耐用品。无形资产，包括专利和著作权等知识产权以及知识、美誉度和品牌价值等其他无形资产。人力资产，包括人的时间和成果。当然了，从法律上讲，人是不可能买卖的，但其时间和知识却可以计费"出租"。所以，从整体上可以演绎出

14 种商业模式原型（图 6 - 1）。

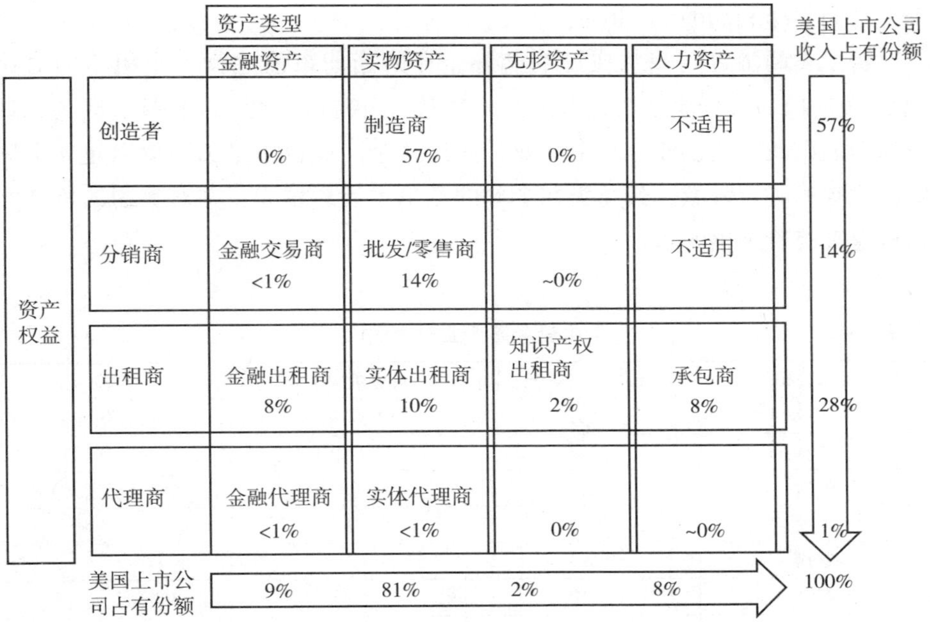
资产类型
金融资产
实物资产
无形资产
人力资产
美国上市公司收入占有份额
资产权益
创造者
0%
制造商
57%
0%
不适用
57%
分销商
金融交易商
<1%
批发/零售商
14%
~0%
不适用
14%
出租商
金融出租商
8%
实体出租商
10%
知识产权出租商
2%
承包商
8%
28%
代理商
金融代理商
<1%
实体代理商
<1%
0%
~0%
1%
美国上市公司占有份额
9%
81%
2%
8%
100%

图 6 - 1　MIT 的商业模式分类及资产与盈利分布

1. 基于商业模式的总量对比分析

从总量来说，美国证券市场上市公司总收入的 81% 来自实物资产。创造实物资产的制造业产生了所有公司大约 57% 的收入。制造商受到投资者普遍重视，特别是那些勇于创新的制造企业。公司收入的 28% 来自租赁型交易，但是公司间的证券市场回报差异很大。在常见的商业模式中，金融和实物出租商的表现最差，而知识产权出租商的表现却位居第二。承包商——一个包括咨询公司和其他主要“出租”人力资产的企业的商业模式，表现居中。

截至 2009 年年底，证监会 22 大行业中，总市值超万亿元的行业从 2008 年的 2 家上升至 6 家，金融行业以 5.73 万亿元的市值总量仍然盘踞在行业榜首，采掘行业市值超过 5 万亿元，名列第二位。2010 年上市公司净利润金融服务（46.78%）、采掘（13.34%）、化工（6.03%）、交通运输（5.00%）、机械设备（3.84%）五个行业占全部上市公司 2010 年净利润的 74.99%，其余 18 个行业的净利润占比仅为 25.01%。而 2009 年金融服务等五大行业占全部上市公司净利润的 77.86%。

将中美两国之间一些典型的蓝筹企业的当前市值进行一个粗略的对比（见表 6 – 1），美国企业的选取主要是金融、高端制造业、高科技、医药、日常消费品以及文化创业等几个产业，而这几个产业也正是美国得以建立全球经济优势的关键领域，其龙头在全球的竞争力遥遥领先，并对美国的软硬实力构建都有着杰出的贡献。

表 6 – 1　　　　　　　　　　中美蓝筹企业市值对比

美国公司	市值（亿美元）	对应中国企业	市值
波音	485	中国南车	678（亿元）
西门子	1036	美的电器	504（亿元）
戴尔	267	联想集团	558（亿港元）
苹果	2863	无	
微软	2399	无	
谷歌	1810	百度	380（亿美元）
迪士尼	695	无	
亚马逊	765	阿里巴巴	746（亿港元）

看到一些美国企业完全缺乏哪怕是近似的对比标的，而这种现象主要来自于文化、科技领域。就美股的情况来看，非常明显的一点就是新兴科技、消费、医药等企业是巨无霸的温床，作为制造业技术含量皇冠和全球垄断者之一的波音公司，其市值只是苹果的 17%、强生的 28% 和宝洁的 27%，让人印象深刻。

2. 基于资产类型的商业模式对比分析

（1）金融资产型商业模式对比分析。

金融资产商业模式类型方面，有金融分销商、金融出租商和金融代理商。金融是巨无霸的传统诞生地，特别对于美国这个具备全球金融影响力和规则制定者的国家而言更是如此。在金融领域，中国企业可谓轻松完胜，工行稳坐世界第一的宝座，其他如中行、农行、招行、建行、兴业等等也都动辄几千亿元的市值（不算 H 股）。美国道指 30 成分股里银行业股票仅存摩根大通（市值 1.2 万亿元人民币）和美国银行（市值 1.28 万亿元人民币）两只。

对银行多年的年报分析可以看出，截至 2010 年年报，利差收入撑起收入"半边天"，净利差收入仍是利润增长主要来源。一面是有保护的利率下的垄断利润增长，一面是反复依靠各类再融资渠道的规模扩张，持续多年的银行高利差商业模式亟待改变。据三星研究院对建设银行和中信银行的分析，两家银行在金融产品和金融服务方面基本保持一致，这也是国内商业银行业的商业模式通病。具体表现为金融产品同质化现象严重，缺乏产品独创性，绝大多数产品是从国外引进，本土化程度不高，部分产品接受度不高。而且这些仅有的产品的推广和使用上没有统一的标准。在对是否能为客户提供最合适的产品往往取决于银行客户经理自身水平。

券商是属于金融代理商模式，靠手续费赚钱。中国券商股总市值达到了6600 亿元人民币，美国没有像中国券商股这种单纯靠收点交易手续费就能上市的券商公司，像中国证券公司这种业务单一的公司在美国连上市恐怕都困难，反映美国在金融业方面的商业模式创新确实领先全球。美国证券业 1975年开始手续费率自由化，通过约 20 年的转型，到 20 世纪 90 年代初一举夺回了被日本证券业在收入、利润等指标方面领跑的位置，并在 90 年代以后凭借金融创新与全球化，拉开了与其他国家证券业的差距。审视目前我国证券业的现状，总体上接近于 20 世纪 60 年代末美国证券业的状态，其未来的商业模式演进方向与路径，将是浓缩美国证券业 20～30 年的历程。

（2）实物资产型商业模式对比分析。

实物资产商业模式创新方面，有 4 种商业模式。美国高端制造业，不是指制造汽车、钢铁、电机之类的低端制造业，以美国的现状来看，与航空航天相关的如飞机火箭、航空发动机、相关材料等制造业才能称之为高端制造业。琼斯指数 30 成分股里与航空航天高关联的高端制造业股票就有 3 只，分别是波音公司（航空航天，市值 4000 亿元人民币），联合技术公司（航空航天、防御，市值 4800 亿元人民币），GE 通用电气（航空发动机、相关电子设备等，市值 1.4 万亿元人民币）。我们可以看出，在美股的构成中，涉及航空航天的高端制造业占据了重要地位，这里仅仅是统计了道指 30 成份股，在美股里还有上述公司很多相关子公司上市和制造 F35 的洛克希德·马丁（市值 2000 亿元人民币）这些著名公司等等构成了美国股市的根基。

再来看看我国 A 股的结构，如果要选出 30 只成份股的话可能没有高端制造业的份，以沪深 300 为例，仅仅有一只西飞国际（市值 200 亿元人民币），其他不在沪深 300 的比如哈飞股份市值 60 个亿，洪都航空 90 个亿，再算上航天电子、航空动力等等整个 A 股的航空高端制造业市值加起来不足 800 亿元人民币，还比不上美股里一个小型的军工股。

再看汽车、钢铁、石油、煤炭等低端制造业和能源行业，中国汽车和钢铁股的总市值和龙头股市值都已经超过美国同行业，而能源行业的中石油更是以 2.5 万亿元人民币的总市值雄踞世界榜首，超过了美国同行艾克森美孚一大截。在中国过股市上新能源股票很多的是一个低端制造业企业，技术含量并不高。制造风机的金风科技市值居然达到 500 亿元，超过了西飞、哈飞、洪都三大飞机制造企业的市值总和。

从上面各热门行业的市值结构与美国股市比较来看，中国的金融、地产、低端制造业、能源行业包括新能源产业在 A 股已经发展到相对极度膨胀的地步，而相反的是航空高端制造业在股市的发展却极度滞后和不足，这恰恰也反映是中国经济结构的畸形发育不良，整体商业模式亟待转型升级。

（3）无形资产商业模式对比分析。

无形资产的商业模式方面，有无形资产的创造商、无形资产出租商等商业模式。这方面的商业模式集中于第三产业，表现为品牌的运营。

信息科技与文化传媒板块，不但是市值规模上的悬殊，而且由于某些行业的全球垄断特性，一些企业在国内基本上都找不到其类似的乃至山寨者。其原因是服务经济，如果从经济体系演进和产业链延展的视角来看，其本质在于产业链的延展所表现出来的分工的细化，同时也是市场发育深化的具体表现。进一步说，现代服务业的发展实际上也是企业经营能级提升和市场经济中的商业模式创新问题。纵观世界经济发展的历史，伴随着科学技术的进步和经济活动手段的现代化、活动内容的多样化，不断地派生出新型的商业模式和业务形态，可以说现代服务业的发展与商业模式创新是密切相关的。而服务业企业竞争力的提高离不开敏锐感觉市场需求，准确把握市场机遇和及时为顾客提供价值的能力和服务。服务需求有不同于产品需求的特点。因为服务需求，尤其是新兴的服务需求或高端的服务需求，大多是潜在需求。也就是说，消费者和生产者的产品需求有着比较明确的指向性，对应已知其内容的需求，供给只要根据订单就可以提供了；而他们对服务的需求是潜在需求，需要通过创业者和企业家的挖掘才能够被发现，当达到满足商业模式的生产规模时，方可持续提供服务。

（4）人力资产型商业模式对比分析。

人力资产出租的承包商商业模式，虽然近年来中国承包商在国际市场上发展较快，但欧美地区的承包商仍在国际市场上占主导地位。在 2010 年全球最大 225 家国际工程承包商名录中，排在前 20 位的美国有 4 家、中国有两家。纵观国际市场，为了应对日趋激烈的国际竞争，一些大型国际工程承包商不断创新经营模式，采取收购兼并、跨国经营、创建名牌、多元化发展等方式，从单一型承包工程企业发展成综合型投资开发企业。以美国排名前 10 名的两家为例：福陆公司是一家综合性工程公司，不是单纯搞施工。该公司提供的服务可以是一站式的（项目的开发到运行维护直至拆除），也可以是提供整个服务链中的某一项。柏克德公司是综合性的工程建筑公司，提供全方位的工程服务，包括工程设计、采购、施工，项目管理，施工管理。

国内建筑行业中出现了少数如中国建筑、中工国际、隧道股份等优秀企业，它们经过多年积累，凭借不断技术创新、管理升级，逐渐从传统的价值链低附加值环节中脱离出来，专注于高端的、高附加值领域，正快速崛起为行业领袖。这种崛起与以往国内企业通过简单产销规模扩大而"崛起"显著不同，它们更注重增长的质量，商业模式的创新，崛起的路径更多的是依靠产品升级、技术进步、服务改善等高附加值手段，还通过价值链整合，全面提升企业价值和整体效能，引领企业商业模式的转型。

6.1.3　差异的原因分析

1. 两国企业所追求的商业模式不同

美国公司如今都追求以"企业价值"为轴心的商业模式，而不是追求简单的近期收益。已基本走出了家族特色，由众多公众分散持股，在商业模式上从现金流的最大化转向企业价值的最大化。亚马逊公司的故事，或许最能展示基于现金流的传统商业模式与基于企业价值的现代商业模式的差别所在。到 2005 年，亚马逊公司实现毛利润 20.4 亿美元，净利润 3.3 亿美元，今天的股价是 1997 年上市时价格的 24 倍，9 年期间涨了 23 倍。如果中国企业和创业者还只能追求基于现金流的传统商业模式，那么他们的短期盈利目标会继续迫使他们不敢做风险投资，创新不会是他们的首选。

财富实现手段催生了美国过去 100 多年来的创业、创新文化，也正在改变中国的创业、创新景象。没有活跃的股权市场，难成创新型国家。很显然，只有企业模式创新与资本市场形成良性互动，才会带来传统行业发展的新突破，这无疑激发了创投改造传统企业的积极性。

2. 两者的产业周期不同

由于产业的生命周期构成了企业外部环境的重要因素，所以产业周期对于企业的发展及其商业模式有很大的影响。萌芽期的商业模式创新实际上涉及其各组成要素，更易形成独特的商业模式。不过其着重点在于确立新型的价值主张，创新价值网络；成长期的更多的是提升技术，进行更好的价值创造和价值维护。成熟期产业结构化程度较高，游戏规则较明确，不过新进入者有可能打破这种规则，进行价值主张模式创新，从而确立新的价值创造方式和新兴网络。衰退期的商业模式创新更多的通过产业融合和资源整合的方式，而再生期则更需要商业洞察力。可以看出，每一种商业模式的背后都有其思想和价值观，都有其相应的文化和社会环境。背后的思想和价值观是"道"，而创新路径是"术"，从这点来说，商业模式创新需有文化和价值观作为支撑或者说是文化和价值观先行。

3. 企业家创新精神的不同

长江商学院院长项兵认为，西方顶级的强大经济核心，不仅仅是科技，更重要的是商业机构，那些伟大的商业机构都拥有独特的商业模式。阿里巴巴、苹果、戴尔、eBay 等都是拥有创新商业模式的企业。当谈到这些创新的商业模式时，往往会与这些企业家及企业家精神紧密联系在一起。一种崭新的商业模式是企业家创意与资源整合的载体，通过它企业家实现了资源的优化配置，达到了追求"熊彼特租金"的目的。由于企业家创意价值的信息不对称性、企业家精神及其人格魅力的独特性、企业家能力的不可让渡性决定了商业模式创新必定通过企业家自身来完成，即商业模式创新是企业家的创新。

中国目前的企业家队伍依然是建立在对资源和产业的开发和成长上，而美国的企业家队伍已经是建立在对人的知识和技术的开发和成长上了。这就是一个是标准的"工业时代"的企业家群体，一个是标准的"信息时代"的企业家队伍。史玉柱和乔布斯，两个同样具有商业天赋，且性格背景相似的创业者，最终一个网络游戏商，而另一个成为这个星球上最具创造力的企业家。

和中国这 20 年培养了三代企业家所不同的是，美国最近 20 年最成功的是三件事："一个股市，一个产业，一个模式"，即纳斯达克二板 + 信息产业 + 风险投资模式 = 批量美式企业家。中国这 20 年从产业企业家向信息服务业企业家开始转型，但远未成型和成熟，而美国这 20 年的发展，则完全走出了传统企业家成长的培育体制，摸索成熟了新一代在新的风险投资模式下快速批量培养和生产企业家的道路。

6.1.4 国内商业模式创新的方向

1. 从一般的制造商到创新型制造商

通过对比应该清楚地发现，在 A 股企业的商业模式中，创新型制造商的商业模式亟待发展，也是目前商业模式的很大的短板。一个真正强国的标志就是航空高端制造业，这个道理已经在美国现在的经济和股市结构里面得到充分的反映，安理会 5 个常任理事国里高端制造业最落后的也是中国。而中国未来要成为真正的强国，制造业的商业模式转型是必经之路，这一步无法绕开，也不可能绕开，高端制造业的升华过程必须借助股市也必然要体现于股市，这是一个必然的趋势。

创新型制造商——我们将其定义为那些在研发方面投入较行业平均水平要高的制造企业，其市场表现位居榜首。苹果公司就是创新型制造商的一个例子。

苹果公司 2008 年的商业模式中包括 86% 的制造企业，7% 的承包商以及 7% 的知识产权出租商，其产品如 iPhone、iPhone 在线商店、iPad、MacBook Air 和 iTunes 为其支付了大量股息。从投资者角度来看，这是一个强有力的组合。

2. 从单一的商业模式到智能型商业模式

成功商业模式的死敌是静态。以消费者需求为中心，保证企业的商业模式永远处于随需而变的动态更新中。这种随时间推移所做的商业模式转换直接影响着投资者的感受，如 IBM。在 IT 业，IBM 一直引领着行业的潮流，微软和 dell 起步的时候都把蓝色巨人作为追赶的目标。事实上，IBM 本身几乎就是个完美的重构典范。从最开始的大型商务机器制造商，到全方位硬件产品线的提供商，再到硬件的整体解决方案提供商，软件集成，再到最近服务转型后的知识集成，IBM 无时无刻不在重构着自己的企业，而每一次重构，都是一个全新 IBM 企业的诞生。

3. 从加法型商业模式到乘法型商业模式

传统的利润累积型企业靠"加法"生存；成功设计和再造了新商业模式的企业，则能够突破自身实力的束缚，进入"乘法"型商业模式。典型的如迪士尼，用迪士尼公司品牌做乘数，在后面乘上各种经营手段以获得最大的利润。迪士尼公司从每一部影片的票房获取第一轮收入；发行录像带是第二轮；如何使主题公园——每放映一部动画片就在主题公园中增加一个动画人物，让旅游者入园消费；接着以特许经营的方式销售品牌产品。除了以上"四轮经营"，迪士尼还锐意收购电视媒体，借助电视的力量，保证四轮经营的顺利转换。

6.2 同行业不同企业商业模式比较

以上市公司广电运通和御银股份为例，将两者的商业模式分为调整型商业模式创新和改变型商业模式创新，且两者分别处于行业的成长期和初创期。广电运通和御银股份都是 ATM 生产及运营领域内有竞争优势的企业。

广电运通（002152）是一家以银行自动柜员机（ATM）、智能交通自动售检票系统（AFC）等自助设备产业为核心，自主研发、生产、销售及服务的现代化高科技企业。致力于为客户提供高品质的金融自助设备及其系统解决方案，包括拥有自主知识产权的银行自动柜员机（ATM）系列、地铁自动售票机（TVM）系列、超级自助银行、夜间金库、现金找零机、现金充值机等 20 多类产品。

御银股份（002177）是面向金融行业提供自助银行设备和整体解决方案的高新技术企业，其主导产品是自主研发、生产、销售、运营 KINGTELLER 系列银行存取款机及主机咨询服务，公司目前已形成年产量 4800 台的生产能力，产能和销售规模在国产 ATM 制造厂商中位居前列，同时也是国内 ATM 合作运营模式的开拓者和运营服务行业的"首席 ATM 运营服务商"，运营产品在国内 ATM 运营服务商中名列第一。

6.2.1　两者商业模式的比较

再次运用米切尔和科斯（Mitchell & Coles）则从商业模式构成的基本要素 5W2H（即从 Who、What、When、Where、Why、How、How Much）等方面来对广电运通和御银股份的商业模式进行分析（见表 6 - 2）。

表 6 - 2　　　　　　　　广电运通和御银股份商业模式比较

	广电运通	御银股份
Who	金融界及智能交通等领域	银行系统
What	ATM 的制造、配件销售、设备维护以及营运	ATM 的制造与销售、合作运营、融资租赁以及服务
Where	实体据点，即销售点生产点以制造为中心，配套服务	制造并以自身所生产的产品作营运，延伸了企业价值链
When	随时响应客户需求	随时响应客户需求
How	产品出售、服务收费等	ATM 的跨行取款手续费分成
How much	以制造为主（约占九成以上）有定价能力及价格优势	近五成来自销售，三成来自运营；与银行议价

资料来源：以上材料根据御银科技股份有限公司网站与广电运通股份有限公司网站的介绍整理而成。

6.2.2 两种商业模式获利能力的比较

盈利能力是各方面关心的核心，也是企业成败的关键，只有长期盈利，企业才能真正做到持续经营。因此无论是投资者还是债权人，都对反映企业盈利能力的比率非常重视。获利能力用净资产收益率和销售毛利率来表示，成长性用净利润增长率和主营业务收入增长率来表示。

从表6-3可以看出，广电运通的净资产收益率比御银股份要好，而且很稳定，净利润增长率也要高。就主营业务收入增长率而言，两者的均值几乎一样，但御银股份的增长率的波动性更大。御银股份的毛利率高于广电运通，主要原因是其合作运营和技术服务的毛利率分别达到80%～90%（见表6-4）。

表6-3　　　　广电运通和御银股份获利能力及成长性的比较　　　　单位：%

项目	企业	2007年	2006年	2005年	2004年	平均值	2008年/季度
净资产收益率	广电运通	22.55	37.24	25.46	35.51		
	御银股份	15.26	32.13	19.87	27.58		3.8700
销售毛利率	广电运通	47.18	53.55	51.11		50.55	44.17
	御银股份	67.28	67.49	62.18		65.65	68.31
净利润增长率	广电运通	156.90	143.55	22.47		107.64	
	御银股份	71.82	206.34	-10.06		89.36	
主营业务收入增长率	广电运通	93.89	71.81	31.04		65.58	
	御银股份	78.51	100.89	19.37		66.25	

表6-4　　　　广电运通和御银股份不同产品的毛利率的比较　　　　单位：%

企业	项目名称	专业设备制造业（行业）	ATM产品销售（产品）	ATM合作运营服务（产品）	ATM融资租赁（产品）	技术服务（产品）	其他业务（产品）
御银股份	毛利率	67.28	58.37	80.00	64.99	90.59	68.93
	占主营业务收入比例	100.00	48.56	33.59	15.41	1.69	0.75

续表

企业	项目 名称	专业设备制造 业（行业）	ATM 产品 销售（产品）	ATM 合作运 营服务（产品）	配件销售	设备维护	
广电 运通	毛利率	47.18	46.50	61.52	54.24	51.27	
	占主营业务 收入比例	100.00	92.99	2.93	1.62	2.46	

6.2.3 综合财务比较

存货周转率是衡量和评价企业购入存货、投入生产、销售收回等各环节管理状况的综合性指标。可以看出御银股份的存货周转率和应收账款周转率都高于广电运通，但总资产周转率则稍弱于广电运通（见表 6-5）。

表 6-5　　　　　　　　广电运通和御银股份综合财务的比较　　　　　单位：%

项目	企业	2008 年/季度	2007 年	2006 年	2005 年	三年平均值
存货周转率	广电运通	0.34	1.51	1.79	1.41	1.57
	御银股份	0.43	2.09	2.69	2.36	2.38
应收账款周转率	广电运通	0.87	2.90	2.00	2.13	2.34
	御银股份	1.10	5.58	9.71	9.26	8.18
总资产周转率	广电运通	0.17	0.71	0.84	0.77	0.77
	御银股份	0.13	0.57	0.80	0.69	0.69
速动比率	广电运通	3.59	2.61	1.56	1.61	1.83
	御银股份	1.93	1.87	0.53	0.51	0.97
主营业务 收入增长率	广电运通	55.04	93.90	71.81	31.04	65.58
	御银股份	43.39	78.51	100.89	19.36	66.25
三项费用增长率	广电运通	14.92	33.02	49.45	32.39	38.29
	御银股份	152.71	85.86	67.89	47.84	67.20

速动比率方面，广电运通远高于御银股份。三项费用，即管理费用、财务费用、经营费用。

6.2.4 原因分析

1. 两者是在行业的不同生命周期进行的商业模式创新

广电运通和御银股份分别是排名第一、第二的 ATM 生产商，不过御银股份在 2002 年开始涉足 ATM 运营服务，从而延伸了企业的价值链，使得 ATM 销售和 ATM 运营服务之间形成了良性互动，也有利于其毛利率的提升。御银股份的主营业务即 ATM 的运营业务处在初创阶段后期成长阶段初期，竞争对手少。与一般处于初创阶段的行业的企业不同的是，其不需要很多的研发费用，市场的需求也很大，大众的 ATM 的运营业务也无须了解的过程。并且其运营业务建立在自身生产产品之上从而能降低运营成本，但相应的人力的投入还是不可少的，并且业务处于开拓期而使得管理费用与经营费用等三项费用增加较快。

广电运通的主营业务处在 ATM 的成长阶段中期。这个阶段 ATM 在我国发展较为迅速，全国联网 ATM 数量从 1997 年的 18346 台到 2006 年末的 978 万台，每年都保持两位数的高速增长。根据 RBR 的预测：2006～2011 年期间，全球 ATM 保有量将新增 44 万台，增长 29%。其中：亚太 ATM 保有量增长达到 35%，是三大 ATM 市场中增长最多的地区。

ATM 制造行业同时也属于技术密集型行业，由于 ATM 设备最主要的功能是现金的存取，设备的技术可靠性直接关系到银行卡持卡人的现金安全，这就导致行业下游的银行类金融机构在选择供应商时会把技术实力和售后服务能力作为重点考虑因素，因此制造商的技术实力和售后服务能力会直接影响其市场开拓能力。由于行业的进入需要有较高的产品研发生产技术水平，而这种技术水平主要来源于企业长时间、大规模的研发生产实践，需要持续的经验积累，因此这也成为进入行业的主要障碍。

2. 两者商业模式创新的程度不同

从商业模式创新的程度来看，广电运通的商业模式创新是调整型的。调整型商业模式创新即没有改变制造业商业模式的核心逻辑，只是对原有核心逻辑的完善和发展，其适应于具有一定动态性但变动又不是很剧烈的经营环境，这个阶段消费者的偏好基本形成。实际上广电运通的也是按照这个特点来实行的：在技术方面，强调技术的研究来提升产品性能，如广电运通目前已掌握了串口分配器、一体化加密键盘、后台维护终端、出钞闸门等 20 多项 ATM 主要模块的研发技术，改写了我国 ATM 钞票识别依赖国外技术的历史；构建了最完备的 ATM 服务保障网络，建立了覆盖面广的服务网络和响应及时的服务保障系统。可见，对于处于成长期或成熟前期的 ATM 行业来说，广电运通的商业模式是与行业环境相适应的。

御银股份的商业模式创新属于改变型商业模式创新，即以合作运营方式或融资租赁方式为银行类金融机构提供 ATM 运营服务，公司负责提供 ATM 设备、网点选址、设备维护、技术支持等服务，银行类金融机构负责将 ATM 网点向中国银监会或其授权机构报备、提供加钞和清算等，合作银行在收取跨行交易的代理手续费后，按照合作协议约定的比例将公司应收取的服务费支付给公司。这样其收入来源就来自于 ATM 的跨行取款手续费分成，与 ATM 的制造销售的商业模式就有很大的不同，属于改变型商业模式创新。

3. 两者商业模式所对应的知识结构复杂程度不同

御银股份是国内"ATM 合作运营模式"的开拓者之一，公司在承接该类业务时，无先例可循，因而增加了公司知识结构的复杂性带来了知识管理的难度。尤其在 ATM 运营方面的经验也需要积累的情况下，受环境的影响比较大，公司的收益与 ATM 的制造—销售的商业模式的收益相比就更加不稳定。当然如果银行专注于核心业务而将更多的非核心业务如 ATM 业务外包，则将给其带来很大的成长空间，其在 ATM 销售和 ATM 运营服务之间也将形成良性互动，其业务将实现跳跃式的发展。

广电运通的商业模式从知识管理的角度来说相对容易，但随着更多的竞争者的加入，如国内上市公司恒宝股份宣布进入 ATM 制造，客户资源是恒宝股份的主要优势，多年来与下游银行、通信运营商的业务合作将成为开展 ATM 的生产、运营的基础。由于 ATM 客户与银行卡、通信卡等业务客户完全重叠，使恒宝股份更容易开拓此领域，其客户资源优势将得到体现。竞争的加大将使 ATM 销售的高毛利率难以维持。

综上所述，通过对广电运通和御银股份的商业模式创新的分析，发现商业模式创新程度较高的企业能得到较高的获利能力，但也带来了增长的不稳定性，因而在净资产收益方面可能受到影响。但从长远来说面对的竞争压力要小。从知识结构而言，商业模式创新会带来知识管理的难度，会导致公司管理费用等费用的增加因而企业在商业模式创新的同时应对难度增加的知识管理加以应对。

| 第 7 章 |

商业模式转型研究

7.1　商业模式转型模型研究

　　企业商业模式建立在对外部环境、自身的资源、能力的假设之上，因此没有一个商业模式适用于任何企业，也没有一个商业模式永不过时。随着外部环境的变化，原来运作良好的商业模式也有风光不再的时候，表现为顾客不断流失，盈利能力急剧下降，这时候就需要商业模式进行转型。商业模式转型是企业取得持续竞争优势的核心来源。正如麦肯锡（Mckinsey）所说："领导企业商业模式转型的精妙艺术是企业在动荡的竞争环境中所有核心能力中最为重要的一个"。国务院 2010 年出台的《关于加快培育和发展战略性新兴产业的决定》指出要支持市场拓展和商业模式转型。要像关注技术创新那样，关注商业模式转型；要像支持技术原始创新那样，支持商业模式的原始创新。因此深入研究影响商业模式转型的因素及内在机理，提上研究日程。

7.1.1　企业商业模式转型动因

1. 商业模式的周期性

莫里斯（Morris, 2003）曾经指出，商业模式具有生命周期，它应包括规范期、强化巩固期、适应期、修正期和再造期，企业的商业模式将从基础层向特有层、规则层演进，而且随着企业环境的变化，有效的商业模式必须面临调整。

2. 产业的周期性

在任何一个传统的行业中，产业链都在不断细分、拆解、重构、融合，甚至与其他行业交织、渗透，这必然对原有商业模式提出转型的要求。而产业吸引力和产业的进入、退出壁垒等因素构成的企业外部竞争环境如果发生对企业不利的变化，企业将会面临更大的竞争压力。许多企业都希望通过商业模式的转型与创新将其市场竞争的相对劣势转化为相对优势，以重新取得有利的竞争地位。

3. 企业家的雄心

由互联网技术、IT、通信等技术革命带来的新经济商业模式正在逐渐侵蚀着传统的商业产业链，从而对传统商业模式进行有益的补充、改良乃至颠覆。技术革命，为企业商业模式转型提供了强大的外围支持。外界环境的变化只是商业模式的演变的外因，企业家精神对商业模式转型起着直接推动作用。商业模式的发展过程就是创意的开发过程，是创业者利用资源与个人禀赋创业的过程。创业者本身是商业模式创新的直接参与者与规划者，这在张近东与苏宁电器、江南春与分众传媒、梁建章与携程旅行网、戴尔与戴尔公司等都可以清楚地看到这一点。

7.1.2 商业模式转型模型

对于企业转型的研究，国内外学者从不同角度给予了广泛的关注，提出了不同的见解。组织学家贝克哈德从组织行为学角度将企业组织转型定义为：企业组织转型是"组织在形式、结构和性质上发生的变革"；莱维和默瑞（Levey & Merry，1986）将组织转型描述为一种彻底的、全面的变革，认为"组织转型需要解决组织的核心流程、精神、意识、创新能力和进化等方面的问题"；巴图克（1998）认为：组织转型是一种发生在组织对自身认识上的跳跃式的变革，并伴随着组织战略、结构、权力方式、模式等各方面的变化。

国内学者吴家曦（2009）认为：企业的转型就是一种状态向另一种状态的转变，即企业在不同产业之间的转换和不同发展模式之间的转变，前者表现为转行，后者表现为转轨。李烨（2004）总结了西方企业转型模式的特点，从单方面转型到多方面内容转型且更强调观念和行为模式的转变；转型难度及其复杂性日渐增加；逐渐从危机驱动下的被迫转型转向战略导向下的主动转型。转型是一个充满风险和挑战的过程，产业的兴衰更替无数次地淘汰了未能成功转型的企业，甚至是行业的领导者。

全球商业已经进入了第 5 个结构性变化的新时期，过去的做法和熟悉的管理办法已经不再灵验。决定着成败的工具、做法和行为可以总结为一句话：要么转型，要么破产。虽然企业界对转型成功的价值已形成共识，但在日新月异的市场环境下，企业转型的周期越来越短、转型的难度越来越大、对转型的要求更加复杂，要想达到预期的转型结果绝非易事。如何寻找正确的转型方向、搭建转型方案实施的平台、找到转型所需的人才并调整心态度过转型的迷茫期，以最大限度地降低转型风险、突破转型"瓶颈"，成为企业转型过程中的重中之重。

依据此提出企业转型模型（见图 7-1），意图搭建企业高层用于商业模式创新的方法与平台。此模型从资产配置、收入模式、价值链三个维度对企业商业模式转型进行解读，对企业商业模式创新的路径进行的具体分析，帮助企业高层在商业模式创新过程中进行系统的思考、务实的分析、有效的资源调配及执行跟踪。

转型涉及企业整个组织，不是企业管理者个人的事情。这要求企业高级管理层必须全面改变整个企业组织的价值观，规划一个新的企业远景并在企业整个范围内广为传播和分享，所以转型必须触动企业深层次的内容，如企业信念和行为并促使其转变，所以企业文化是转型之基础，正如金蝶企业的转型要转心。企业家从当初的创业家向未来的思想家转型，从为生存、利润的局限性思考转向注重社会责任、平衡利益相关者，并应用哲学思考。思想家就是研究思想、思维和思考模式并且形成思想体系、方法论的人。思想家通过影响他人来形成执行力，促使战略、研发、运营、组织文化的落地，所以从这点来说，领导力是企业转型的保证。

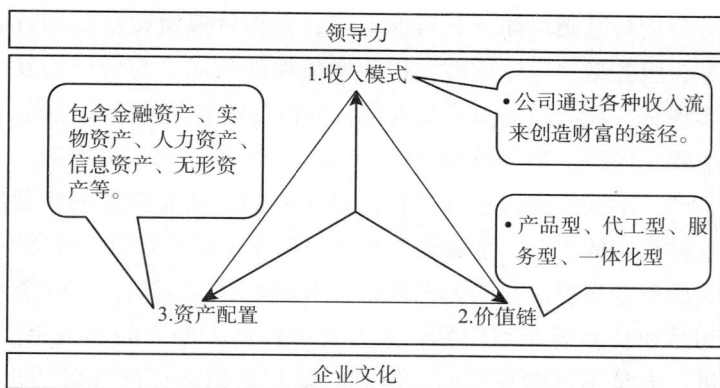

图 7－1 商业模式转型模型

商业模式是采取行动所依据的蓝图。通过运用它来检验你希望实施的行动，你能更好地理解什么措施行之有效，什么措施徒劳无功。在商业模式转型里，收入模式是核心，价值链分析是基础，资产配置是支撑。

收入模式有三个关键词：主营业务、锁定客户、盈利点。收入模式类型多样：出租模式、分销模式、服务模式、代理模式、股权模式等。收入模式的转型就是要提出新的价值主张。价值主张的问题：你做的有什么与众不同？突出差异点，寻求客户的共鸣点。用价值曲线找出自己的价值主张（见图7－2），针对价值主张，提供配套服务，获取收入。

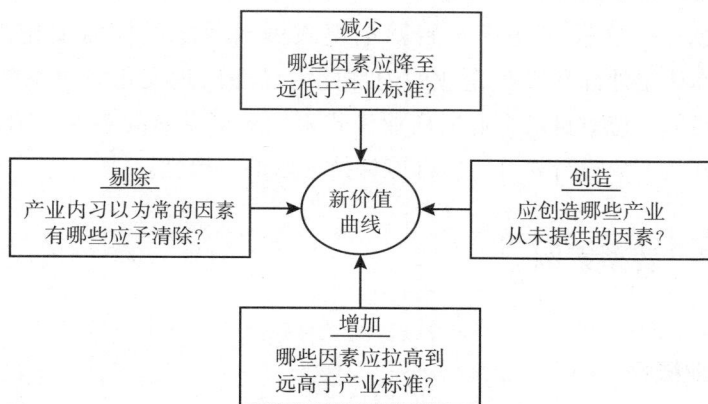

图 7－2 价值主张创新模型

价值链分析是基础。如就制造业而言，根据价值链覆盖范围分类：产品型、代工型、服务型、一体化型。价值增值伴随着成本与费用的发生，问题的关键是实现每一项活动的净值最大化，并占据高利润的活动区间。

资产配置是保障。根据核心资产的分类：金融资产、实物资产、人力资产、无形资产，不同模式四种资产比例是不同的。商业模式的转型需要企业对资产配置做相应的改变。金融资产是指包括现金和股票、债券等有价证券，以及确保其所有者掌握潜在的未来现金流权利的保险策略。实物资产包括计算机等耐用品和食品等非耐用品。人力资产包括人的时间和成果。当然了，从法律上讲，人是不可能买卖的，但其时间和知识却可以计费"出租"。信息资产是由企业拥有或者控制的能够为企业带来未来经济利益的信息资源。包括市场信息资产（品牌、客户关系和合同等）、生产信息资产和外部宏观信息资产。无形资产包括专利和著作权等知识产权以及知识、美誉度和品牌价值等其他无形资产。

一般而言，创新型公司无形资产比重很高。如微软无形资产占比95%，3M无形资产占比70%。在无形资产中知识产权的比例通常占80%，其中的专利的比例通常占60%。布林约尔松（Brynjolfsson）估计了《财富》100家（美国最大的100家）公司有形资产投资和IT投资与市场价值的相关性。结果表明，1美元有形资产投资在市场上的估价平均接近1美元，而1美元IT投资对应的市场价值接近10美元。

商业模式是动态的，不是静止的。几乎可以肯定你需要数次返工——也许是很多次——这样才能一开始就把模式做对。之后你需要定期进行检验——当你认定外部环境和企业的内部能力已经出现变化时再不断更新之。但是，只要你坚持对自己企业的商业模式采取实事求是的态度，则无论你对该模式的哪些部分进行修订，它都能保持前后的一致性。

7.1.3 转型案例

1. 企业概况

金蝶国际软件集团有限公司是香港联交所主板上市公司（股票代码：

0268）、中国软件产业领导厂商、亚太地区企业管理软件及中间软件龙头企业、全球领先的在线管理及电子商务服务商。以"成就员工梦想，帮助顾客成功，让中国管理模式在全球崛起"为使命，为世界范围内的企业和政府组织提供管理咨询和信息化服务。金蝶连续 7 年被 IDC 评为中国成长型企业市场占有率第一名、连续 5 年被《福布斯亚洲》评为亚洲最佳中小企业、2011年金蝶荣获中国香港顶尖资本杂志《CAPITAL》颁发资本杰出企业成就奖。

2. 转型动因

首先，中国企业信息化正在面临从全面信息化转向定制化，这导致服务市场发展迅速，增速不断提高；客户所需要的服务专业程度和质量要求越来越高，要求提供更多的管理附加值。企业需求在不断提升，单一的软件产品供应商模式已经远远不能满足客户的需求及帮助企业解决生存和发展的问题。

其次，原有管理软件市场竞争非常激烈，金蝶产品近些年增长速度和整体市场增长速度相同，市场份额没有增长；国外 ERP 巨头甲骨文（ORA-CLE）推出相应产品，中国台湾软件企业虎视眈眈，市场的局面将面临被分割、吞食的风险。从替代品角度讲，盗版软件对软件行业利润的蚕食非常剧烈。

在这种情况下，2008 年 4 月，金蝶宣布由产品型公司转向服务型公司，开始商业模式转型。

3. 转型举措

（1）转型先"转心"。

转型首先要"转心"，走正道，行王道，即按照事物的正常规律，平衡各方利益，兼顾利益攸关者是重塑商业文明和伦理道德的关键因素。企业家要"转心"，从当初的创业家向未来的思想家转型，从为生存、利润的局限性思考转向注重社会责任、平衡利益相关者，并应用哲学思考。

为了保证此项转型的成功，金蝶董事长徐少春提出，转型先"转心"。公司创造好的环境，让员工畅所欲言，点燃心中的那盏灯。"只有上下同欲，上下同行，以王道结合霸道，才能克服困难，成功转型。"企业文化方面，为了彻底消除中国民营企业中常见的"家长式管理"和"公司政治"，倡导家长式的文化向兄长式的文化转变，提出"没有家长的大家文化"。

（2）重新确立价值主张，改变收入模式。

在价值主张方面，金蝶告别简单销售 ERP 的竞争格局，走出了传统管理软件商攻城略地的战线，形成了独特的商业逻辑：逐步建立一个以中国管理模式为核心的智库，积极发展管理咨询服务业务，正在从一个产品提供者转型成为一个管理与 IT 整合解决方案的提供者。为了保证此项转型的成功，金蝶董事长以身作则，沉淀、思考、总结，企业家定位逐渐在发生转变——由过去的创业家向思想家转变，预示着金蝶再成长，开始新一轮跳跃，一次新的转变。

在战略方面，由过去的直觉式思考向系统的战略性思考转变（见图 7 - 3）。以 2008 年为转折点。前面更多的是一种渐进式的商业模式中价值创造模式的改良。在 2008 年正式宣布转型后，厚积薄发，开始大踏步地转向服务型公司。运营方面进一步走向精细化，建立覆盖客户购买、使用全周期的全程服务机制，以及完整规范的服务体系，推出具有完善的流程、严格的制度、明确的职能、合理的机制的服务品牌。

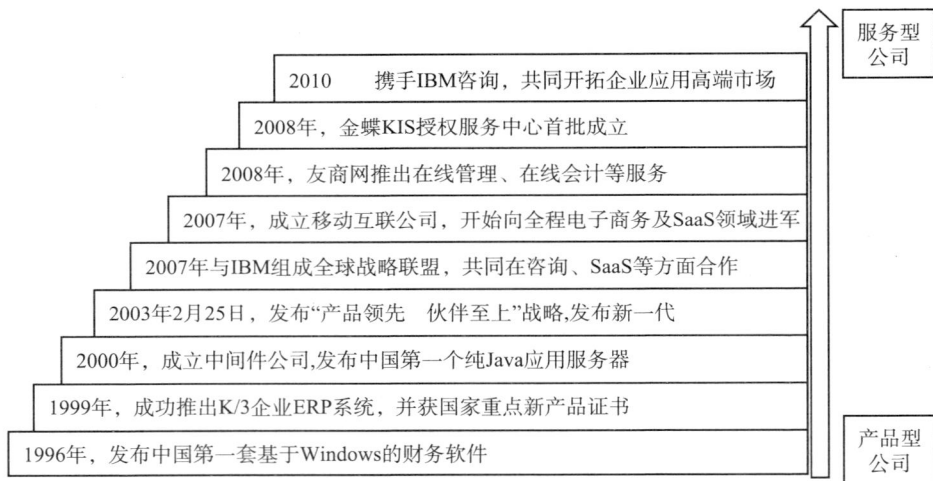

		服务型公司
2010	携手IBM咨询，共同开拓企业应用高端市场	
2008年，金蝶KIS授权服务中心首批成立		
2008年，友商网推出在线管理、在线会计等服务		
2007年，成立移动互联公司，开始向全程电子商务及SaaS领域进军		
2007年与IBM组成全球战略联盟，共同在咨询、SaaS等方面合作		
2003年2月25日，发布"产品领先 伙伴至上"战略,发布新一代		
2000年，成立中间件公司,发布中国第一个纯Java应用服务器		
1999年，成功推出K/3企业ERP系统，并获国家重点新产品证书		
1996年，发布中国第一套基于Windows的财务软件		产品型公司

图 7 - 3　金蝶从产品型公司到服务型公司的里程碑事件

（3）价值链方面，定位微笑曲线两端，走开放式道路。

软件业的三种模式——产品模式、代工（外包）模式、服务模式组成了软件的产业链上下游，金蝶将自己定位在这条"微笑曲线"的两端。为此，金蝶成立咨询事业部，独立品牌、独立业务、独立收费。布局互联网业务，计划将 ERP 软件、中间件和面对中小企业的管理软件与互联网服务对接，在兼并互联网企业香港会计网的基础上，发展友商网，创新"软件＋平台＋服务"的商业模式。

价值网方面，从传统的"封闭式"转向互联网时代的"开放式"，寄望更开放式的经营结构，联合众多伙伴加盟取胜市场。金蝶的战略联盟包括 8 大联盟伙伴：技术联盟、咨询联盟、客户联盟、分销联盟、培训联盟、服务联盟、实施联盟、政府及专家。其与 IBM 的合作，加速服务化转型获得市场高度认可。友商网方面则更为突出，2011 年，金蝶友商网把与互联网巨头联盟作为最为重要的战略之一。

（4）资产配置方面，重视专利与品牌。

价值维护方面，金蝶发展过程中非常重视品牌的培育。金蝶已基本形成以商标、专利、版权为主体内容，以法律手段和信息安全技术相结合的知识产权保护体系。金蝶极为重视品牌战略，不仅在制度上进行改善，不断健全知识产权管理制度，颁布了《知识产权保护条例》，还在组织架构上明确由法律部全权负责知识产权管理工作，并设定专人专岗负责商标、专利、著作权等的管理。

技术方面专注于管理平台软件技术和企业应用套件（EAS、K/3）的创新与产品化开发，以及产品质量的提高。通过逐步培育联盟的咨询、实施、服务市场与合作伙伴，最终形成完善的销售、咨询、实施、服务、培训、技术等联盟体系。

4. 转型成效

金蝶从产品型公司到"管理咨询＋解决方案＋管理软件"的整合型服务商和方案提供商的商业模式转型战略已见成效。金蝶服务收入从 2008 年的 3.08 亿元增长到 2010 年的 6.06 亿元，占总收入的比重从 2008 年的 35% 增加到 2010 年的 42.2% 。尤其是 2010 年的服务收入增长达 51.5% 。制造、建筑与房地产、零售与流通等行业解决方案的收入增长均超过 60% 。2010 年金蝶旗下友商网被计世资讯评为管理型 SAAS 市场份额行业第一、金蝶中间件荣获"德勤高科技、高成长亚太区 500 强"荣誉。

金蝶特有的转型路径就在于：直接剖析到软件业的本质内涵知识。紧紧抓住这一核心，梳理优秀中国企业的管理模式，建立咨询团队，所有一切都是在汇集知识之后，通过软件、咨询乃至更多创新的途径传播出去，变为新型商业模式。

7.2 商业模式转型方向——平台模式

平台模式就是构建多主体共享的商业生态系统并且产生网络效应实现多主体共赢的一种战略。首先，平台是一种现实或虚拟空间，改空间可以导致或促成双方或多方客户之间的交易。现实生活中有很多平台产业的例子，比如电信业、银行卡、互联网站、购物中心、媒体行业等。它们涵盖了经济中最重要的产业。平台的存在是广泛的，它们在现代经济系统中具有越来越大的重要性，成为引领新经济时代的重要经济体。平台的消费关系具体表现为：平台上卖方越多，对买方的吸引力越大；同样，卖方在考虑是否使用这个平台的时候，平台上买方越多，对卖方的吸引力也越大。平台的经济功能实质上就是提供或实体或虚拟的交易环境，从而降低消费市场中各方寻找交易伙伴的成本。

1. 平台模式本质上是一种商业价值逻辑

平台模式是一种基于价值创造、价值传递与价值实现的商业逻辑。这种价值逻辑具体体现为：首先，平台企业为平台的两边即供应商和终端顾客提供各种形式的服务的过程，就是平台模式价值创造的过程；其次，平台企业还担负着为供应商传递产品/服务给终端顾客，这一过程就是价值传递过程，也是平台模式的重要功能；最后，平台企业对来自终端顾客的货币支付以某种契约形式与供应商进行分成，这一过程就是价值分配与价值实现过程。这与商业模式研究领域内达成的为数不多的共识是相吻合的——商业模式本质上是一种价值逻辑。正如一些学者所言，过去十多年商业模式研究领域取得的最大成就，在于构建了商业模式与价值逻辑之间的联系。以苹果为例来说明平台模式的这种商业价值逻辑。在苹果的平台上，存在着三种类型的角色：作为中介平台的苹果公司，终端顾客以及各种内容提供商主要包括数字媒体（音频和视频）提供商、手机和电脑应用软件开发商以及为数不多的广告商。苹果公司为终端顾客提供电子设备和部分软件的过程，就是其创造价值过程；同时，苹果公司还为软件开发商和广告商提供各种形式的服务，这也是一种创造价值过程。大量数字媒体和通信电子设备的应用软件，通过苹果这一平台向终端顾客传输的过程，就是苹果完成媒体供应商、软件开发商与终端顾客之间价值传递的过程；苹果公司对来自终端顾客的货币支付与媒体供应商、软件开发商之间按照一定比例进行分成（如与软件开发商就顾客的付费下载以 3∶7 比例进行分成）的过程，就是价值分配过程，同时也是价值实现过程。

2. 平台模式价值逻辑具有特殊性

尽管平台模式本质上也是一种商业价值逻辑，但研究同时发现，这种价值逻辑同传统企业商业模式的价值逻辑存在着较大差异，具有自身的特殊性。

（1）平台模式的价值逻辑比传统商业模式更复杂。传统商业模式下，价值逻辑表现为"企业←→顾客"，企业为顾客提供产品/服务，顾客为获取产品/服务而支付货币。价值创造源于焦点企业为顾客提供的产品/服务；企业将产品/服务提供给顾客的过程也就是价值传递过程，顾客的货币支付转化为企业的价值实现。显然，这是一种简单的自上而下的线性价值逻辑。

相比之下，平台模式下的价值逻辑则要复杂得多。首先，就价值逻辑主体的身份和功能来说，平台模式下价值逻辑的主体至少包含平台企业、内容供应商和终端顾客三类性质不同的角色，且这些角色的功能和定位各不相同：内容供应商为终端顾客提供产品/服务，而平台企业则是为厂促成内容供应商与终端顾客之间的交易而提供服务。其次，这些角色之间的关系也非常复杂。内容供应商与终端顾客之间是买卖关系，但通常几者之间不能直接进行交易，即使能够交易这种交易效率通常也会表现得非常低下，因而需要借助平台企业才能提高交易的效率和范围；同时，对于平台企业而言，平台两边的内容供应商和终端顾客是两类性质不同的顾客，且这两类顾客之间存在交叉网络效应，任何一边的强大会吸引另一边的膨胀，而任何一边的缺失都会导致平台的瘫痪，三者之间构成了一个相对独立的闭环系统。在这一闭环系统中，存在着两套价值逻辑体系，即一套是供应商与终端顾客之间的价值逻辑，另一套是供应商、平台企业和终端顾客几者之间的价值逻辑。其中，第一套价值逻辑即供应商与终端顾客之间的价值逻辑是平台模式存在的前提和基础，具有主导性；而第二套价值逻辑的存在是为第一套价值逻辑的实现而服务的，具有从属性；但是，若第二套价值逻辑缺失或低效，第一套价值逻辑将受损甚至不复存在。

（2）价值传递在平台模式中居于核心位置。在传统商业模式下，企业为顾客提供产品/服务的过程，就是价值向下游顾客传递的过程。企业能力和竞争的核心体现在如何通过产品/服务的创新来为顾客创造更多的价值；即使没有中间商渠道，企业自身也可以把产品/服务传递给顾客，只是这种传递效率通常不怎么高。

但在平台模式下，价值传递却成了平台模式的关键与核心。这可从平台模式的发展、演变历史得到推断。从最初的集市、拍卖等开始算起，平台模式的历史已有几千年之久，但发展缓慢，一直未能成为社会经济的重要角色。直到人类社会进入网络时代，平台模式才得以爆发。而网络对于平台模式的最大作用，正是在于其根本上改变供应商与顾客之间的价值传递模式和效率：传统模式下，供应商既是价值创造者又是价值传递者，这种功能的重叠不符合社会分工趋势，价值传递从中独立出来就成为一种内在要求。平台企业的出现，从根本上改变了供应商与顾客之间关于产品/服务的流通模式，使价值传递效率得到了本质的提升。现实经济中，平台企业与传统企业（如电商与实体店）之间的竞争、平台企业与平台企业之间竞争的核心，无不围绕产品/服务传递的效率。苹果iPod播放器之所以能一举打败当时市场老大的先锋，根本原因并不在于苹果播放器具有独特外形与高质量音质，而在于苹果搭建了一个有效地把数字音乐传递给音乐爱好者的iTune平台，大大提高了价值传递效率。可以说，高效的价值传递功能，是平台模式崛起的关键所在。当今网络社会，谁能把产品/服务更加有效地传递给顾客，谁就最终能在市场竞争中掌握控制权。

（3）平台模式价值逻辑的各环节出现分离。传统商业模式下价值逻辑的各阶段中，价值由焦点企业以产品/服务的形式创造出来；企业同时还承担将产品/服务传递给顾客的任务，这一过程就是价位传递过程；顾客以货币支付形式购买产品/服务的过程，就是企业价值实现的过程。可见，在传统企业商业模式价值逻辑的各阶段中，企业是唯一主体，主体角色的一致性，保证了传统商业模式价值逻辑的各阶段不存在分离现象。

但平台模式下价值逻辑各阶段出现了分离。首先，价值创造主体与价值传递主体之间相互分离。平台模式中，终端顾客的需求来自供应商提供的产品/服务，因而供应商是价值的创造者。但是，由于条件或资源限制，供应商通常无法完成对产品/服务向顾客的传递，供应商丧失了价值传递功能，这种价值传递职能转由平台企业来完成。因此平台模式下，价值创造主体与价值传递主体出现了分离。其次，是价值创造过程与价值实现过程的分离。传统模式下，价值创造与价值实现是一体的：企业为顾客提供产品/服务，顾客为此支付货币，"一手交钱，一手交货"，企业为顾客创造价值的同时也为自己获取了利润，价值创造与价值实现同步完成。但在平台模式下，价值创造与价值实现之间不再具有必然联系。很多平台企业（如网站）为顾客（如网民）提供各种服务如信息搜索、电子邮件往来等服务，但却无法从中获取利润，顾客价值的创造与提高并不必然为企业带来利润，价值创造与价值实现出现了分离。这种分离，需要管理者在设计和创新平台模式时引起足够重视。

7.2.1 平台型商业模式的特点

平台模式属于行业和价值链层级的代表模式，吸引大量关键资源，实现跨界整合，并能以最快的速度整合资源，使企业家将眼光从企业内部转向企业外部，思考行业甚至跨行业的机遇和战略。建立平台型商业模式的企业，如苹果、沃尔玛等不仅可以迅速扩张市场，还完全脱离了例如价格战等一般层次的竞争，达到了不战而屈人之兵的最高境界。

平台型商业模式的特点主要有以下四点：

第一，一定要以某些核心王牌产品做切入点，打造平台模式的基础，我们称之为"世纪入口"，有了此基础，才可以让各方在此基础上推出产品，并提供延展的各项服务。

第二，平台模式服务于某一人群，必须有足够多的用户数量。实际上，平台模式的成功证明了梅特卡夫准则：每个新用户都因为别人的加入而获得更多的交流机会，导致信息交互的范围更加广泛、交互的次数更加频繁，因而"网络的价值随着用户数量的平方数增加而增加"，"物以稀为贵"变成了"物以多为贵"。

第三，明确游戏规则。用无限生产满足无限需求，不仅可以革命性地降低成本，还实现了收入倍增、盈利倍增。平台型商业模式的企业需要设计一套使得生产和需求双方能够互动运转起来的游戏规则和算法。如苹果对于自己不能有效满足用户无限需求的"瓶颈"，实施开放策略，实现客户共享，用来自社会上的无尽的"N"弥补自身交付的不足。于是，社会上无穷无尽的"N"开始源源不断地向平台聚集，无限的生产满足了无限的需求。但是，需求和供给买卖都是根据设定好的游戏规则和算法自动完成匹配。在这个平台上，服务和产品被无限延展。

第四，重构整个生态系统。由于海量的产品和企业在平台上大规模、生态化聚集，大幅度价低了企业的协作成本，并创造出一个竞争力足以与大企业相比拟、但是灵活上更胜一筹的商业生态集群，在这种协同模式下，企业的进入成本和创新成本都得到了明显的降低。

传统型商业模式基本上是产品竞争思维，考虑的是如何低成本、高质量、高效率地完成产品的生产并到达客户手中，经典的"4P"理论（"4C"理论虽然是从客户端作为思考的起点，但最后还是要落到产品上）体现的正是这种思维模式。在这种模式中，企业会加大产品研发的投入、提高营销力度，来促进产品的销售。平台化商业模式则体现的是生态圈思维，它的关注重心是生态关系的构建，虽然平台也会提供必要的产品和服务，但这只是吸引流量、构建生态环境的工具手段而不是目的。平台主要考虑的不是把产品或服务做得如何，而是考虑生态组织的规则（标准、协议、政策）该怎么制定和提供基础设施建设（软件、硬件、服务）。

传统型商业模式的盈利模式是在商品设计、研发、生产、流转等各环节增加价值，通过环节前后的价差来获取利润，基本的盈利方式都是利润＝收入－成本。作为企业来说，要想最终盈利，要先算好总收益，然后再向各个环节进行分配。

平台型商业模式讲究的则是开放、平等和协同。在平台化的商业模式中，由于没有特别直接的利益冲突，资信要求更加透明。比如打车软件可以让我们随时看见附近有多少辆车、叫的车离自己还有多远。另外，由于消费者的流量正是平台企业的盈利基础，因此，消费者和商家之间的平等关系能够更好地得到保证，消费者不仅仅是商家的客户，也是平台的客户。同时在平台上，大家更讲究协同。比如淘宝平台上的卖家、物流商、金融方这种跨界协调非常紧密，因为大家彼此谁也离不开谁。有了这样的开放、平等和协同的文化，运行良好的平台型公司更容易真正形成共创、共享、共赢的生态圈。

正是因为平台型商业模式是一种看上去很美并被实践证明的商业模式，目前很多传统型公司纷纷渴求转型。但对于传统企业来说，向平台化模式转型不仅仅是商业模式转型这么简单，必须要在管理模式上完成系统性思考和构建。

7.2.2 技术与商业模式双螺旋驱动下的平台型企业发展

20 世纪 80 年代以来，美国企业因为技术创新的失败而损失了数十亿美元，主要原因就在于企业的技术创新不能满足市场需求。研究发现，当人们过于热衷于技术本身时，创新通常会趋于失败。所以陆续有研究关注商业模式创新对于技术的作用。并进一步研究，对于新兴技术领域而言，什么样的商业模式才是最合适的。

商业模式对技术的作用方面，最新主要成果集中在新技术应用中的价值获取和作为战略情境而对战略效能的支撑方面。前者代表性研究有亨利和（Henry & Richard，2002），他们探讨了新技术在获取市场价值的过程中，商业模式所扮演的角色问题，认为商业模式作为一种转换机制（convert device），是将新技术转化为价值创造（value creation）和获取利益（价值获取）的必经筛选环节。后者典型研究是卓德（Zott，2001）等人完成的，他们将商业模式看成是一种具有调节市场战略绩效功能的组织情境，并特别强调，商业模式是企业战略的匹配因素而不是替代品，探讨了合理匹配的性质及其对企业绩效的影响。

基于产业中企业研发力度增大，各种研发成果、新技术不断涌现，但是能成功将新技术实施商业化并创造出预期价值的企业却很少。很多学者提出技术创新影响下企业或产业产生可参考的商业模式变革可能性的方法论框架，如基于情景方法探索某技术创新的新商业模式（Pateli，2005；Liisa-Maija Sainio，2006；Chanal，2007）。哈克（Haaker，2009）从服务、技术、组织、财务四个层次给出一般移动服务的商业模式。部分研究者开始研究某一新兴技术或新兴市场的商业模式研究，如通信、IT 等新兴技术市场下的商业模式。

产业创新可理解为介于宏观层次的国家创新与微观层次的企业创新之间、连接二者承上启下的中观层次。目前在创新体系中，产业创新体系的研究一直处于相对薄弱的地位，导致产业结构的调整缺乏产业创新研究理论和成果的指导。产业创新体系是宏观的国家创新体系与微观的企业创新体系的联结枢纽，也是国家创新体系、区域创新体系的实现平台。相对于企业创新体系的分散化与市场化，体现国家意志与市场意志的结合的产业创新体系的研究既可以统揽微观的企业创新体系，又可以更加充实宏观的国家创新体系，从而对创新有了更深一层的认识。

1. 技术—商业模式创新双螺旋结构模型

产业创新活动绝非简单的线性递进关系，也不是一个简单的创新链条，而是一个复杂、全面的系统工程。其创新过程是多主体参与、多要素互动的过程，其中两个核心的要素是技术和商业模式。

技术进步为商业模式创新创造了新的技术，提供了新的应用方向的可能。而商业模式创新往往在于新需求的寻找和发现，会很快触及到技术的极限，这对现有的技术提出了新的发展要求，进而有目的地促进技术的进一步演进和发展。只有当技术和商业模式的激烈碰撞达到某种程度的融合，能够被广大潜在的对新技术、新应用有着强烈需求的用户所接受，才会由此诞生出独特的创新产品，产生行业发展的新热点，并很快推向市场。所以它把产业创新体系中的两个关键：技术创新和商业模式创新既分立又统一、相互促进，可以借鉴生物 DNA 螺旋链的结构，视为一对"双螺旋"（见图 7 - 4）。

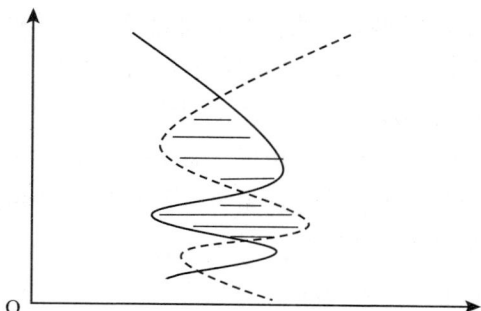

图 7-4　技术周期与商业模式周期相互缠绕形成的双螺旋结构

　　双螺旋模型的假设前提在于，任何产品背后的核心技术都不可避免地会经历根本性和革命性的变化，而且这种变化会重复出现在各代技术成果上。一般而言，技术变化与市场变化是相对独立的。但是任何新技术一旦找到一个巨大的主流市场，就会与其结合起来形成蓬勃发展的产业，并将这种技术与应用模式配对的格局保持下去，直至下一代技术出现并带来新的巨大变化为止。

　　从产业发展类生物进化本质出发，提炼出产业进化中的技术与商业模式的双螺旋框架模型。正如 DNA 结构中联结多核苷酸链的碱基对（A、T、G、C）一样，也可以在"技术—商业模式"双螺旋结构中找到这样的联结要素。双螺旋模型中，将这些联结要素归纳为企业家、文化、网络以及知识四个方面。以上四个要素是产业内部，作用于技术与商业模式之间的关键性联结（见表 7-1）。

表 7-1　　技术创新—商业模式创新双螺旋结构模型中的 4 个联结要素

要素	内涵与定位
企业家	确定该进行哪些方面的商业模式创新和技术创新，先后次序是什么，以及如何将其整合在一起
文化	鼓励学习并容忍失败的企业文化，可以激励员工敢于尝试新的想法，推进创新活动的发展
创新网络	企业网络可为企业提供具有竞争性的产品技术，也可为企业提供必要的资源去创新商业模式
知识	大量的外部知识或者思维交流和观念的碰撞，是产品研发和商业创意涌现的前提，同时也可内化成隐性知识，获取经验积累

（1）企业家。企业家的工作就是确定商业模式创新和技术创新在企业总体战略中所起的作用。戴尔公司的企业家迈克尔·戴尔（Michael Dell）致力于个人电脑商业模式的创新，他的努力极大地改变了整个行业的竞争格局，也使戴尔公司成为了行业领导者。相反，索尼公司的前任企业家出井伸之决定将工作重心放在技术创新上，特别是可以与其他产品相区别的、拥有自主知识产权的产品零部件的技术创新上。这一决策使索尼在 2002 年以前的 4 年中将 70% 的创新投资放在了新的芯片开发上。苹果的乔布斯不局限于高技术领域的狭窄视角，技术与商业模式创新并重，成为 21 世纪头十年最成功的美国企业，全球市值最大的公司。可见技术与商业模式双核创新的威力。

高层管理者所应做的最基本的工作就是确定该进行哪些方面的商业模式创新和技术创新，先后次序是什么，如何将其整合在一起，以及如何平衡渐进式创新、半突破性创新和突破性创新这三种方式。这些决策是企业实施创新战略的基础，因为它们决定着企业的组织结构、创新网络和激励机制的建立。

（2）文化。企业文化是一个组织由其价值观、信念、仪式、符号、处事方式等组成的其特有的文化形象。是企业长期形成的稳定的文化观念和历史传统以及特有的经营精神和风格，包括一个企业独特的指导思想、发展战略、经营哲学、价值观念、道德规范、风俗习惯等。

不同企业在创新上的不同表现，归根到底是企业间的文化差异造成的，支持创新的企业文化，可使员工产生信赖感，减少部门间的摩擦，使创新活动有效迅速地进行。建立鼓励学习并容忍失败的企业文化，可以激励员工敢于尝试新的想法，推进创新活动的发展。

企业是复杂适应系统，需营造学习的企业文化氛围，提高企业的创新能力。以适当方式扰动一个复杂系统，就能促使该系统在技术创新中产生协同作用。高技术产业的本质是与时俱进、不断创新，并通过高知识、高智力的创新运用而引领科技发展的时代潮流。这种高科技的创新性特质必然使其文化内涵的层次相对高于一般企业，同时要求其文化能够随着时代的发展和企业经营活动的推进而不断创新，适时地把塑造和建设特色企业文化作为改革与发展的基础工程，以观念、战略、机制等方面的创新为切入点，行之有效地推进企业文化的创新发展。

（3）企业网络。企业网络是一定区域内的企业与各行为主体（大学、科研院所、地方政府、中介机构、金融机构等）在交互式的作用中建立的相对稳定、能够激发创新、具有本地根植性、正式或非正式的关系总和。

从企业外部来看，技术创新与商业模式创新因企业网络而连接起来：企业网络不仅可为企业提供具有竞争性的产品技术，也可为企业提供必要的资源去创新商业模式。在信息技术的助推下，企业通过契约协议、社会关系等纽带与大学、研究机构、政府、资本市场以及中介机构链接形成合作组织，将内外部创新资源结合起来，网络式集成创新成为全球范围内企业组织发展的新趋势。

社会网络"联系方法"中的强联系体现出其在提高创新主体间协作程度的同时，也使得隐性知识能够被充分共享，降低了参与成员的交易成本，促进了网络资源的流动。弱联系则提高了信息冗余度，丰富了网络资源。随着个体企业间的竞争日益演变为网络组织与网络组织的竞争，价值创造活动也正逐步由个体企业的行为演变为网络成员的共同努力。顾客的地位非常重要甚至可以说是中心化的，整个企业网络的建构必须围绕顾客需求展开，企业不仅要与顾客、供应商、互补者之间展开竞争以获得价值（价值分配的过程），更要与顾客、供应商及互补者合作以实现双赢并创造出更高的价值（价值创造的过程）。

（4）知识。达文波特和普鲁萨克（1999）将组织中的知识定义为：知识是结构性经验、价值观、关联信息以及专家见识的流动组合。知识为评估和吸纳新的经验和信息提供了平台。知识产生并运用于知者的大脑里。在组织结构中，知识往往不仅存在于文件或文库中，也植根于组织结构、日常工作、程序、惯例及规范之中。

技术和商业模式创新想法主要从个体或团队中产生，它是一种思维的创新，是一种模糊化的知识，需要大量的外部知识或者思维交流和观念的碰撞；印证和完善创新想法需要理论知识和大量的经验积累；团队中不同知识主体通过各种传递、表达和交流等，对概念原型进一步综合和分析，形成产品或者商业创意；团队可将获得的知识内化成隐性知识，获取技术研发和商业模式创新经验的积累。

2. 技术—商业模式创新双螺旋结构的特征分析

商业模式创新，就是以用户为中心，注重用户创新，置身用户应用环境的变化，通过研发人员与用户的互动挖掘需求，通过用户参与创意提出到技术研发与验证的全过程，发现用户的现实与潜在需求，通过各种创新的技术与产品满足用户需求实现价值增值。

技术变革往往会影响到商业模式中的价值主张也即产品或服务以及其市场定位，而价值主张、价值网络定位等会引起商业模式的核心要素的改变，势必引起商业模式的创新。同时，技术创新网络也会为商业模式创新提供有效的资源。对于企业来说，由于技术创新是持续不断的行为，因此围绕创新技术而进行的商业模式创新也应当是持续不断的。

所以技术创新与商业模式创新之间的双轮推动了产业发展。技术创新与商业模式创新构成的"创新双螺旋"的呼应与良性互动对于形成有利于创新涌现的创新生态尤其重要。当然这种演进不是简单的、线性的，而是错位发展，不断地选择建构的。

（1）双螺旋的阶段性和周期性。

产业发展的双螺旋驱动不一定是同时进行的，而往往有一定的顺序。在某一时期，当技术成为制约产业发展的主要因素时，应重点提升技术能力；技术能力大幅提升时，商业模式创新便成为主要矛盾，就应重点提升商业模式创新的能力。循环反复的过程使得技术—商业模式驱动呈现出明显的阶段性和周期性特征。

（2）不均衡性。

技术与商业模式的双螺旋效应中存在选择与建构机制。选择机制也就是淘汰机制，由于商业模式的选择机制，使得技术中的"有缺陷者"和"不适合生存者"遭到了淘汰，相反那些"优秀者"和"适合生存者"通过选择机制而进入演化过程的下个阶段。选择力量只是技术变迁演化过程中的重要因素之一，并不决定技术变迁。同一商业模式条件下，完全可能由于其他因素甚至机遇的不同而产生截然不同的技术和技术变迁轨迹。类似的道理，同一技术条件下也可能产生完全不同的商业模式变迁路径。从建构的角度看，技术创新与商业模式创新在建构过程中存在不均衡性。

3. 模型的意义与结论

对于战略性新兴产业而言，其发展的问题很多不仅仅是技术的问题，也面临商业模式的问题。以 LED 为例，在这个行业里面不仅仅是技术的演进，比如说在外延片技术以及芯片技术，整个 LED 产业不仅仅取决于技术的进步，同时取决于采用什么商业模式推广 LED 产品。电动汽车行业也是一样，尽管电动汽车行业在动力电池方面取得突飞猛进的进步，但是到目前为止，整个动力电动汽车行业尚不具备大规模的商业条件，这里面首先有技术问题，同样也有很多商业模式问题，那些能够适应市场，能够迅速扩大市场的模式，也是这个产业取得成功的一个关键。所以产业创新作为多创新主体、多创新要素交互作用下的复杂涌现特性，须实现技术发展与商业模式创新的并驾齐驱，实现"双螺旋结构"的互动推进。

目前，在科技创新体系还更多地注重技术进步，对面向用户的商业模式创新较少给予关注。科技成果的转化率低、实用性和推广性差等很多科技管理体系的弊病都与此相关，技术发展与用户需求对接出现了问题，造成技术进步与实际应用之间的脱节。

当务之急，是加大对商业模式创新的支持与保护力度，形成有利于商业模式创新的良好环境。在法律法规上要给予商业模式创新以应有的地位，将其纳入专利审批范围，保护合法的商业模式创新，打击违法违规的谋利手段；对重大、关键的商业模式要提供适当的财税支持；积极组织商业模式创新领域中关键技术、共性技术的联合攻关，为商业模式创新提供技术保障；要围绕商业模式创新通过发展现代服务业，搭建知识产权交易平台、公共信息服务平台等公共平台。与此同时，要完善适合商业模式创新的人才培养和使用机制，培养懂技术、懂管理、懂市场的复合型人才，采用不同的支持手段和激励措施助其脱颖而出；要将商业模式创新纳入创新绩效的评价体系。

7.3 商业模式转型方向——生态模式

商业生态模式早已存在，最早的成功、成形的商业生态是有一定政府主导色彩的日本综合商社，也正是借助综合商社模式的优势，一大批日本企业在"二战"后快速崛起并全球化。19世纪七八十年代兴起的外包和全球采购风潮；19世纪90年代，全球大型软件公司在软件的行业应用和市场推广上的合作伙伴模式，则可以看成是商业生态模式的自然演化，都成就并继续成就着相关产业的发展和企业的扩张。

比较优势的力量，推动商业生态模式一边在向各产业领域和区域经济系统快速渗透；一边从之前的企业的市场、生产等功能领域向技术和研发功能领域渗透，那些主要由技术驱动产业及其中的企业，如波音、杜邦、宝洁、雀巢公司等，早就在有意识的打开企业研发围墙，中国的华为公司最近也开始反复强调"一杯咖啡吸收宇宙能量""一定要开放，炸开'金字塔尖'"等，意图构建生态型的技术创新模式。

与建立在价值链模型上的商业模式不同，基于生态圈的商业模式由于将重心从企业内转向企业外，从经营企业自身能力/资源转向撬动价值平台相关企业的能力/资源，从而具备三个特征：轻、不可模仿以及放大效应。

"轻"是指生态圈模式突破了由成员在内部通过扩大投入、缩减成本、提高效率等方式提高自身核心竞争力的模式，而代之以通过平台，以自身能力为基础撬动生态圈，借助合作伙伴的资源/能力来创造价值。

在价值链模式中，价值是按链条中的不同环节进行分配的，任何一个环节的利得都意味着其他环节的损失，这使价值链的主导企业有动力去进行整合，将更多的业务纳入自己掌握中。在这一模式中，任何能力都来源于企业内部，需要不断加大投入，导致企业资产越来越重。

而在生态圈模式中，价值是被不断创造出来的，主导企业与其费尽心力将内部资源/能力整合起来，不如考虑如何将平台作大，吸引更多伙伴加入生态圈。

同时，生态圈的价值创造是多元化的，每个伙伴都依赖其能力为系统贡献不同价值，能力上的错位也使整合的可行性大为下降。这两个因素使生态圈成员的战略着眼点从整合——价值分割，转向了共享——价值创造。而突破整合的限制，也使企业无须再进行重资产投入，全方面地培养自己能力，更加关注如何与系统内其他成员相互配合，利用不同成员各自的能力撬动价值。

不可模仿生态圈商业模式的第二个特征，是其不可复制性。

首先，生态圈的不可模仿性源于核心竞争力从企业内部转向网络，一方转向多方。普拉哈拉德（C. K. Prahalad）教授在提出"核心竞争力"概念时，即强调公司取胜于竞争对手的能力的集合是核心竞争力，由于其独特的组合方式，这种核心竞争力是难以复制的。而生态圈则是由多个不同能力、不同定位的企业所组成的，其形成的方式比一家企业的内部组织更为复杂。生态圈的核心竞争力可以视为所有成员企业的核心竞争力的综合体，这种复杂性从根本上决定了生态圈的不可复制性。

其次，生态圈的多元化和开放性特征使其具备超越价值链系统的吸纳能力，可以容纳更多的公司加入这一系统，而随着系统的不断扩大，其竞争力也会相应增强。这使后起者在试图复制生态圈时，会面临缺乏合伙伙伴的窘境。

放大效应生态圈模式的第三个特征在于其放大效应。生态圈创造了一个价值平台，使成员能够利用这一平台来提高自己的业绩。如微软向其他软件公司提供软件工具和技术，使它们能够为 Windows 系统开发软件。这使平台所能够创造的价值远远超过了微软一家公司所能够创造的价值。

通过生态圈内部的整合，这种价值创造还会被进一步放大。这种超越依赖企业自身能力/资源的模式，使生态圈的优势会随着伙伴的不断增加而增长，而参与的各方，也可以通过利用平台的优势，借助其他成员的能力/资源而获取业绩成长。

随着更多企业和组织认识到生态圈模式的巨大优势，其必将重新塑造未来的商业格局，未来商业将进入竞争 2.0 时代——生态圈的竞争。

生态模式红利吸引越来越多的主体加入到对商业世界生态化进程的创造之中，其中，符合逻辑的商业模式创新者都取得了巨大的成功，如：手机行业的后来者——高通公司使诺基亚（手机业务）和摩托罗拉移动（Motorola）等曾经的行业巨头落到了被收购的田地；英特尔公司，这一 PC 产业的缔造者之一，由于一开始就是践行这种模式，因此竞争者连出现的机会都没有。同时，这二者也使 PC 和手机芯片均实现了"摩尔定律"（Moore's law）速度的技术进步和应用普及；中国的阿里巴巴集团、华为（手机业务）和腾讯等越来越多的公司借助生态"杠杆"，都很好地把握住了自己的商业机会，并且已经能够精于从整个产业和生态圈的发展中更多的受益。

以高通（Qualcomm）手机生态圈为例：高通公司是价值基础平台，开发和经营手机产品中具有共性基础价值的部分（芯片及软件解决方案）；华为、联想、三星（Samsung）、LG、海尔、小米等等公司是产品经营体，在高通的芯片及软件解决方案的基础上，集成产业生态（或说产业链）资源，开发和销售针对细分市场的手机终端产品；富士康、京东、阿里巴巴等，是功能单元体或平台，承载和代理手机的组装生产和线上销售等运营性功能模块或功能片段。此外，还有产品经营体外围不同级别的零部件开发商（可以理解为是价值基础平台亚型或产品经营体亚型）和散布系统中的"创值因子"等。各类主体构成一个共生、共创和共享的价值秩序系统。系统是开放的，主体之间的规则是市场规则。

相对于传统企业而言，生态系统中的"企业"的功能是不完整的，正如腾讯（Tencent）公司总裁马化腾先生说的"现在我们（指腾讯）真的是半条命，另外半条命属于合作伙伴"。每个主体仅承载其最具优势的功能部分，主体之间彼此协同和相互增强——"所有的你都让我变得更强，所有的我都让你变得更有效"。

商业生态系统可能是产品型的（如高通生态圈），也可能是功能型的（如阿里巴巴生态圈）。生态系统中的各单元可能同样是生态型的。从企业的角度看，一家企业可能同时参与多个（层级或维度的）生态圈，并分别承载不同的功能。

分散式增强型结构是商业生态世界的基本结构和最终的稳定形态。一个商业生态系统在演变过程中可能会经历多种形态，但方向都是更趋向于分散式增强型结构形态，并在达到这种结构形态后相对地稳定下来。正如高通公司人曾经对无线通信领域的预言："无线通信领域的下一个演进方向将会是较少的竞争技术的互相竞争，而更多的是各种互补型技术的共同合作，从而达到无缝、同时在线的连接。"

商业生态模式的结构优势，又随着"连接"技术（包括信息与互联网技术）和物流技术的发展与成本下降而进一步增大。商业生态模式红利可归为三类：

1. 平台红利

平台，一方面是生态系统形成和发展的"引擎"；另一方面，商业的生态化发展，成就了平台型商业模式及企业主体。平台＝共性基础部分＋平台化经营模式。商业生态系统中的平台可简单分为两类：①要素型平台，如高通（芯片与软件）、迪士尼（品牌）等，承载生态圈中对产品或业务竞争力起决定性作用的共性基础要素的开发与经营；②功能型平台，如富士康、亚马逊、阿里巴巴等，承载生态圈中某项运营性功能中共性基础部分的建设与运作。要素型平台也可称内容型平台，功能型平台也可称管道型平台。苹果公司的 App Store 则是一个要素和功能的集成型平台：应用软件开发的共用基础技术和设备＋开发者和用户之间的"连接"功能，实现了内容又即管道的自我加强。

在商业生态的世界里：就内容而言，任何一个领域的任何一种有竞争力的商业要素，如技术、品牌、软件、数据、零部件和产品等等，都可以通过提高其共用性和可开放性走向平台化经营；就功能而言，从研发到市场的完整链条上的每一项运营和职能性功能，都有可共用部分，都有可共用领域，都有平台类主体的生长空间，典型的如市场功能，由于共用度高，更成了平台类主体大量滋生和攻城略地的疆场（如在电子商务领域就衍生出 C2C、B2B、B2C、O2O、P2P、M2C、B2M、B2A 等等各种所谓的平台），而且某一大项功能可能又是多平台构成的功能生态，如电子商务功能下，又分化出营销平台、交易平台、支付平台、物流平台等，营销再分化出搜索类、社交类平台等。

随着"连接"和物流技术的发展，商业生态系统趋于越来越庞大、越来越复杂，在不同维度和层次上，可圈设的有效生态圈和平台的数量甚至呈指数级增长；另一方面，平台覆盖的范围可以不断扩大，平台的商业价值也同步放大。

平台，可以理解为是对生态圈中各主体共性部分的集中代理，换个角度，也可理解为：平台使得所有参与主体都成为其价值的实现"管道"，成为其价值的商业化经营体系的组成部分。借助生态"杠杆"，平台类主体实现了其价值的最充分商业化，并因为有"一对多"的谈判优势而分享了商业生态模式红利中的大部分，成了生态圈中最具盈利能力的主体。商业的生态模式时代，也可以说是平台模式时代。

2. 效率

商业生态化的一个同步运动是企业间的专业分工，这产生了与劳动分工同样的效率的提高，换句话说是产生了新效率，包括：

（1）单体效率。相对于传统企业，商业生态系统中的"企业"的功能组合减少了，这一组织变化降低了每一个企业的复杂性，加之系统的"杠杆"作用，企业很容易实现专业规模经济，英特尔、高通、富士康、迪士尼、小米、华为（手机业务）和阿里巴巴等公司都是专业规模经济的典型；同时，也更可能形成专业创新的氛围和条件，更容易取得和应用专业创新成果，专业提升速度和专业产出质量较传统企业自然都大为提高。

另外，还提高了企业中"人"这一要素的效率，进一步有效地释放了"人"的企业家精神和创造力：系统（包括企业系统）变得更"碎"了，系统内的规则更市场化了，各主体的价值创造、价值评价与价值分享实现了真正的统一，强激励、强约束得以实现。在日益知识化的时代，该要素效率释放出的能量无疑是巨大的，而且会越来越大。

（2）系统效率。单体效率也是系统效率的构成，除此之外，商业生态模式下：减少了社会在相同功能上的重复建设，相同知识的重复开发；增强了所有参与主体的功能，尤其是，"企业"所有不具备的功能却又都是最强的；提高了对社会知识的利用率；提高了领域的创新和进化速度等。

这里摘录若干对高通商业模式的评论片段，直观的描述商业生态模式的系统效率：高通很好地把研发技术通过专利授权模式迅速地转化为商业成果，然后迅速地服务于社会；高通还通过与其他第三方进行交叉授权，使众多芯片和软件客户能够在终端和系统设备中使用这些专利，降低客户的知识产权成本，并将业界的知识产权纠纷降至最低；高通的商业授权使无论是大公司还是小公司，都有机会利用它们自己无法有效开发或只能自己高成本开发的技术，在高通技术的基础上建立产品增值开发的能力，从而加速其产品上市的进程，这特别有利于中小企业进入市场或者采用新技术以满足市场的某些特定需求，从而带来了行业更加激烈的竞争，激发整个无线产业的活力和动力，并不断开创更好的用户体验；不断降低的手机价格、增强的功能和更大的销售量都在 CDMA2000 和 WCDMA 技术领域清晰地体现，最终受益的是芯片供应商、设备生产商、网络运营商和最终用户；高通努力通过其低成本芯片产品的开发推动了手机价格下降，而低成本手机帮助授权厂商更好地进入消费者收入和手机渗透率都较低的新兴市场，今天，发展中国家越来越多的人以之前想象不到的速度使用移动通信和互联网。

3. 商业版图的扩大

商业生态"杠杆"的存在，降低了做企业的"门槛"，参与商业世界的"企业"范围得以扩大，直至扩大到个人，即个人也可作为"创值单元 + 分享账户"参与到商业生态系统中，经营自身的特殊价值，典型的如创客、苹果 App Store 上的个人开发者，等等——更多的资源和主体可以直接参与进来，商业版图的供给侧得以扩大；而且，在知识分散的世界，供给侧的碎化和扩大，带来的不仅是规模，还有质量和更好的消费体验。

另一方面，生态模式增加了供给，提高了供给侧的效率，降低了产品和服务的成本，更有效地回应了需求的差异性，从而吸引了更多主体进入消费者行列，商业版图的需求则也得以被刺激和扩大。

同时，连接和物流技术的发展，还方便了更多的供给和消费者（如中国的农村居民）进入商业系统，这又为商业生态的生长打开了更大的空间，加速着商业版图扩大的进程。

第 8 章
软件产业的双螺旋创新推动模式

8.1 软件业当前面临的挑战

8.1.1 用户的个性化需求也越来越强

互联网时代的企业管理信息化已经从部门级、企业级，发展到社会级的实时在线的应用，应用的范围在深度、广度上都发生了质的变化。

在新的商业环境下，用户对软件需求的个性化越来越强烈，企业需要个性化的软件。这种个性化表现为：空间和时间上的个性化。

"空间上的个性化"是指不同企业用户对软件系统的需求不一样。因为在不同的政治经济环境下，不同的行业、不同的企业都有独特的管理方式和企业文化，以此区别于竞争对手，以赢得市场空间。例如，不同行业的企业用户对 ERP 系统的需求是不一样的；同一行业的不同用户对 ERP 的需求也是不一样的。有研究资料表明，在同一个市场经济体系中，市场化的自由程度与企业的个性化程度形成正比例关系。换言之，"企业的价值一定是个性化的"，在充分竞争的市场经济领域取得成功的企业一定具备其独特的核心价值。而中国企业正处于一个市场化转型的经济体系之中，各个行业领域的市场化程度也参差不齐。中国独特的政治、经济与人文环境直接影响着置身其中的中国企业的管理变革，这种影响最直接的市场表现就是：越来越多独具经营管理特色的中国涌现出来。因为，企业信息化管理的角度讲，企业的信息化管理变革必须应对这种"个性化"需求的挑战。企业级管理软件是支撑企业信息化管理变革的最为重要使能工具和平台，因此，与这种变化趋势相适应提要求是，企业管理软件产品的开发与实施应该充分体现和企业核心竞争能力相关联的个性价值，从而推动企业的经营业绩与价值的提升。

"时间上的个性化"是指同一个企业用户在不同时间不同发展阶段对软件系统的需求是不一样的。企业的生命周期是一个动态变化的过程。在每个成长阶段，企业都需要有所区别的政策和管理；随着环境的变化，企业的业务和管理方式要相应地发生变化；再加上随着企业概念的外延扩展，如今已变成了一个涵盖供应商、客户以及各种合作伙伴的虚拟组织。例如，一个企业在实施 ERP 系统之后一年，甚至半年，市场环境变了，企业规模变了，其管理模式、组织机构、业务流程都要随之改变。因此，企业对灵活性或者弹性的需求变得十分重要，相应的，企业级管理软件也需要更高的弹性。

企业管理的变化要求企业管理软件也必须随之变化，这也是管理软件产品提高客户满意度的必由之路。

8.1.2 软件与需求脱节

企业管理软件，尤其是大型应用系统面临的危机可以说是一个全球性的问题。美国国家标准和技术研究院的一份研究报告显示："占据世界软件销售额 85% 的是大型的专用软件，而其开发的失败率却高达 70%！"这些危机表现在各个方面。

首先，以传统方式开发的企业管理软件（尤其是大型系统）难以突破布鲁克斯的"没有银弹论"，找不到软件工程或者项目管理的方法，能够大幅度提高应用软件的开发效率——开发周期长、开发费用高，实施费用超支和工期延长，已经司空见惯、更加可怕的是，随着企业的环境和需求的不断变化，"建成即成闲置"，形成软件工程的灾难。

其次，客户对管理软件的诸多期望几乎无法得到完全满足。例如，客户期望实现业务集成和协作，在协作基础上构建出高效的企业应用体系；客户期望对供应链上的信息进行及时传递与处理，以实现更快捷的市场响应能力；客户期望能够快速实施和低成本部署满足个性化需求的软件系统，并适应未来商业环境的变迁……一句话，客户对软件功能和性能的要求越来越高。在这种市场需求下，要实现企业各个层次的集成，必然会导致软件在规模、复杂度、功能上的空前扩张。

不仅如此，大型管理软件应用的危机还表现为系统部署运行和维护的"危机"。应用环境从单机应用，过渡到客户机/服务器的环境，再过渡到浏览器/服务器的环境，并进一步向多层式（n-tier）分布式系统的网络环境迁徙。今天，基于互联网的企业级应用要求软件实现跨空间、跨时间、跨设备、跨用户的协同，软件处于极度复杂的异构环境中，这种情形下，以传统的软件开发思路应对当前的危机就只能是刻舟求剑、缘木求鱼。

类似的危机，在中国表现得尤为突出。中国是一个迅速发展和不断转型的国家，中国企业的形态因此而更复杂，中国企业的改革变化空间因此而更大。正因如此，中国企业级管理软件开发和运营的危机也就更为严重，企业信息化的风险更多，失败率更高。

总体而言，现阶段中国管理软件产业的基本矛盾是不断增长、日益复杂多变的社会需求与落后的软件生产力之间的矛盾。和美国、日本、印度等软件产业发达的国家相比，中国管理软件产业起步较晚，其发展历程与现状均有着鲜明的"中国特色"。在"不断增长的社会需求与落后的软件生产力之间的基本矛盾"的大背景之下，当前中国本土管理软件产品开发面临最突出的矛盾就是"企业以用户快速多变为主要需求特征的个性化与管理软件产品的通用性之间的矛盾"，而就其具体表现而言，这种矛盾主要有两个方面：

其一，软件与需求脱节，包括软件实施的周期长、成本高等；

其二，企业变化快与软件调整难之间的冲突，也包括软件维护成本高、与新环境集成困难等问题。

8.1.3 传统开发模式的弊端

分析传统开发模式同样可以从传统的软件体系结构与开发方式两个方面入手。

就软件体系结构而言，传统的软件体结构虽然经历从基于硬件平台、操作系统平台、数据库平台和中间件平台的发展，这种开发体系结构的发展在也很大程度上提高了软件研发效率，但它们依然有着明显的不足：开发难度依然比较大，开发周期依然比较长。软件开发的效率并没数量级的改进。再加上此前的软件体系都是从技术层面进行的改进，和企业应用软件主体密切相关的业务需求领域比较远，因此，无法在解决因业务的复杂性而带来的管理软件的复杂性领域有实质性的突破。

就开发方式而言，因为对企业用户业务对象规律的认识不足，到目前为止，中国管理软件厂商对企业管理业务运作规律（模型）的认识还远远不够，还缺乏一个企业、软件商、实施顾问都统一认同的模型或者语言标准，导致需求与软件在对业务模式与和运作规律认识（模型理解）上的不统一。例如 ERP、PDM 等涉及企业管理的软件的应用都面临诸多问题。这就迫切需建立科学的、有共识的交流媒介—企业模型（EM）。

也正是因为传统软件体系结构与传统开发方式所存在的问题，使得传统开发模式下的软件开发和应用的效率、质量和成本三大"瓶颈"无法取得数量级的变化，导致了管理软件的应用与发展仍然存在很大的问题，主要表现在两方面：其一，管理软件不能很好地满足用户的业务需求，其柔性非常差，不能适应用户业务的快速变化；其二。管理软件供应商的开发效率低，实施周期长，成本压力大。这两个方面的缺陷都集中反映了现阶段中国管理软件产业的基本矛盾，即不断增长、日益复杂多变的企业需求与落后的软件生产力之间的矛盾。一方面，企业的应用需求更加多变；而另一方面，基于传统开发模式的中国管理软件公司的生产力还相当落后。这也是影响中国企业信息化管理变革的主要原因之一。

8.1.4 产业大而不强

一个产业不够强，主要是反映在三个方面。第一个方面就是核心技术和产品。我国公司还处于软件产业的最下游，目前软件产业最底层的技术和产品，目前几乎全部垄断在美国软件公司的手里，中国在这方面做基础软件技术和产品的公司都非常小，在市场上的份额也是非常少。核心的东西都是在用国外的。这是我们软件产业不强的一个表现。

第二个方面反映在中国整个软件产业在世界产业链上，总体上处在中低端。因为我们核心技术和产品不强，整个产业主要是以服务为主。但是服务，包括产品解决方案、外包服务、咨询服务等，也都处于全球世界产业的最下游。所以，中国的软件上市公司，软件企业产值收入虽然都已经相当大，但是利润率却很低，盈利能力也很弱。

第三个方面，我国软件产业还有一个很大的问题，就是缺乏能够影响整个产业，甚至影响整个经济，影响整个国家地位的有国际竞争力的大软件公司。这种公司现在国内几乎没有。在美国类似的这种大公司，它们不仅是规模大，销售收入高，盈利能力强，这些公司控制的产业链在国家的经济中，甚至在全球经济当中都有较大的竞争力和影响力。

以我国的软件产业来讲，国内最大的上市公司，像东软、用友这些公司，或在纽交所上市的公司、创业板上市的公司。最大的软件企业，其市值都不超过 200 亿元人民币，销售收入没有超过 50 亿元人民币的。和美国大的软件公司相比，如 IBM、微软、ORACLE 等这三家，IBM 的销售收入有 900 多亿美元。微软 630 多亿美元。ORACLE，在合并 SUN 之后，收入规模已经有 500 多亿美元。所以从规模上讲，这些公司和我们国内的公司，从数量级上不可同日而语。在核心技术和在经济当中的影响力也都没法相比。

缺乏核心技术和产品，在整个产业链中处于中低端，缺乏有国际影响力的大型企业这三个软肋影响着整个中国软件产业的发展。

8.2 软件产业演绎史

8.2.1 国际软件产业演绎史

"软件"作为术语首次被使用是在 1959 年，而软件类业务从 1949 年就已起步。"软件"初期的发展几乎都是在美国完成。我们借用麦肯锡公司观点，简单梳理一下软件发展历史。到目前为止，全球软件产业的发展已经经历了比较完整的 5 代。

1. 第一代：早期专业的服务公司（1949～1959 年）

第一批独立于卖主的软件公司是为客户开发定制解决方案的专业软件服务公司。在美国，这个发展过程是由几个大软件项目推进的，这些项目先是由美国政府出面，后来被几家美国大公司认购。这些巨型项目为第一批独立的美国软件公司提供了重要的学习机会，并使美国在软件产业中成了早期的主角。例如开发于 1949～1962 年的 SAGE 系统，是第一个极大的计算机项目。在欧洲，几家软件承包商也在 20 世纪 50 年代和 60 年代开始发展起来，但总体上，比美国发生的进展晚了几年。

主要公司：CSC、规划研究公司、加州分析中心和管理美国科学公司。

特点：每次为一个客户提供一个定制的软件，包括技术咨询、软件编程和软件维护。软件销售是一次性的，不可复制。

2. 第二代：早期软件产品公司（1959～1969 年）

在第一批独立软件服务公司成立 10 年后，第一批软件产品出现了。这些初级的软件产品被专门开发出来重复销售给一个以上的客户。一种新型的软件公司诞生了，这是一种要求不同管理和技术的公司。第一个真正的软件产品诞生于 1964 年。它是由 ADR 公司接受 RCA 委托开发的一个可以形象的代表设备逻辑流程图的程序。

在这个时期，软件开发者设立了今天仍然存在的基础。它们包括了一个软件产品的基本概念、它的定价、它的维护，以及它的法律保护手段。

主要公司：ADR、Informatics。

特点：不是出售一个独立的产品，而是将一个软件多次销售。

3. 第三代：强大的企业解决方案提供商的出现（1969～1981 年）

在第二代后期岁月里，越来越多的独立软件公司破土而出，与二代软件不同的是，规模化的企业提供的新产品——可以看出它们已经超越了硬件厂商所提供的产品。最终，客户开始从硬件公司以外的卖主那儿寻找他们的软件来源并为其付钱。20 世纪 70 年代早期的数据库市场最为活跃，原因之一是独立数据库公司的出现。数据库系统在技术上很复杂，而且几乎所有行业都需要它。但从由计算机生产商提供的系统被认为不够完善以来，独立的提供商侵入了这个市场，使其成为 70 年代最活跃的市场之一。

欧洲同样进入了这个市场。1969 年在德国法兰克福南边的一个中等城市达姆斯塔特的应用信息处理研究所的 6 位成员，创立了 SoftwareAG，至 1972 年它进入了美国市场，而且此后不久，就在全世界销售它的主打产品。其他在这个市场扮演重要角色的公司有 Cincom 系统公司（1968 年）、计算机联合（CA）公司（1976）和 Sybase（1984）。20 世纪 80 年代和 90 年代，许多企业解决方案提供商从大型计算机专有的操作系统平台转向诸如 Unix（1973）、IBMOS/2 和微软 NT 等新的平台。

主要企业：SAP、ORACLE、PEOPLESOFT。

特点：软件企业开始以企业解决方案供应商的面目出现。

4. 第四代：客户大众市场软件（1981～1994 年）

个人计算机的出现建立了一种全新的软件：基于个人计算机的大众市场套装软件。同样，这种市场的出现影响了对于以前的营销和销售方式。第一批"个人"计算机，1975 年诞生于美国 MITS 的 Altair8800，同样还有苹果 II 性计算机于 1977 年上市，但是这两个平台都未能成为持久的个人计算机标准平台。直到 1981 年 IBM 推出了 IBMPC，一个新的软件时代才开始了。这个时期的软件是真正独立的软件产业诞生的标志，同样也是收缩—覆盖的套装软件引入的开端。微软是这个时代最成功和最有影响力的代表软件公司。这个时期其他成功的代表公司是 Adobe、Autodesk、Corel、Intuit 和 Novell。

总之，人们看到 20 世纪 80 年代软件产业以激动人心的每年 20% 的增长率发展。美国务员软件产业的年收入在 1982 年增长到 100 亿美元，在 1985 年则为 250 亿美元——比 1979 年的数字高 10 倍。

主要企业：微软、Intuit、Lotus。

特点：基于个人计算机的大众市场软件。

5. 第五代：互联网增值服务（1994 年至今）

由于 Internet 的介入，软件产业发展开创了一个全新的时代。高速发展的互联网给软件产业带来的革命性的意义，给软件发展提供了一个崭新的舞台。当电脑开始普及的时候，软件是建立在电脑平台上的；而互联网出现以后，网络逐渐成为软件产品新的平台，大量基于网络的软件不断涌现，大大繁荣了软件产业的发展。

主要企业：Yahoo、Google、腾讯等。

特点：不再通过销售软件获得收入，而是通过应用来自外部软件公司的软件获得收入。

8.2.2 国内软件产业演绎史

改革开放 30 多年之中孕育了无数软件企业、诞生了许多软件英雄，而中国软件产业也在经历了萌芽与低谷、摸索与转型之后，开始走向世界。按照改革开放 30 多年分期的脉络，中国软件产业也可以分成三个历史阶段进行论述。

1. 中国软件蹒跚起步，软件英雄厉兵秣马（1978～1988 年）

1980 年，以中国科学院物理研究所研究员陈春先为首的一批科技人员，在硅谷模式的影响下建立了"北京等离子体学会先进技术发展服务部"，这是中国历史上第一个民办科研机构，也是民营科技企业的前身。中关村科技创业之路由此开始。随着民营企业的解冻，很多程序员个人开始软件研发。1983 年严援朝在 PC 长城机开发了 CCDOS 软件，其突出贡献便是解决了汉字在计算机内存储和显示的问题，具有划时代意义。同年，王永民以五年之功在河南南阳发明了"五笔字型"，也为后来中文输入奠定了基础。

1984 年的 9 月 6 日，中国软件行业协会正式成立，标志着软件作为一个新兴产业的历史开端：软件从硬件中分离出来，成为一个独立的产业。在制定国家科技和行业发展规划时，软件开始被单独作为一个学科和行业来进行。1986 年 3 月，邓小平批示《关于跟踪研究外国战略性高技术发展的建议》。"863"计划随后启动，开启了中国挑战尖端、以创新推动发展的新时代。

中国软件业真正的从启蒙到最初的繁荣，是在改革开放后的第十年。

最有代表性的城市是深圳，1988 年，求伯君来到深圳，在张旋龙的帮助下开始研发中国首款字处理软件 WPS，金山软件的历史就此展开。

在改革开放前十年当中，除了求伯君之外，还诞生了许多在中国软件史上有筚路蓝缕之功的软件英雄。比如严援朝在 1983 年推出 CCDOS，走出了中文操作系统的关键一步；王永民在 1983 年发明"五笔字型"，专家称"其意义不亚于活字印刷术"；吴晓军 41 岁在 1988 年将 CCDOS 汉字系统升级到了 2.13E 版；"杀毒软件之父"王江民于 1989 年推出杀毒软件 KV6；周志农在 1988 年设计完成《自然码汉字输入系统》；朱崇君在 1988 年首创中文字表编辑概念，推出 CCED2.0 版……

受惠于改革开放的春风，中国软件产业在 1988 年前后迎来最初的繁荣期。许多软件作者成为当时的明星人物，也激励了雷军、鲍岳桥、王志东等正在大学读书的后起之秀。而中国软件产业也即将迎来百花齐放的历史时期。

2. 软件市场内忧外患，最初繁荣后的低谷（1988～1998 年）

改革开放第二个十年中，尽管既有盗版又有国际巨头的压迫，但中国软件仍然经历了历史上第一个繁荣时期。

电脑在中国的普及首先遇到的基本问题，就是如何让英文操作系统更好地接纳中文。各种中文 DOS 操作系统努力打造中文操作环境，WPS 等办公软件解决了中文排版的问题，而形形色色的输入法为汉字录入提供了解决方案——这些基础软件为在电脑上使用中文奠定根基。

在中文平台方面，1991 年，离开方正的王志东开发出了中文之星；1992 年，鲍岳桥开始研发 UCDOS。据不完全统计，国内自行开发的 DOS 系统有几十种，其中 UCDOS、金山 SPDOS、CCDOS、天汇、中国龙、超想、联想、晓军系统占有一定市场。中文 Windows 平台的开发厂家也有 20 余家，其中以中文之星、中文大师、RICHWIN、UCWIN、CLEEX 中文 X 窗口为最有名。但面临着 Microsoft 的 PWIN 的挑战，对中文 Windows 平台构成了威胁。

在办公软件方面，各软件厂商开发出了 WPS、巨人汉卡、王码 480、CCED、联想汉卡等 20 多种字处理软件。此外还有 500 多种编码方法，在计算机上实现的有 50 多种，在市场广为流行的有 20 多种。而在这诸多中文字处理软件当中，最为有名、市场占有率超过 90% 的是金山 WPS。1989 年，求伯君在深圳蔡屋围酒店 501 室闭关 14 个月之后，终于写成了 WPS 1.0，这是中国软件史上的第一款中文字处理软件。

在输入法方面，由于五笔字型强背字根、入门难的问题，1991 年由长城集团与北京大学合作推出了智能 ABC 汉字输入法。这种输入法入门轻松，只要会拼音就能上手，而且带有简单的联想和记忆功能，很快得到了初级用户的喜爱。随着 Windows 的普及，微软拼音、全拼、郑码等输入法也为不同的用户群体所使用。

在杀毒软件方面，1989 年由公安部病毒研究小组推出的、中国最早的杀毒软件 Kill 在 20 世纪 90 年代早期曾经一统天下。1990 年，深圳华星推出了华星防病毒卡，这也是世界上最早的一块防毒卡。到 1992 年前后，市面上开始流行的防病毒卡多达五六十种，在 90 年代初成为重要的防病毒工具。但它的致命缺陷是不能清除病毒，在安装和升级方面有诸多不便。随着江民、瑞星、金山、交大铭泰等国内杀毒软件厂商的出现，国产杀毒软件把持了大部分市场。

在各种软件百花齐放的 20 世纪 90 年代，不得不提的还有盗版。盗版的泛滥，更加加速了中国软件行业的洗牌。许多软件公司在无法获得合理利润的情况下，被迫倒闭或转型。

在盗版之外，国外软件巨头也将触角伸向了中国。面对微软、赛门铁克、趋势等国际软件企业，刚刚萌芽的中国民族软件企业并不是对手。盗版与国际巨头的压迫，中国软件企业在经历了最初的繁荣之后黯然转身而去，像金山一样存活下来的软件企业寥寥无几。金山也一度曾经濒临倒闭，在不放弃 WPS 的前提下，制定了"以战养战"的发展策略，开始开发金山词霸、金山影霸、金山毒霸、金山单词通、金山打字通、金山游侠、金山游侠、剑侠情缘等软件——它们在金山历史上的意义在于让金山在绝境之中存活了下来，也才有了后来绝地反攻的机会。而 1995 年金山西山居工作室的成立与《剑侠情缘》系列单机游戏的推出，为金山在随后的互联网时代进军网游埋下了伏笔。

在 20 世纪 90 年代，中国通用软件产业经历了历史上第一个繁荣时期，也为电脑在中国的普及奠定了基础。90 年代末期，中国互联网开始萌芽。从 1994 年中国正式接入国际互联网，到作为网络时代标志的瀛海威时空的成立，再到中国计算机公用互联网 CHINANET 建成，以互联网为契机的中国软件业正在迎来新的曙光。

3. 互联网蓬勃发展，中国软件迎来复兴（1998～2008 年）

时光进入 21 世纪，随着改革开放浪潮的逐步推进，中国软件业迎来了新的曙光，并开始呈现复兴的迹象：2000 年，中国内地第一款网络游戏运营，数字娱乐产业崛起；2001 年，中国成功加入 WTO，自此中国正式获得和国际市场对话的权利；2002 年，全面建设小康社会成为改革的核心，同年博客进入中国，互联网春天来临；2000 年左右以新浪、腾讯、网易等代表的互联网公司先后在国际市场上市，以中国概念股的姿态夺得了资本市场的认可；同样在 2000 年，金山创办了电子商务网站卓越网，电子商务成为互联网主流商业模式。

改革开放的第三个十年，中国经济的高速发展得到了世界的认可，而以互联网为平台的中国软件业也开始迎来历史上的第二次繁荣。以网游为代表的娱乐软件、各种工具软件、针对互联网安全的杀毒软件、以在线办公为趋势的办公软件等成为当前时代的热点应用，许多新兴公司纷纷诞生。

2001 年，随着盛大、九城等游戏厂商在游戏行业中获得高额回报，也让网络游戏成为继门户网站后的另一巨大金矿，诸多具备实力的软件厂商也加入到网游行列。2003 年开始，金山正式进军网络游戏行业，2003 年，金山携《剑侠情缘》以中华武侠文化与自主研发为特色，强势进军网游市场。与此同时，中华网、搜狐、完美时空、腾讯、网易等都推出了各自的网游作品，网游产业成为中国软件产业中最具活力的部分。

互联网的兴起给传统软件也带来了新的发展机遇。在杀毒软件方面，金山毒霸在营销推广与产品功能上和互联网充分结合，率先实施"软件免费、服务有偿"的营销策略，并力推实时升级服务和互联网安全功能；在杀毒软件免费趋势之下，金山毒霸也正在做前沿尝试。在办公软件方面，WPS2005 年把体积做到了 15M，网络下载和传播快捷迅速；并以其个人版免费试用的策略，稳居国产办公软件第一的宝座；在网络在线办公探索方面，WPS 也已开始实践。在词典软件方面，占 92.8% 市场份额的金山词霸在 2005 年创建了爱词霸英语学习社区，迅速聚集了数百万用户在这个平台上学习交流，为金山词霸彻底转型互联网提供了绝佳平台。

2004 年以来，由于改革开放带动经济快速增长，中国迅速成为世界第四大经济实体。中国的软件产业也迎来了高速发展的时期，进军海外市场成为中国民族软件复兴的必经之路。

在韩国网游作品带动中国网游市场繁荣之后，国产原创网游在市场中逐步得到玩家认可，并开始走向世界。以金山、完美时空等为代表的国产网游厂商坚持中华文化根基、坚持自主研发，生产了一大批优秀的网游作品。在国际化拓展上，金山软件是典型代表。从 2004 年开始，金山陆续在中国台湾、马来西亚、日本、越南等境外市场攻城略地，积极探索中国软件国际化之路。2005 年，金山网游横扫越南 80% 市场份额，中国武侠文化风靡东南亚。截至 2007 年，中国共有 12 家游戏企业涉足海外市场，有多款原创游戏进入北美、欧洲、韩国、日本等 20 多个国家和地区的市场。

在网游之外的通用软件出口方面，不仅有中软等外包企业享誉世界，中国自主研发的软件也已经得到了世界用户的认可。2005 年，金山在日本成立合资公司，将金山 WPS、金山毒霸输出到日本；2008 年，金山又在越南成立合资公司，负责通用软件产品的分销。

与走向世界相对应，盛大、九城、完美时空、中软等中国软件企业纷纷到美国、中国香港等地上市，借助国际资本力量发展民族软件。2007 年，金山软件在香港主板成功上市，为金山加速国际化拓展提供了资金准备。

2008 年，中国的改革开放 30 年所取得的骄人成绩让世人惊叹。而中国软件在经历了 30 年发展之后也迎来了历史上的又一次繁荣，并正在让世界看到中国"智造"的魅力。

但与此同时，从产业的现实发展看，我国软件产业与其他软件发展较成熟的国家相比，仍然存在着较大差距。

从产业结构看：我国软件产业市场规模及其在世界软件产业和国内整个产业体系中所占的比重逐年增长，没有出现明显的衰退和波动现象，发展规模和速度比较合理，但软件出口总额偏低；软件产业与相关产业部门之间能够相互渗透、相互依赖，并加快融合发展，但目前仍处于普及率和饱和度较低的水平；软件产业结构发展比较均衡，但各构成部分相互间的规模差距仍然存在，软件产品收入占主体地位，软件技术服务、系统集成等所占比例偏小；国产软件与服务满足国内市场需求的能力有限，软件产业的需求与供给无法保持动态平衡；软件产品结构中基础软件所占份额太小，在产业中的基石作用未能凸显；我国企业承接外包的产品结构比较单一，在软件外包国际分工方面，还处于下游地位。

从产业组织看：我国的软件产业集中度较低，市场结构中的本土软件企业呈分散竞争型特征，软件跨国公司在我国软件市场居寡占型市场地位；软件企业数量较多，但规模普遍偏小，规模经济型不强；软件企业并购浪潮处于升级过程中，实力企业开始通过并购来扩大市场份额，增强竞争力，并以横向并购为主要形式；软件技术进步加快，但企业自主创新能力仍显薄弱，技术创新模式仍以模仿创新为主；由于未掌握核心技术，产业的利润水平并未得到相同水平的提高，较20世纪90年代有所降低。

从其产业布局看：我国软件产业在集群化发展方面发展迅速，并已取得长足的进步，但集聚效应和溢出效应不够显著，创新中心不够突出，还须向网络化发展、协作竞争、联合创新等方向发展；软件外包业务高速发展，但其发展模式还主要停留在附属型接包商阶段，以在岸方式为主，正处于向关系型接包商转型的过程中。由此可以判断，我国的软件产业自20世纪70年代萌芽至今，已经经历了软件产业演进的初创阶段，但目前仍处于规模化阶段，相当于产业生命周期的成长期，还将逐步向集聚阶段和成熟的软件产业迈进。

8.3 软件业发展的影响因素

我国管理软件产业虽然已经具备了向"世界级"跨越的基础，但能否实现这一目标，全球整体的行业背景不容忽视。

20世纪全球企业管理软件产业的中心分别在欧洲和北美。由于拥有全球领先的制造业客户基础，并且在商业模式上进行了重要创新，欧洲曾经是全球最大的管理软件产业中心。在那时，诞生了像SAP这样的"世界级"软件公司，以及像IFS、Exact、Sage等一批中小规模的管理软件公司。

21世纪，中国乃至整个亚洲将会成为全球第三个管理软件产业中心。因为中国乃至亚洲的制造业，不仅在规模上将超越欧美，而且在管理模式和先进制造上也开始实现创新和领先。

中国乃至亚洲的管理软件在继续研究和吸取国际先进管理思想和模式的同时，更需要加强与中国和亚洲地区先进企业的结合，进行联合创新。不仅要研究和提炼这些企业的管理思想、模式和方法，更要共同实验，把先进的信息技术结合到这些企业的经营与管理的创新活动中。我国的管理软件企业要建立"世界级"能力的核心在于研发能力。要达到"世界级"，必须构建快速响应市场的产品研发模式，这需要建立市场导向的产品开发流程，需要建立强大的产品平台以及分层和跨部门、地区、公司的协同研发体系。

全面的竞争优势来源于产品技术与商业模式的融合。软件业在发达国家已经有半个世纪的发展历史，企业管理软件也有近 30 年的历史，已经形成了像 SAP、Oracle 这样一些行业中的国际巨头。但是国际管理软件厂商所代表的传统商业模式也遇到越来越多的挑战，特别是在系统过于复杂、实施周期过长、服务成本高、客户需求变化响应不及时、本地化服务不足等方面问题突出。因此，商业模式和游戏规则的变革是中国管理软件业想要赶上乃至后来居上的机会所在。

1. 影响软件产业发展的技术因素

技术因素是影响软件产业演进的关键因素。软件产业是高新技术产业，一个国家（或区域）对软件技术及其知识产权的掌握情况，决定了软件产业的发展模式和路径；一个国家（或区域）对软件核心技术的控制程度，决定了软件产业在全球价值链中的地位；一个国家（或区域）的技术创新体系的完善水平，决定了软件产业的创新能力和发展活力。技术创新是软件产业向高层次演进的核心动因，而技术进步是软件产业演进的强大动力。技术创新和技术进步，促进软件产业向知识、技术密集型方向发展，使产业内不同生产要素的需求与投入均发生变化，进而影响到各子产业产出的变化以及产业结构的有序演化。此外，技术创新降低了软件生产成本、增加了软件种类、强化了软件功能、提升了软件质量，促进了软件产品升级换代，总体上扩展了软件产业系统的发展空间；技术进步带来各国软件产业经济的国际化，实现了资源的跨国配置和软件产业结构的跨国梯度转移。

技术层面，信息网络技术的兴起推动软件迈向跨领域的综合集成化发展。云计算、物联网、移动互联网、大数据、智慧城市等，使得计算资源、网络资源、存储资源、信息资源、数据资源等以更加优化的方式向社会提供服务，无论是供给和需求都实现灵活配置。综合集成化不仅可以大大降低 IT 技术使用成本，而且其中的移动互联网和大数据应用也代表了未来产业发展的热点。

2. 影响软件产业发展的商业模式因素

商业模式层面，商业模式的创新成为产业发展的核心驱动力。传统的信息产业发展，更加注重的是技术创新，而未来的产业发展将更加注重商业模式的核心驱动力。比如，当前的互联网，已经被定义为人类最伟大的发明之一，它改变了人们的生产方式、生活方式，乃至思维要素，关于它的未知远远大于已知，市场对商业模式创新的需求日益旺盛。

2000 年左右的 ASP 模式、2008 年左右的 SaaS，以及现在热议的云计算，都说明了一个问题，那就是软件产业发展的传统 licence 模式有问题。不改变，一直往前走的结果就是越来越走进一个窄胡同，直至死掉。

卖一个，少一个；红海之争的价格战，软件企业将难以为继；更无力调研客户实际新需求，无资金用于新需求研发，licence 的模式在迫使软件产业一步步的走向"断头台"。要想解除软件产业发展的这种恶性循环，就必须革现有模式的命。而它的"解药"就是转换成"服务交付模式"。产品交付模式的问题就是，试图通过一次交易解决对长期积压和新滋生问题的长期服务支撑。

需求因素有的是潜在的，有的是现实的，都对软件产业的演进起直接影响。消费需求在社会总需求中所占份额最大，是软件产业结构演进的根本动因。依据对软件产业的划分，软件消费需求变化包括需求总量和需求结构的变化，会引起软件产业内相关子产业的扩张或收缩，也会引起新的子产业的产生和现有子产业的衰落。需求结构的合理化和高级化引领着软件产业结构的合理化和高级化。软件产业的经济寿命长短一定程度上决定于软件市场需求量的大小。

对于软件企业而言，商业模式创新来源于消费者需求变化的把握。而市场机会是经由创造性资源组合传递更高价值来满足市场需求的可能性。也就是说机会是指潜在的市场需求或未被利用的资源或能力。

消费者的需求结构是动态变化的，随着时空的变换，行业需求量会在不

同细分市场之间发生结构性的变化。未被发现的和满足的消费者需求或市场
空白。深入探索这些盲区，就能发现属于自己的机会，为企业创新商业模式
创造了可能。并使其商业模式创新具有自身独有的特征。

（1）软件企业商业模式创新主要是渐进式的。从软件产业发展历程都可
以看到，一段时期内软件产业的主要商业模式是在不断变化的，这种转变在
当时的时点上就是软件企业的商业模式创新。从过程来看，每个阶段的主要
商业模式变化并不是突变的，而是有一个较长的过程，因此软件产业的商业
模式创新以渐进式为主。

（2）新商业模式是旧商业模式的补充而不是替代。从软件产业发展历程
都还可以看到，新商业模式的出现为软件企业提供了一种开展新业务的可能，
但是这种新的业务并不一定取代原有的业务，而是作为原有业务的一种补充
或延伸。如互联网增值服务的出现并没有取代传统的大众软件，而是作为大
众软件的一种补充。

（3）新商业模式的进入壁垒不高。由于软件业的初始投资和进入壁垒都
比较低，而一个软件产品受到用户信赖的周期比较长，因此一个新的软件商
业模式出现后可能在短期内出现大量的模仿者。虽然软件产品的规模效应非
常强，在一个商业模式成熟后可以获得明显的规模效应，但是在商业模式形
成的初期可能会面临激烈的竞争。

（4）软件企业商业模式不断多样化。随着产业技术的发展和市场需求的
变化，软件产业的商业模式也在不断地加。特别是在 20 世纪 90 年代以来，
随着网络技术和通信技术的快速发展，很多企业为一些细分市场提供新的产
品和服务，其中也出现了一些新的商业模式。

产品与技术创新必须服务于商业模式，真正的竞争优势来源于产品技术
与商业模式的融合。软件业在发达国家已经有半个世纪的发展历史，ERP 也
有近 30 年的历史，已经形成像 SAP、Oracle、微软这样一些行业巨头。中国
软件企业想要赶上乃至后来居上，必须改变商业游戏规则，实施破坏性创新、
价值创新。中国和日本电信业的运营模式没有简单地拷贝欧美模式，其创新
的成功经验值得软件业借鉴。Chesbrough 和 Rosenbloom 认为，一个好的商业
模式应挖掘出企业的潜在价值，技术创新的成功在一定程度上有赖于商业模
式创新。并非所有的技术创新都能应用现有的商业模式来实现其商业价值，

许多情况下，特定的技术创新需要特定的商业模式与之配合的创新才能实现技术创新应有的价值。

8.4　软件产业发展之技术与商业模式双螺旋模式

莫厄里（Mowery，1996）对软件产业的研究认为，软件具有的两个经济学特性造成了软件业的"先动者优势"，并且影响了美国、日本和西欧软件市场的发展。这两个特性是：软件生产的固定开发成本使软件可能具有很高的利润率；标准和网络性带来的先行者优势使得新的进入者很难打破先动者的统治地位。

经济学家理查德森（Richardson）对软件业进行了经济学分析，他认为软件业具有四个关键性：技术使用的零边际成本使得软件企业都迫切地追求规模经济效益；迅速的创新率使得产品和技术生命周期非常短，企业总是面临着连续不断的竞争和新进入者的挑战，同时技术的变化使得市场环境也在不断地发生变化；软件的系统性使得软件产品之间必须互补和兼容，而不同产品生产企业需要不同的能力，因此一个企业想要纵向一体化非常困难，这使得软件业形成了许多不同规模企业之间复杂和变化的方式竞争与合作的产业结构。

对软件企业技术创新的把握，应注意下述两个方面的问题。

（1）软件企业的技术。软件业作为一种新兴高科技产业，必然有其自身所涉及的特定技术领域。软件企业中的技术首先应是涉及计算机软件开发生产、系统集成、应用服务及其他技术服务的计算机软件专业技能与方法。此外，在软件企业经营过程中所形成的对生产系统中所有资源（包括人、财、物）进行有效组织与管理的知识、经验与方法，也应包含在技术的范围之内，这就是所谓的"软技术"。所以，软件企业的技术是指在提供软件产品或服务的研发、管理及营销过程中所积累起来的知识、经验和技能的总和。

（2）技术创新中技术变动程度的限定，即技术变动至何种程度才称得上技术创新。技术创新按技术变革发生的程度来分，可被划分为根本性创新（radical innovation）和渐进性创新（incremental innovation）。根本性创新是一种与现有组织行为和技术截然不同的革命性变化；渐进性创新是现有产品或组织的技术和行为的微小改进或变化。增量性创新实质上就是渐进性创新。有人又将根本性创新和渐进性创新相应的称为技术进步和技术演化，如图 8-1 所示。

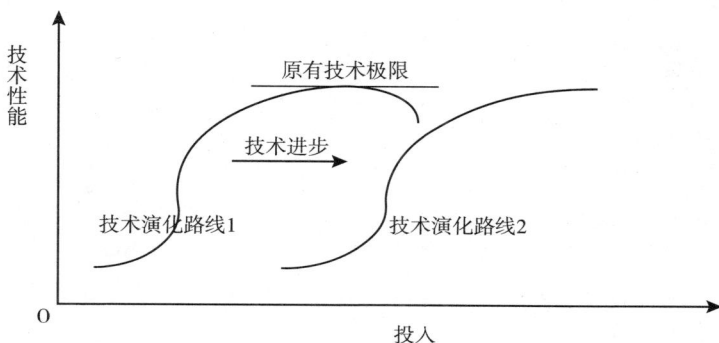

图 8-1 技术进步与演化

图 8-1 中每种技术的性能特征都沿着 S 型曲线发生变化；当出现根本性突破时，性能特征就有可能显著提高，从而新技术就会替代老技术，发生根本性创新，即发生技术演化线路 1 到技术演化线路 2 的跃迁。对于任何一个进行技术创新的组织来说，均可能产生两种创新结果，一种是沿单一技术演化线路向上发生的渐进性创新，另一种则是发生两条技术演化线路之间的跃迁，即根本性创新。一般来讲，大型企业为重大或基本创新奠定了基础，包括它们的大规模市场渗入与扩散；中小型企业利用这些重大创新以进行自己的创新或者说是二级创新；中小企业一般更多的是市场导向的而较少是研究驱动的，会更快地对新机会做出反应，而且更多地从事小的渐进性创新。

软件业 50 年来技术的发展一直伴随着商业模式的创新。早期软件是作为服务来交付的，这种产品模式至今还是 SI 公司的主要商业模式。微软 20 世纪 80 年代的许可模式改变了整个软件产业，同时也使自己成为软件业的翘楚。在 ERP 领域，SAP 的合作伙伴模式 20 年来在全球高端市场获得巨大成功，Sage 基于软件包的服务模式近年来也比较成功。随着网络和移动技术的普及应用，以及企业 ERP 应用模式的变化，出现了 ASP 应用服务、移动增值服务、商业流程外包服务等一些创新的商业模式。

| 第 9 章 |
结　语

9.1　研究结果的政策意义

9.1.1　商业模式创新要重视资本市场的配套

在科学技术发达到今天的地步，多数创新和创业不仅需要许多资金，而且也要承担许多潜在的重大风险。如果中国企业和创业者还只能追求基于现金流的传统商业模式，那么他们的短期盈利目标会继续迫使他们不敢做风险投资，创新不会是他们的首选。相反在资本市场的支持下，创业者的商业模式创新发生了深度改变，在美国可以被称为"连续创业者"（Serial entrepreneur），这些人正是商业模式创新的中坚力量。分众传媒、百度、尚德的故事，证明了发达股权交易市场对创新、创业以及对商业模式的催化作用。可惜的是，中国国内的股权市场还非常欠发达，对民营私人企业上市的开放度还非常有限。

传统的利润累积型企业靠"加法"生存；成功设计和再造了新商业模式的企业，则能够突破自身实力的束缚，进行"乘法"式的资本运营，在短时间内完成令人难以置信的财富积累。经过新经济思路改造后的传统企业实现上市，为资本市场注入了新鲜"血液"，亦最终带来了创投与企业的双赢。

很显然，只有企业模式创新与资本市场形成良性互动，才会带来传统行业发展的新突破，这无疑激发了创投改造传统企业的积极性。

创业板的启动，有利于发挥资本市场的资源配置功能，引导社会经济资源向具有竞争力的商业模式创新型企业、新兴行业聚集，有利于改善这些企业的发展环境，一大批基于技术的商业模式创新型企业的成长，可以加快国家自主创新战略的实施，推动经济增长方式的转变。重视商业模式创新，而不仅仅是技术创新，可以更有效地把技术价值转换为客户价值和投资价值，增强竞争优势和持续发展能力，加快企业发展和投资价值倍增速度。

9.1.2　商业模式创新要重视消费者需求

从本质上说，市场并不是由产品组成的，而是由需求组成的。因此企业在研发、生产产品之前必须要搞清楚产品所要满足的消费者层次是什么，真正的需求是什么。随着人们生活水平的提高，人们的消费需求也呈现多元化、超前性趋势，谁把握了这种趋势，并将消费者这种消费趋势与潜在需求变为实实在在的生活需求，不失时机地开发出新产品，谁就掌握了市场竞争的主动权。

很多消费者对于现有的产品都会表示自己的不满和抱怨，甚至很多企业常常认为自己的产品和服务满足了消费者的需求，但是实际上消费者却还有很多遗憾。将消费者的缺憾和遗憾变为新的产品和服务，这也是商业模式创新的一个角度，例如如家快捷酒店就将人们对于招待所不安全、不卫生以及对于星级酒店太贵的缺憾通过新的经济型酒店的方式进行了组合，从而开创了新的酒店经营模式，也满足了来自大众市场的规模需求。所以商业模式创新成功的企业一定是对于消费者需求有着深入的洞察的企业，同时也是能够适应消费者消费趋势变化的企业。

无论企业采用什么样的路径，商业模式的创新必须围绕着顾客价值主张来进行，创新型商业模式一方面要能够较好地识别并满足客户需求，做到客户满意，不断挖掘并提升客户的价值。另一方面还能通过模式的运行能够提高自身和合作伙伴的价值，创造良好的经济效益。同时也包含具有超越竞争者的体现在竞争全过程的竞争优势，即商业模式应能够有效地平衡企业、客户、合作伙伴和竞争者之间的关系，既要关注客户又要企业盈利，还要比竞争对手更好地满足市场需求。这样就能获得相对于竞争者而言较为独特的价值取向，以及不易被其他竞争对手在短时间内复制和超越的创新特性，从而保持企业竞争优势。

9.1.3　商业模式创新须重视开放心智与知识共享

从知识的角度看，商业模式创新过程就是知识重新组合和再生的过程。要提高企业商业模式创新的效率，就需要使知识进行有效的组合和再生，使得企业内每个员工所拥有的知识能在企业最大范围内共享。这可以通过建立扁平化组织、减少层次结构以弱化参与者的等级观念，使员工较平等地传播和反馈知识，形成开放性的、学习性的、成长型的知识共享机制等措施来促进知识共享。或者通过环境营造使员工能够轻松地进入知识数据库，自由地利用电子邮件、电子公告栏、电子论坛和技术图书馆，获取对业务活动有价值的信息，及时提供自己的感想和经验体会，并与其他人员自由交流。

企业是一个开放系统，知识价值链包括知识输入、知识生产及知识应用三个阶段。知识具有排他性与外溢性双重特征，通过知识价值链上的知识共享，增强知识外溢的广度与深度，才能提高企业商业模式创新能力。在价值链知识输入端，通过知识共享，有利于建立动态知识联盟，确保企业所需知识资源及其他资源的有效输入。在价值链知识生产领域，通过知识共享，可以提高整体智商，实现知识资源可再生性及边际报酬递增特性的功能，加快产品、技术、人才创新及组织变革，实现知识资源的有效开发与利用，促进整体资源的整合与开发，提升核心能力。在价值链知识应用端，通过知识共享，有利于改变消费者在产品知识中的弱势地位，使消费者敢于消费、科学消费，从而稳定和扩大消费群体，促进知识价值的实现。而传统管理模式，在价值生产领域，组织内资源是通过金字塔型等级链式管理模式来实现的，企业发展受制于规模报酬递减规律约束，使企业达到一定规模后，整合与开发各种资源的管理成本增加，容易产生组织惯性，降低组织应变与创新动力。在供求价值链上，传统管理模式主要通过价格与其他企业及消费者建立价值链关系，通过供求价格差实现企业功利性盈利目标。这样，价格涨跌必然使一方受益一方受损，使价值链很难维系。

9.1.4　增强企业竞争优势应注重企业价值传递模式创新和界面规则创新

价值传递模式创新是企业把产品和服务以创新的模式传递给目标客户的分销和传播活动。没有价值传递活动，价值创造活动所创造的价值——产品和服务就会"锁在深闺人未识"，不可能为客户和企业创造价值。生产模式（含产品、技术和生产方式）创新是解决用什么方式生产出社会需要的产品；商业模式创新要解决的是用什么方式使需求与供给高效联接并取得最大效益。显然，没有后者的有效创新，前者的创新是实现不了的。

商业模式的界面规则模式创新主要是企业家或者企业设计师来组织的，这里所说的设计不是工业设计，而是以企业以及企业的运作视为他们核心的、完整的发明创造，他们设计了全新的组织的搭配方式。如马云则是将企业形式和企业运作当成核心的完整的发明创造，对如何人力资源和发挥创造力在企业方面进行全新的设计。美国企业文化量化大师理查德·巴雷特，把商业领导者分成 7 个层级。由低到高分别是：专制主义者、家长式统治者、管理者、提供便利者、合作者、伙伴服务者、设计师。按里查德·巴雷特的定义，最高层级"设计师"的行为由服务人类的动机所驱动。他们从社会的角度审视他们自身的和企业的愿景。他们关注世界的状况和未来的人类。处于最高层级的领袖，是一个通晓并娴熟掌握所有这七个层次领导意识的一个自觉的设计者。社会应该培养企业的设计师。中国市场经济走向成熟，必定以一大批成熟的民营企业家的成长为企业设计师前提。没有一大批成熟的、理性的类似于企业设计师的民营企业家，就不可能有真正创新型国家。

9.1.5　创新商业模式时应注重对外界环境的研究

本书将环境的调制作用与商业模式创新的运行结合起来进行了研究，结果表明，环境的动态性和异质性对商业模式创新与企业竞争优势之间关系起到了调制作用。调制作用分为两种：一是正向作用，技术动态性、市场动态性和环境异质性对商业模式创新与企业竞争优势之间起正向调制作用，在环境动态性增强的情况下，商业模式创新与企业竞争优势之间的相关性更强；二是反向作用，环境敌对性对两者之间的关系都起着反向作用，显示在环境敌对性增强的情况下，商业模式创新与企业竞争优势之间的相关性不显著或更弱。

　　总之，环境调制作用的研究结果表明，在技术动态性、市场动态性和环境异质性较高的环境中，企业必须更频繁地寻找价值增值的机会，为此有必要建立一种能加快企业反应速度的新的商业模式，这种模式能提供一种给客户带来价值的新途径。只有坚持不断创新，将商业模式研究视为企业的一项基本并且是重要的职能，企业才能在不断加剧的动态环境中，创造更为优良的绩效，巩固并加强自身的市场竞争优势。而在环境敌对性情况下，因公司的经营环境受到的威胁程度较大且竞争激烈，在这种情况下，因自身优势难以保持竞争者不仅会赶上，而且它们可能做得更好。结果创新者会发现，自身的创新不仅没有为自己带来优势，反而因为后来者的模仿完善而使自身在竞争中越来越处于劣势。这就取决于企业家把握机会的能力，过早地跨越自身发展阶段，在各方面条件还不成熟的情况下盲目创新是很不可取的。

9.2　展　　望

　　商业模式建立在对外部环境、自身的资源、能力的假设之上，因此，没有一个商业模式适用于任何企业，也没有一个商业模式永不过时。随着假设条件主要是外部环境的变化，原来运作良好的商业模式也有风光不再的时候，表现为顾客不断流失，盈利能力急剧下降，这时候也需要对商业模式进行创新。

　　商业模式创新是企业内在的能力和资源与外部环境的互动过程的产物。商业模式创新在强调企业资源重要性的同时，却往往忽视企业家或创业者在创业过程中的决定性作用。但实际上，在创意发展为成熟商业模式的过程中，企业家或创业者对商业模式各组成要素均发挥着能动作用，并最终完成独特的要素组合，形成企业特有的商业模式。总之，商业模式创新是企业能力尤

其是企业家能力与外部环境之间相互作用的过程（图 9 - 1）。一方面企业家
是商业模式创新的直接推动者，企业家能力在很大程度上影响了企业商业模
式创新的能力；另一方面，外部环境的变化将刺激企业不断积累和学习，组
织学习将是企业能力发生跃迁，达到一个新的状态和高度，这又为下一次的
创新准备了基础。

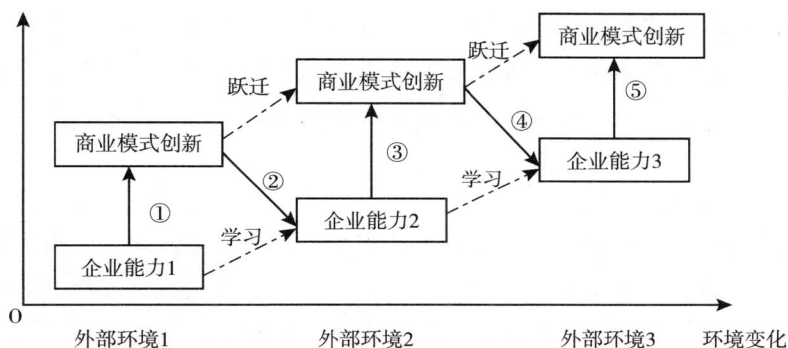

图 9 - 1　商业模式创新的机理

注：①外界环境的变化出现机会之窗，企业抓住机会形成的创新商业模式。
②商业模式使企业能力得到提升，从而能更好地适应外界环境变化。
③提升了的企业能力使商业模式创新更进一步。
④外界环境进一步变化，创新的商业模式和企业学习进一步提升了企业能力。
⑤能力的增强能强化原有的商业模式或者进一步推动商业模式创新。

　　本书创新性地提出了商业模式创新的影响因素模型以及商业模式创新与
竞争优势结构模型，对商业模式创新进行了创新性的实证研究。并且研究结
论对于处于混沌状态的商业模式理论也起着添砖加瓦的作用。研究发现影响
商业模式创新的外部因素有金融支持、消费者需求、组织的知识共享和心智
开放。而在商业模式创新与企业竞争优势的关系之间，企业价值传递模式的
创新与界面规则的创新对企业竞争优势有显著的促进作用。

　　尽管本书的研究具有一定的创新性，也得出了一些较有意义的结论，但
是在研究过程中仍然存在一些局限，需要在未来的研究中进一步深化和完善。
这些局限性或值得未来研究深入和完善的地方主要包括取样问题。虽然在研
究过程中，我们花费了大量的精力进行问卷调查，最后收获的有效问卷数量
也基本满足实证分析的要求，但是由于问卷调研工作的困难，本书的实证分

析还不是真正意义上的"大样本"研究，地区分布也是不很均衡。因此，为了进一步加强实证分析的说服力，未来的研究可以增加在问卷调查和数据收集上的投入。

在理论研究方面，可在下列方面加强：

（1）商业模式创新与竞争优势的演化。

商业模式研究应成为连接战略管理与创业研究的桥梁，目前的研究主要集中在对商业模式基本概念的理解上，而战略管理方面的知识似乎显得更重要些。实际情况并非如此，将商业模式概念以演化的观点来考察，将更能揭示创业者如何使企业差别化的内涵从而破解独特商业模式有利于产生优良绩效的迷局。

（2）商业模式创新的评估。

对商业模式创新进行评估是商业模式研究的一个重要环节，因为在众多商业模式创意中挑出那些更具潜力的商业模式，并且在实施过程中不断地根据实际情况进行调整，是企业成功进行商业创新的必要条件。商业模式评估可以分为两部分：一是对创新性商业模式的潜力进行预测性评估，就是通过对商业模式的营利性和适应性进行预测，预测新商业模式实施以后可能会产生的绩效情况；二是对商业模式的当前评估，就是分析当前商业模式所存在的问题以对企业做出诊断。而进行评估当前应做的是评估指标的建立及量化，以建立科学的商业模式创新的评估指标体系，以对不同商业模式或者创新性商业模式进行评价与比较。

参考文献

[1] [美] 彼得·圣吉. 第五项修炼 [M]. (郭进隆译). 上海：上海三联书店，1998：9.

[2] 彼德·德鲁克. 创新与企业家精神 [M]. 北京：企业管理出版社，1989：30.

[3] 陈劲，等. 突破性创新及其识别 [J]. 科研管理研究，2002 (5)：22 – 28.

[4] 范·杜因. 经济长波与创新 [M]. 上海：上海译文出版社，1993：104.

[5] [美] 菲利普·科特勒. 营销管理 （第十版） [M]. 北京：中国人民大学出版社，2001：26 – 35.

[6] 高闯，关鑫. 企业商业模式创新的实现方式与演进机理——一种基于价值链创新的理论解释 [J]. 中国工业经，2006 (11)：83 – 91.

[7] 胡晓鹏. 价值系统的模块化与价值转移 [J]. 中国工业经济，2004 (11)：68 – 74.

[8] 黄芳铭. 结构方程模式——理论与应用 [M]. 北京：中国税务出版社，2005，149 – 151.

[9] 加里·哈默尔. 领导企业变革 [M]. 北京：人民邮电出版社，2002：52 – 57.

[10] 贾怀勤. 数据、模型与决策 [M]. 北京：对外经济贸易大学出版社，2004：46 – 47.

[11] 靳东滨，鄂永林，姚群峰．海南电信商业模式的创新实践 [J]．通信企业管理，2006（13）：9－13．

[12] 赖国伟．基于模块化的商业模式创新——以 PC 产业为例 [D]．厦门大学博士学位论文．2004：41－151．

[13] 李东，王翔．基于 Meta 方法的商业模式结构与创新路径 [J]．大连理工大学学报（社会科学版），2006（9）：7－12．

[14] 李曼．略论商业模式创新及其评价指标体系之构建 [J]．现代财经，2007（2）：55－59．

[15] 李全起．企业自主创新的影响因素分析 [J]．创新科技，2006（8）：16－17．

[16] 李正卫．动态环境条件下的组织学习与企业绩效 [D]．浙江大学博士学位论文，2003．32－47．

[17] 刘新民，李垣．企业家创新理论研究综述 [J]．齐鲁学刊，2004（2）：47－50．

[18] 罗珉，曾涛，周思伟．企业商业模式创新：基于租金理论的解释 [J]．中国工业经济，2005（7）：73－82．

[19] 马庆国．中国管理科学研究面临的几个关键问题 [J]．管理世界，2002（8）：105－11．

[20] 青木昌彦，安藤昌彦．模块化时代：新产业结构的本质 [M]．上海：上海远东出版社，2003．

[21] 史永铭．高新技术企业文化创新战略田．高技术与产业化，2007（2）．

[22] 孙敬水，崔立涛．企业技术创新的影响因素——市场结构及动态博弈分析 [J]．科技进步与对策，2007（8）：97－101．

[23] 田芳．迪斯尼商业模式对于文化企业的启示 [J]．企业活力，2006（6）：6．

[24] 王波，彭亚利．重思商业模式 [J]．IT 经理世界．2002（3）：86－87．

[25] 王方华，吕巍．战略管理 [M]．北京：机械工业出版社，2005，44－49．

［26］王刊良．基于分类的企业电子商务模式创新方法［J］．系统工程理论与实践，2003（3）：18－25．

［27］王茜．IT驱动的商业模式创新机理与路径研究．管理学报，2011（1）：126－133．

［28］王志刚．企业心智模式及其管理［J］．企业研究，2003（23）：28－30．

［29］威廉·L·米勒，朗顿·莫里斯．第四代研发［M］．北京：中国人民大学出版社，2005．

［30］翁君奕．介观商务模式：管理领域的"纳米"研究［J］．中国经济问题，2004（1）：34－40．

［31］翁君奕，商务模式创新：企业经营"魔方"的旋启［M］．北京：经济管理出版社，2004，51－68．

［32］项保华．中国企业选择：价值链"争上游"运动［N］．21世纪经济报道，2004－06－21．

［33］谢洪明，韩子天．组织学习与绩效的关系：创新是中介变量吗？——珠三角地区企业的实证研究及其启示［J］．科研管理，2005（5）：1－10．

［34］袁新龙，吴清烈．江苏企业信息化与电子商务应用现状分析［J］．科技与经济，2003（3）：33－36．

［35］原磊．商业模式体系重构［J］．中国工业经济，2007（6）：70－79．

［36］约瑟夫·熊彼特．经济发展理论［M］．北京：商务印书馆，1990：73．

［37］曾涛．企业商业模式研究［D］．西南财经大学博士学位论文，2006：111－112．

［38］［美］詹姆斯·弗·穆尔．竞争的衰亡——商业生态系统时代的领导与战略［M］．北京：北京出版社，1999：12－48．

［39］张焕勇．企业家能力与企业成长关系研究［D］．复旦大学博士学位论文，2007：120－121．

［40］张家瑞．小企业商业模式创新［J］．电子科技大学学报，2007（4）：38－43．

［41］张婧．市场导向、创新、组织学习和组织绩效的关系研究［J］．科

技管理研究，2004（4）：49 – 51.

[42] 周三多. 管理学（第二版）[M]. 北京：高等教育出版社，2005，128.

[43] 周三多，邹统钎. 战略管理思想史 [M]. 上海：复旦大学出版社，2002，80 – 83.

[44] 周星. 评析戴尔商业模式成功七法 [J]. 商业时代，2004（26）：30 – 31.

[45] 朱凤涛. 企业能力系统演化的实证分析 [J]. 工业技术经济，2006（12）：120 – 124.

[46] ADAMANTIA G. Pateli Technology innovation-induced business model change：a contingency approach [J]. Organizational Change Management，2005，18（2）：167 – 183.

[47] Afuah，A，and Tucci，C. Internet Business Models and Strategies：Text and Cases. Boston [M]. McGraw Hill/Irwin，2001：32 – 33，196 – 201.

[48] Allan Afuah. Business Models：A Strategic Management Approach [M]. Boston，Massachusetts：Mcgraw – Hill，August，2003.

[49] Amit R. C Zott. Value Creation in E-business [J]. Strategic Management Journal. 2001. 22（6 – 7）：493 – 520.

[50] Amit R & Zott C. Value Creation in E-business [J]. Strategic Management Journal，2001（22）：493 – 520.

[51] Amitr，ZOTT C. Value Creation in E-business [J]. Strategic Management Journal 2001，22（6/7）：493 – 520.

[52] Anderson P. Complexity theory and organization science [J]. Organization Science，1999，10（3）：216 – 232.

[53] Barney，J. B. Firm Resources and Sustained Competitive Advantage [J]. Journal of Management，1991，17（1）：99 – 120.

[54] Barney，J. B.. Firm Resources and Sustained Competitive Advantage [J]. Journal of Management，1991，17（3）：99 – 120.

[55] Benjamin Simplice Ewouba-Biteghe. Strategic Innovation of Business Models by leveraging Demand and Supply Chains in Dynamics Ecosystems [D]. The

degree of Master of Commerce at the University of Stellenbosch. 2006, 12: 30 – 34.

[56] Bessant. J, Caffyn. J, Gilbert. J. Learing Tomanage Innovation [J]. Technology Analysis and StrategicManagement, 1996, 8 (1): 59 – 70.

[57] Bharadwaj, S. G. , P. R. Varadarajan, and J. Fahy. Sustainable Competitive Advantage in Service Industries: A Conceptual Model and Research Propositions [J]. Journal of Marketing, 2000 (57): 83 – 99.

[58] Bird, B. Towards at Theory of Entrepreneurial Competeney, Advances in Entrepreneurship [J]. Firm Emergence and Growth, 1995 (12): 51 – 72.

[59] Boyatzis, R. E. The Competent Manager: a Model for Effective Performance [M]. New York: Wiley, 1982: 12 – 13.

[60] Branka Skrt. Strategic Planning and Small Firm Growth: An Empirical Examination [J]. Managing Global Transitions. 2006, 2 (2): 107 – 122.

[61] Calantone R J. , Cavusgil S. T, & Zhao Y. Learning Orientation, Firm Innovation Capability, and Firm Performance [J]. Industrial Marketing Management, 2002 (31): 515 – 524.

[62] Calcagno, M. The evolution of the competitive advantage concept in strategic management studies [EB/OL]. http: //www. bbk. ac. uk/manop/man/docs/calcagno, 1999 – 02.

[63] CHANALV. How to explore new business models for technological innovations Association Internationale de Management Stratégique [M]. Montréal: Canada, 2007.

[64] Christine SKoberg, Dawn R Detienne. A Fresh Look at Ncremental and Radical Innovation in the Entrepreneurial Firm [C]. NationalConference in Orlando, Florida, 2001: 1 – 10.

[65] Christoph Zott, Raphael Amit. Business Model and the Performance of Entrepreneurial Firms [J]. the INSEAD Working paper. December5, 2005.

[66] Chris W. Styles and Jules Goddard. Spinning the Wheel of Strategic Innovation [J]. Business Strategy Review, Vol. 15, 2004 (2): 63 – 72.

[67] Damanpour. F, K. A. Szabat and W. M. Evan. The Relationship between Types of Innovation and Organizational Performance [J]. Journal of Management

Studies，1989（26）：587 – 601.

［68］Demsets. Harold，The Theory of the Firm Revisited ［M］. Inoliver Williamson and Sidney Wintereds. The Nature of the Firm：Origins Evolution，and Development. New York：Oxford Press，1991：159 – 178.

［69］Dess G. G. and Beard D. W. Dimensions of Organizational Task Environments ［J］. Administrative Science Quarterly，1984，29（1）：52 – 73.

［70］Dodgson M. Technology Learning，Technology Strategy and Competitive Pressures ［J］. Birtish journal of management，1991（2）：133 – 149.

［71］Domholdt，E. Physical therapy research：Principles and applications ［M］. Philadelphia：W. B. Saunders Company，1993.

［72］Donald Mitchell and Carol Coles. The Ultimate Competitive Advantage：Secrets of Continually Developing a More Profitable Business Model ［M］. San Francisco，California：Berrett-Koehler Publishers，September 1，2003.

［73］Don Tapscott. Rethinking Strategy in a Networked World：Why Michael E. Porter Is Wrong about the Internet ［J］. Strategy + Business，2001，24（6）：23 – 25.

［74］Dubosson-Torbay M. ，Osterwalder A. & Pigneur Y. E-business Model Design，Classification and Measurements ［J］. Thunderbird International Business Review，2002，（44）.

［75］Elliot. Steve. Electronic Commerce：B2C Strategies and Models ［M］. John Wiley & Sons，2002.

［76］Eren Ozgen，Enirepreneurial Opporitunity Recognition：information Flow，Social and Cognitive Perspectives ［D］. Paper for the degree of doctor of Rensselaer Rolytechnie Institute，NewYork，2003.

［77］Gatignon H. and Xuereb J. M. Strategic Orientation of the Firm and New Product Performance ［J］. Journal of Marketing Research，1997，34（1）：77 – 90.

［78］Germany，Rhonda and Muralidharan，Raman，Capture，Finding Competitive Advantage，The Three Phases of Value Strategy + Business，Issue 22，First Quarter，Pags. the Information Age，2001：82 – 91.

［79］Godrey P. C. & Gregerson H. B. Where do Resource Come from？ A

Model of Resource Generation [J]. The Joumal of High Teehnology Management Research, 1999 (1): 37 - 60.

[80] Gordijn, J. Value Based Requirements Engineering-Exploring Innovative E-commerce Ideas Vrije Universiteit, Amsterdam, 2002.

[81] Gotteland D. and Boule J. The Market Orientation-New Product Perform-ance Relationship: Redefining the Moderating Role of Environmental Conditions [J]. International Journal of Research in Marketing, 2006, 23: 171 - 185.

[82] Guan, J. C. , Yam, R. C. M. , Mok, C. K. , et al. A Study of the Relationship between Competitiveness and Technological Innovation Capability Based on Dea Models [J]. European Journal of Operational Research, 2006, 170 (3): 971 - 986.

[83] Guenzi, P. & Troilo, G. The Joint Contribution of Marketing and Sales to the Creation of Superior Customer Value [J]. Journal of Business Research, 2007, 60 (2): 98 - 107.

[84] HAAKER M D R T. Designing viable business models for context-aware mobile services [J]. Telematics and informatics, 2009. 26: 240 - 248.

[85] Hawkins R. The Phantom of the Marketplace: Searching for New E-Com-merce Business Models [J]. EuroCPR, Barcelona, 2002 (3): 24 - 26.

[86] Henry Chesbrough. Richard S. Rosenbloom. The Role of the Business Model in Capturing Value from Innovation: Evidence from Xerox Corporation's Technology Spin-off Companies [J]. Industrial and Corporate Change, 2002, 11 (3): 529 - 555.

[87] Henry Chesbrough. Richard S. Rosenbloom. The Role of the Business Model in Capturing Value from Innovation: Evidence from Xerox Corporation's Technology Spin-off Companies [J]. Industrial and Corporate Change, 2002, 11 (3): 529 - 555.

[88] Henry Mintzberg. The Rise and fall of Strategic Planning: Reconceiving Roles for Planning, Plans, and Planners [M]. New York: The Free Press, 1994.

[89] Hoffman, N. P. An Examination of the Sustainable Competitive Advan-

tage Concept: Past, Present, and Future [EB/OL]. http://www. amsreview. org/articles/hoffman, 2000.

[90] Howard E. Aldrich & Jeffrey Pfeffer, Environments of Organizations [J]. Annual Review of Sociology, 1976 (2): 79 – 105.

[91] Hu, L. P. M. Bentler, Y. Kano. Can test statistics in covariance structure analysis be trusted [J]. Psychological Bulletin, 1992 (112): 351 – 362.

[92] Hult & Hurley, R. F. Global organization learning effects on cycle time performance [J]. Journal of Business Research, 2002 (55): 377 – 387.

[93] James F. Moore. Predators and Prey: A New Ecology of Competition [J]. Harvard Business Review, 1993, 71 (3): 75.

[94] Jaworski, B. J. and Kohli, A. K. , Market orientation: Antecedents and consequences [J]. Journal of Marketing, Vol. 57, No. 3, 1993, pp. 53 – 70.

[95] Jeffrey H. Dyer, Harbir Singh. Academy of management [J]. The Academy of Management Review, 1998, 23, (4): 660 – 665.

[96] Johnson-Laird, P. Mental models: Towards a Cognitive Science of Language, Inference, and Consciousness [M]. Cambridge, MA: Harvard University Press, 1983: 397.

[97] Jones G. M. Educators, Electrons, and Business Models: A Problem in Synthesis [J]. Accounting Review, 1960, 35 (4): 619 – 626.

[98] Joseph, F H. , Rolph, E. A. , & Ronald, L. T. Multivariate data and analysis with reading [M]. NY: MacMillan, 1987.

[99] Kaya N. and Seyrek I. H. Performance Impacts of Strategic Orientations: Evidence from Turkish Manufacturing Firms [J]. The Journal of American Academy of Business, 2005: 68 – 71.

[100] Kessler, E. H. and P. E. Bierly, Is Fast Really Better? An Empirical Test of the Implications of Innovation Speed [J]. IEEE Transactions on Engineering Management, 2002, 49 (1): 2 – 12.

[101] Ketokivi, M. A. & Sehroeder, R. G. Peree Ptual Measures of Performance: Factor Fiction? [J]. Joumal of Operations Management, 2004, 22 (3):

247 – 264.

［102］Kirzner, I. M. , Method, Process, and Austrian Economics：Essays in Honor of Ludwig von Mises ［M］. Lexington, Mass.：Lexington Books, 1982. 154.

［103］Larry Bossidy, Ram Charan, and Charles Burck. Execution：The Discipline of Getting Things Done ［M］. New York：Crown Pub. , 2002.

［104］Lee. Y. & Cavusgil. S. T. Enhancing Alliance Performance：The Effects of Contractual-Based Versus Relational-Based Governance ［J］. Journal of Business Research, 2006, 59（8）：896 – 905.

［105］Leibenstein Harvey. Entrepreneurship and Development ［J］. The American Economic Review, 1968.

［106］Li J. The Formation of Managerial Networks of Foreign Firms in China：The Effects of Strategic Orientations ［J］. Asia Pacific Journal of Management, 2005（22）：423 – 443.

［107］Linder J. and S. Cantrell. Changing Business Models：Surveying the Landscape ［J］. Accenture Institute for Strategic Change, 2000.

［108］Magaly Dubosson, Alexander Osterwalder and Yves Pigneur. e-Business Model Design, Classification and Measurement ［J］. Thunderbird International Business Review, 2002, 44（1）：5 – 23.

［109］Magretta, Joan. Why Business Models Matter ［J］. Harvard Business Review, 2002, 80（5）：86 – 92.

［110］Magretta J. Why business models matter ［J］. Harvard Business Review, 2002,（5）：86 – 92.

［111］Mahoney, J. and Pandian, R. The Resource-based View within the Conversation of Strategic Management ［J］. Strategic Management Journal, 1992, 13（5）：363 – 380.

［112］Maitland, C, E. van de Kar, U. When de Montalvo, & H. Bouwman. Mobile Information and Entertainment Services：Business models and Service Networks. M-Business, 2003, 23（6）.

［113］Man, T. W. Y. Entrepreneurial Competencies and the Performance of

Small and Medium Enterprises in the Hong Kong Services Sector ［D］. Doctor Paper From Department of Management of The Hong Kong Polytechnic University，2001：169.

［114］ Massachusetts：McGraw-Hill，August，2003.

［115］ Menguc B. and Auh S. Creating a Firm-level Dynamic Capability through Capitalizing on Market Orientation and Innovativeness ［J］. Journal of the Academy of Marketing Science，2006，34（1）：63 – 73.

［116］ Michael Morris et al. The entrepreneur's business model：toward a unified perspective ［J］. Journal of Business Reaserch，2003，（6）：726 – 735.

［117］ Michael Rappa. Business Models on the Web：Managing the Digital Enterprise.（http：//digitalenterprise. org），May 2003. Michael Rappa. The Utility Business Model and the Future of Computing Services. IBM Systems Journal，March 01，2004.

［118］ Miller，D，Friesen，P H. Strategy-Making and Environment：The Third Link ［J］. Strategic Management Journal，1983，4（6）：221.

［119］ Mitchell，D. and C. Coles. The Ultimate Competitive Advantage of Continuing Business Model Innovation ［J］. The Journal of Business Strategy，2003（5）：15 – 21.

［120］ Mitchell，D. and Coles，C.，2003，The Ultimate Competitive Advantage of Continuing Business Model Innovation ［J］. Journal of Business Strategy，24（5）：15 – 21.

［121］ Moore J F. Predators and Prey：A New Ecology of Competition ［J］. Harvard Business Review，1993，5（6）：75 – 86.

［122］ Moorman，C. and A. S. Miner，The Impact of Organizational Memory on New Product Performance and Creativity ［J］. Journal of Marketing Research，1997（34）：91 – 106.

［123］ Neill，S. & Rose，G. M. The Effect of Strategic Complexity on Marketing Strategy and Organizational Performance ［J］. Journal of Business Research，2006，59（1）：1 – 10.

［124］ Nola Hewitt-Dundas，Stephen Roper. Strategic ReEngineering Small

Firms'Tactics in a Mature Industry [M]. Northern Ireland Economic Research Centre and CAM Benchmarking Ltd, 2000: 284 – 296.

[125] Osterwalder. A. The business model ontology-A proposition in a design science approach [J]. Universitéde Lausanne, 2004.

[126] Osterwalder, A., Y. Pigneur, and C. L. Tucci. Clarifying Business Models: Origins, Present, and Future of the Concept [C]. Communications of the Association for Information Systems, Vol. 15, 2005.

[127] Paul Timmers. Business Models for Electronic Markets [J]. Electronic Markets Journal, 1998, 8 (2): 3 – 8.

[128] Peterafm. The Cornerstones of Competitive Advantage: a Resource-based View [J]. Strategic Management Journal, 1993, (14): 179 – 191.

[129] Peter F. Drucker. The Theory of the Business [J]. Harvard Business Review, 1994, 72 (5): 95 – 104.

[130] Peter Weill. Thomas W. Malone. Do Some Business Models Perform Better than Others? A Study of the 1000 Largest US Firms [J]. MIT Sloan School of Management Working paper No. 2005.

[131] Petrovic, O, and Kittl Teksten, R D. Developing Business Models for E-business [C]. International Conference on Electronic Commerce, Vienna, Austria, 2001.

[132] Pilar Jerez-Go'mez, et al. Organizational Learning Capability: a Proposal of Measurement [J]. Journal of Business Research, 2005 (58): 715 – 725.

[133] Rainer Alt, et al. Interaction of Electronic Commerce and Supply Chain Management-Insights from 'The Swatch Group' [C]. Proceeding of the 33rd Annual Hawai'i International Conference on Systems Sciences (HICSS), January, 2000.

[134] Rappa P. Business Models on the Web [EB/OL]. Http: //digital-enterprise. Org/models/models. html Last accessed April20, 2003.

[135] Richard Bellman, Charles E. Clark. etc. On the Construction of a Multi-Stage, Multi-Person Business Game [J]. Operations Research, 1957, 5 (4): 469 –

503.

[136] Richard Leifer, Gina Colarellio'Connor, Mark Rice. Implementing radical innovation in mature firms [J]. BriarcliffManor, 2001, 15 (3): 102 – 114.

[137] Rumelt R. Towards a Strategic Theory of the Firm [M]. In B. Lamb (ed) . Competitive Strategic Management, 1984: 556 – 570.

[138] Russell Thomas. Business Value Analysis: Coping with Unruly Uncertainty [J]. Strategy & Leadership, 2001, 29 (2): 16 – 24.

[139] SAINIO L-M, PORRAS J. Effects of potially disruptive technology on software company's business model-Case Grid computing [J]. Technology Marketing, 2006 (2): 225 – 242.

[140] Santos-Vijande. M. , Sanzo-Perez. M. , Alvarez-Gonzalez. L, Vazquez-Casielles. R. Organizational Learning and Market Orientation: Interface and Effects on Performance [J]. Industrial Marketing Management, 2005, 34 (3): 187 – 202.

[141] Seggie, S. H. , Kim, D. & Cavusgil, S. T. Do Supply Chain It Alignment and Supply Chain Interfirm System Integration Impact upon Brand Eduity and Firm Performance? [J]. Journal of Business Research, 2006, 59 (8): 887 – 895.

[142] Shane, S. A and Venkataraman, S. The promise of enirepreneurship as a field of research [J]. Academy of Management review, 2000, 25 (1): 217 – 226.

[143] Shane, S. Prior Knowledge and the Discovery of Enirepreneurial Opportunities [J]. Orgnlization Seience, 2000 (11): 448 – 469.

[144] Shane, S. Prior Knowledge and the Discovery of Entrepreneurial Opportunities [J]. Organization Science, 2000 (11): 448 – 469.

[145] Siggelkow, N. Evolution toward fit [J]. Administrative Science Quarterly, 2002 (47): 125 – 159.

[146] Swink, M. , Narasimhan, R. & Wang, C. Managing beyond the Factory Walls: Effects of Four Types of Strategic Integration on Manufacturing Plant

Performance ［J］. Journal of Operations Management, 2007, 25 (1): 148 – 164.

［147］ Teece D, Pisano G, Shuen A. Dynamic Capabilities and Strategic Management ［J］. Strategic Management Journal, 1997, 18 (7): 509 – 533.

［148］ Tian, Kelly Tepper, William O. Bearden, and Gary L. Hunter. Consumers' Need for Uniqueness: Scale Development and Validation ［J］. Journal of Consumer Research, 2001, 28 (6): 50 – 66.

［149］ Timmers P. Business Models for Electronic Markets ［J］. Journal on Electronic Markets. 1998. 8 (2): 3 – 8.

［150］ Truran, W. R. How Organizational Learning Influences Organizational Success ［D］. Dissertation of PH. D. of Steven Institite of Technology, 2001.

［151］ Veliyath R. Book reviews, hypercompetition: managing the dynamics of strategic maneuvering, by Richard A. D. Aveni ［J］. Academy of Management Review, 1996, 21 (1): 291 – 294.

［152］ Weill. P, and Vitale. M. R. Place to space: Migrating to e-business Model ［M］. Harvard Business School Press, 2001: 96 – 101.

［153］ Weill P. , Vitale M. R. Place to Space: Migrating to E-business Models ［M］. Boston: Harvard Business School Press, 2001.

［154］ Wernerfelt B. A Resource-Based View of the Firm ［J］. Strategic Management Journal, 1984, (15): 171 – 180.

［155］ Wernerfelt, B.. A Resourced-Based View of the Firm ［J］. Strategic Management Journal, 1984, 5 (2): 171 – 180.

［156］ Widener, S. K. Associations between Strategic Resource Importance and Performance Measure Use: The Impact on Firm Performance ［J］. Management Accounting Research, 2006, 17 (4): 433 – 457.

［157］ Wortzel, R. , New Life Style Determinants of Woman's Food Shopping Behavior ［J］. Journal of Marketing, 1979 (43): 28 – 29.

［158］ Wu, F. , Yeniyurt, S. , Kim, D. , et al. The Impact of Information Technology on Supply Chain Capabilities and Firm Performance: A Resource-Based View ［J］. Industrial Marketing Management, 2006, 35 (4): 493 – 504.

［159］ Yogesh Malhotra. Knowledge management and new organization forms:

A framework for business model innovation［J］. Information Resources Management Journal，2002，13（1）：5 – 10.

　　［160］Zhineng Li. Entrepreneurial alertness：An Exploratory Study［D］. Paper for the degree of doctor of Case Western Reserve University，2004.

附　　录

商业模式创新企业竞争优势调查问卷

尊敬的企业界朋友：

您好，我们是东华大学旭日工商管理学院"商业模式创新与企业竞争优势研究"课题组，为研究商业模式创新问题做本次问卷调查。

本问卷仅为研究之用，恳请您能抽出宝贵时间，给予支持，我们将不胜感激！希望我们的课题研究成果能为中国企业成长提供新的路径。如果您有兴趣和需要，我们可以将最终的统计和分析结果通过电子邮件的方式反馈给您。

说明：商业模式是指做生意的方法，是一种能够为企业带来收益的模式。说明一个组织在何时（when）、何地（where）、为何（why）、如何（how）和多大程度（how much）地为谁（who）提供什么样（what）的产品和服务，并开发资源以持续这种努力的组合。

请尽可能客观地做出区别而不要都打一样的分。请直接在数字上打勾。	非常不同意	不同意	有点不同意	中立意见	有点同意	同意	非常同意
影响商业模式创新的外部环境因素：							
公司的商业模式创新能得到资本市场的支持（x1）	1	2	3	4	5	6	7
资本市场能为投资商业模式创新型企业的风险投资提供充足的"退出"通道（x2）	1	2	3	4	5	6	7
消费者需求对公司商业模式有很大影响（x3）	1	2	3	4	5	6	7
公司用心了解消费者的生活脉络，提出创新商品满足他们的期待（x4）	1	2	3	4	5	6	7
公司利用新的技术进行商业模式创新（x5）	1	2	3	4	5	6	7

请尽可能客观地做出区别而不要都打一样的分。请直接在数字上打勾。	非常不同意	不同意	有点不同意	中立意见	有点同意	同意	非常同意
社会鼓励冒险、支持创新的氛围对公司商业模式创新起了促进作用（x6）	1	2	3	4	5	6	7
影响商业模式创新的企业内部因素：							
企业家能力因素	1	2	3	4	5	6	7
在从未涉足的领域我也能发现新的商机（x7）	1	2	3	4	5	6	7
发现的商业机会彼此之间绝大多数没有关系（x8）	1	2	3	4	5	6	7
我对于发现新的机会有特殊的敏感（x9）	1	2	3	4	5	6	7
能够与银行等金融机构建立互相信赖、密切的关系（x10）	1	2	3	4	5	6	7
能够对出现的各种机会进行评价，并结合自己企业的内部条件和外部环境进行决策（x11）	1	2	3	4	5	6	7
意识到产业发展的方向，知道怎样改变会影响企业（x12）	1	2	3	4	5	6	7
寻找新颖的开拓市场和销售产品的方法（x13）	1	2	3	4	5	6	7
对于能把新产品或新的服务推向市场很过瘾（x14）	1	2	3	4	5	6	7
对环境中的变化能迅速进行创意并商品化（x15）	1	2	3	4	5	6	7
喜欢面对不可预测的挑战（x16）	1	2	3	4	5	6	7
把不确定性作为企业不可分割的一部分来接受（x17）	1	2	3	4	5	6	7
主动探索现在及未来市场（x18）	1	2	3	4	5	6	7
组织学习因素：							
对于公司定位及未来发展的概念有清楚的界定（x19）	1	2	3	4	5	6	7
所有的员工均投入于公司目标的达成（x20）	1	2	3	4	5	6	7
员工觉得他们对公司未来发展方向都有一份责任（x21）	1	2	3	4	5	6	7
不怕去质疑公司对于企业营运的各种假定（x22）	1	2	3	4	5	6	7
公司认为包容接纳各种不同的声音是很重要的（x23）	1	2	3	4	5	6	7

续表

请尽可能客观地做出区别而不要都打一样的分。请直接在数字上打勾。	非常不同意	不同意	有点不同意	中立意见	有点同意	同意	非常同意
公司的主管鼓励员工能超越成规创意思考（x24）	1	2	3	4	5	6	7
组织中的失败是否经常被正式讨论（x25）	1	2	3	4	5	6	7
组织的新知识由全体成员共享的程度（x26）	1	2	3	4	5	6	7
运用转移机制（如顾问、非正式访问、合作伙伴关系、标杆超越等）从组织外部转移知识的情况（x27）	1	2	3	4	5	6	7
商业模式创新内部结构：							
公司清晰界定了目标顾客，并有独特一致的价值主张（y1）	1	2	3	4	5	6	7
公司能以创新的方式挖掘顾客的需求（y2）	1	2	3	4	5	6	7
针对自身的战略资源与核心能力，公司提出了创新性的价值主张（y3）	1	2	3	4	5	6	7
公司提供给顾客的价值是创新性的（y4）	1	2	3	4	5	6	7
贵公司获得利润的方式是创新的（y5）							
公司在同行业中价值链定位较好，能分享价值链中的主要利润（y6）	1	2	3	4	5	6	7
公司创造了新的分销模式（y7）	1	2	3	4	5	6	7
公司接触和维持顾客的方式富有创新性（y8）	1	2	3	4	5	6	7
公司能创新性的发展合作网络，并强调共赢（y9）	1	2	3	4	5	6	7
公司能从价值网络中获得新的信息、资源、市场或通过学习提升自身的能力（y10）	1	2	3	4	5	6	7
与同行相比，公司的盈利模式具有创新性（y11）	1	2	3	4	5	6	7
公司对自身商业模式的各个部分建立协同机制，能隔绝外来的模仿（y12）	1	2	3	4	5	6	7
公司打破了商业模式的常规组合，业务活动、分销等界面的组合不同于常规企业（y13）	1	2	3	4	5	6	7
公司对商业模式构成部分和界面规则都有创新（y14）	1	2	3	4	5	6	7
总体而言，贵公司的商业模式是富有创新性的（y15）	1	2	3	4	5	6	7

续表

请尽可能客观地做出区别而不要都打一样的分。请直接在数字上打勾。	非常不同意	不同意	有点不同意	中立意见	有点同意	同意	非常同意
企业竞争优势衡量指标：	1						
企业相对于主要竞争者的销售增长较快（Ca1）	1	2	3	4	5	6	7
企业相对于主要竞争者的市场份额提高较大（Ca2）	1	2	3	4	5	6	7
企业相对于主要竞争者的投资回报率较高（Ca3）	1	2	3	4		6	7
企业相对于主要竞争者的成本（采购、生产、营销、研发）节约较大（Ca4）							
扩建新的营业网点或生产基地的速度比主要竞争对手情况（Ca5）							
企业员工人数的增长率比主要竞争对手情况（Ca6）							
技术环境动态性：							
在公司的业务领域技术变化速度很快	1	2	3	4	5	6	7
技术变化给公司的业务发展提供了较好的机会	1	2	3	4	5	6	7
难以预测什么样的技术将成为五年以后公司现有业务领域的主导技术	1	2	3	4	5	6	7
在公司的业务领域一系列的新业务将有可能出现	1	2	3	4	5	6	7
在公司的业务领域，技术发展对于公司的发展并不重要	1	2	3	4	5	6	7
市场发展动态性：							
在公司的业务市场，顾客的偏好变化速度很快	1	2	3	4	5	6	7
公司的已有顾客总是趋向于寻求新的产品和服务	1	2	3	4	5	6	7
许多新的顾客正对公司的产品形成需求	1	2	3	4	5	6	7
公司新顾客的出现主要来源于公司产品和服务的改善	1	2	3	4	5	6	7
公司的资源配置主要倾向于满足已有顾客的需求	1	2	3	4	5	6	7
环境的异质性：							
公司业务和购买者多样化特征（单一 多样化）	1	2	3	4	5	6	7

请尽可能客观地做出区别而不要都打一样的分。请直接在数字上打勾。	非常不同意	不同意	有点不同意	中立意见	有点同意	同意	非常同意
顾客的购买习惯在公司产品线的差异（相同　很大差异）	1	2	3	4	5	6	7
公司在不同产品线上面对的竞争的性质（相同　很大不同）	1	2	3	4	5	6	7
在公司产品线之间，市场的动态性和不确定性的表现	1	2	3	4	5	6	7
环境敌对性：							
公司在经营环境中存在的威胁程度（非常安全　风险极大）	1	2	3	4	5	6	7
公司经营环境在机会、资源和竞争方面的特征	1	2	3	4	5	6	7
公司环境中的竞争、政治、技术等因素对公司经营管理的影响	1	2	3	4	5	6	7

企业基本资料：

1. 贵企业成立时间_____年，所在行业_____，所在的地区_____。

2. 目前贵企业的体制是：

□民营企业　　□国有企业　　□外资企业　　□合资　　□其他

3. 贵公司所在行业：　□服务业　　□制造业　　□其他行业

4. 贵公司所在行业竞争程度：□非常小　□比较小　□稳定　□比较大□非常大

5. 您在公司的职位：

□₁公司高层　　　□₂公司中层　　　□₃公司基层

6. 贵公司的规模（2008年末数据）：

（1）员工人数：	（2）年销售收入：	（3）资产总额：
□₁300 人以下	□₁1000 万元以下	□₁1000 万元以下
□₂300 ~ 1000 人	□₂1000 万 ~ 3000 万元	□₂1000 万 ~ 4000 万元
□₃1000 ~ 2000 人	□₃3000 万元 ~ 1 亿元	□₃4000 万元 ~ 1 亿元
□₄2000 ~ 5000 人	□₄1 亿 ~ 3 亿元	□₄1 亿 ~ 4 亿元
□₅5000 人 ~ 1 万人	□₅3 亿 ~ 10 亿元	□₅4 亿 ~ 10 亿元
□₆1 万人以上	□₆10 亿元以上	□₆10 亿元以上

再次感谢您百忙之中抽出时间帮助我们完成问卷！

后　记

博士论文完成于 2009 年，此时重温旧梦，除了感觉时间的残忍，还有虚度的光阴？8 年，可以物是人非事事休，欲语泪先流；也可以是为有牺牲多壮志，敢叫日月换新天。到底是那种呢？

还是先将 8 年以前的博士论文的后记部分附下：

宠辱不惊，看庭前花开花落；

去留无意，望天上云卷云舒。

不知道在滚滚红尘、喧嚣繁世，有几人能在花开花落之间闲庭信步。犹记得在麓山脚下湘江边上的湖大，也是在硕士论文的后记里，写下徐志摩的话语——轻轻的我走了，正如我轻轻的来，我挥一挥衣袖，不带走一片云彩。物是人非、事易时移，而今竟已过而立年纪，"看枝桠漫天的那颗，曾经是嫩嫩的绿，那么多的枝枝蔓蔓，遮挡住的是那些往昔"（摘自北京记忆）。在黄浦江畔，不知道能否在学术之外，用志在千里的勇气，开辟出另外的天地？以践行纸上得来终觉浅，绝知此事要躬行的真谛。

论文付梓，不知几易其稿；期间苦行僧般的艰辛，才下眉头又上心头的日子，蓦然回首灯火阑珊的时光，历历在目。人生如舞台，演绎出不同的精彩，而我就在那三尺讲台与书桌，轮回我的每天。伴随键盘轻响，还有颈椎疼痛、视线模糊与头发的日渐稀疏，亲力打造倾情演绎现代版的"衣带渐宽终不悔，为伊消得人憔悴"。

罗马建成不是一日之力，论文完成也非单枪匹马之果。首先要特别感谢我的导师赵晓康教授。赵老师渊博的学识、独到的视角、谦和的风度都让我颇为敬佩。论文选题、研究方法、论文修改方面多得到赵老师的悉心指导，经常在如沐春风的交谈中获得灵感。

感谢旭日工商管理学院各位老师的培养，感谢上海科技发展基金与湖南省决策咨询项目。感谢儿子匡宸，每次想起他，心中竟涌起一股力量促使我前行；感谢夫人，对儿子的无微不至的照顾，使我做父亲的逃避了许多责任，想起令人愧疚不已。感谢父母，没有他们就没有我。感恩社会，没有它就没有我的今天。

回首过往，人生在弹指一挥间已进中场。期间火箭般上升的房价、过山车似的股市、跌宕起伏的心路历程，一一在目。

博士毕业两年之后进入金蝶研究院，开展商业模式的研究，同时对中国管理模式进行案例研究。两年时间在张良杰院长带领下，研究院成绩斐然。同时主持申报了广东省科技厅软科学项目并获得立项，成为公司第一个获得人文社科项目的人。期间不说激情燃烧，倒也认识了不少志同道合的朋友，刘栋的宽厚、胡博的积极、李琴的细腻、上下班路上建华的形影不离，等等，那么多可爱的你们。

2013年出站，2014年进常德市科技局，参与了常德国家高新区项目申报，调研了机械、化工新材料、纺织等行业20多个企业，参与了孵化器的理论研究。对商业模式的理解也渐渐深入。在此基础上，承担了常德市科技发展十三五规划、常德市开发区十三五规划等项目。

一路走来，有过歌友会、鸭子铺公社的欢乐，击掌汇读书俱乐部的交心。并创立文宸企业管理咨询（有限公司），进一步进入商业模式的实战，虽任重道远，但不惧风雨毅然向前。正如歌中所唱，如果要飞的高，就该把地平线忘掉。

微信上写我们所处的这个年龄是春天的最后一朵玫瑰，初看戚然，再想释然。不是还有盛夏的奔放，八月的幽幽一缕香，更别说人共菊花醉重阳的美和已是悬崖百丈冰犹有花枝俏的美。

以上是对商业模式的一些探索过程，也是一段心路历程。才疏学浅，不足之处，还请读者多多指正。

感谢经济科学出版社周国强、张蕾等各位的热情支持和辛勤编辑！交往时间虽短，但印象深刻，谢谢你们！

继续行走，一路向前！